Arab Citizens of Israel: Legal Status, Identity and their Relations with the State 1948-2018

本研究得到教育部人文社会科学研究基金项目"以色列阿拉伯少数民族的基本状况及以色列的民族政策"（项目编号：13YJA850017）的资助，同时本书出版得到北京大学区域与国别研究院的支持

21世纪中国民族问题丛书

丛书主编/马戎

以色列阿拉伯人
——身份地位与生存状况
（1948~2018）

王宇 著

社会科学文献出版社
SOCIAL SCIENCES ACADEMIC PRESS (CHINA)

序　言

马　戎

　　以色列是一个十分特殊的国家。第一，这个国家在第二次世界大战结束前并不存在，只有近 70 年的历史；第二，虽说历史上犹太人曾经居住在巴勒斯坦这片土地上，但阿拉伯人已在此居住了上千年，以色列国是"二战"前后世界各地犹太人迁移到这片土地上建立的；第三，由于土地之争和语言、宗教差异，以色列自建国之日就始终与巴勒斯坦阿拉伯人和周边阿拉伯国家处于敌对状态，爆发了多次战争；第四，以色列自称"犹太国"，获得世界各国犹太人全力支持，美国犹太人通过对美国外交政策的影响为以色列的建立和发展提供了不可或缺的重要支持；第五，由于欧洲犹太移民具有的人力素质优势，以色列成为中东地区唯一的现代化国家，并在科技、教育、军事、经济各方面远超周边阿拉伯各国；第六，以色列实际控制土地分为几部分——联合国《巴勒斯坦分治决议》中划归犹太国家的部分、《分治决议》中划归阿拉伯国家但作为 1948 年战争和 1967 年战争的结果被以色列占领的部分、按《分治决议》应由联合国托管的耶路撒冷地区，以及 1967 年战争中以色列占领的别国领土（即叙利亚戈兰高地），各地区实行不同的行政管理体制；第七，以色列在非和平条件下实现经济起飞，以阿冲突最激烈的时期恰恰是其经济发展的黄金时期。因此，以色列为我们探讨战争与经济发展的相互关系提供了一个特殊个案。

　　由于以色列在上述方面具有的多重特殊性，它很自然地受到研究现代民族国家建构和民族理论的学者们的关注。犹太人成为一个"民族"的历史演变过程可以为我们思考今天中国的民族问题提供许多宝贵的启示。

2016年，以色列的总人口已达到834万，包括625万犹太公民以及173万阿拉伯公民，分别占总人口的74.9%和20.7%。分治时以色列领土上的阿拉伯人被承认为以色列公民，享有各种公民权利；在这些阿拉伯人中有70%为穆斯林，还有部分基督徒（21%，分属东正教、天主教、新教等多个教派）和德鲁兹人（9%）。此外在以色列实际控制区内还生活着巴勒斯坦阿拉伯人和贝都因人，这些人居住在分治时划归巴勒斯坦的土地上，但是其居住地在战争中先后被以色列占领。通过谈判斡旋，以色列从约旦河西岸和加沙地区撤军，把当地行政权转交巴勒斯坦解放组织实施自治，这里通常被称为"被占领土地"。2014年巴勒斯坦总人口有430万人，其中加沙地区180万人，约旦河西岸地区250万人。与此同时，不可忽视的另外一个人群是离开巴勒斯坦的阿拉伯难民。2000年居住在其他阿拉伯国家难民营中的巴勒斯坦阿拉伯人有121万人，这也成为国际难民事务中一个最难解决的问题。

国际社会最关注的是以巴冲突和巴勒斯坦问题的最终解决——巴勒斯坦正式建国，以及耶路撒冷地位的谈判。但是，从研究其国内族群关系的角度而言，以色列犹太公民同阿拉伯公民之间关系的演变与政府政策的引导，也是一个十分重要的研究专题。无论是以色列政府还是以色列犹太公民，在其眼里，以色列阿拉伯公民和巴勒斯坦阿拉伯人之间在血缘、语言、宗教、文化习俗等方面的深厚渊源与日常联系是无法割断的，在1948年以色列建国之前，他们曾经不分彼此，1948年后则被号召效忠于不同的"民族"和"国家"。1952年以色列《国籍法》颁布后，"阿拉伯人作为少数民族的法律地位才被确定下来。整个军政府期间，阿拉伯人在宗教、婚姻、教育、文化等内部事务方面保持自治，他们隔离于以色列主流社会之外，处于'文化与经济的孤岛之上'，尽管法律条文赋予了阿拉伯人同样的公民权利，但军政府往往以安全问题为理由，对他们进行种种限制"（张倩红，2014：257~258）。这种身份区隔无疑对以色列阿拉伯公民的政治认同、文化认同带来极大的困惑与情感矛盾。

以色列建国后，在对待本国阿拉伯公民方面采取了一系列特殊的制度与政策。这些制度与政策实施后带来的实际社会后果，以及对犹太人－阿拉伯人关系的长远影响，一直是人们关注和讨论的重要议题。

1. 语言政策与教育制度

以色列建国后，希伯来语成为国家主导语言，阿拉伯语虽保留了官方地位却在实际使用中处于次要地位。以色列阿拉伯公民被强制学习希伯来语，而犹太人对于本国的另一种"官方语言"——阿拉伯语则毫无兴趣，选择的第二语言是国际通用的英语。

为了体现阿拉伯语的"官方地位"和"民族平等"，以色列自建国时便规定政府保证阿拉伯族裔以其母语并按其文化传统接受中小学教育。同时，绝大多数以色列阿拉伯公民出于身份与文化认同也选择就读于阿拉伯小学与中学，并以母语接受课程教学，另加授一门希伯来语语文课。但是，以色列高等教育中的主要教学语言是希伯来语，阿拉伯公民想在以色列进入大学，必须通过为希伯来语者设计的入学考试。因为他们在阿拉伯中小学接受的希伯来语教育只是初步的语文课，因此很难通过希伯来文的数理化等科目的试卷。其结果是许多有志于进一步学习的阿拉伯学生转到邻近阿拉伯国家上大学，而这无疑会加深以色列管辖区域内犹太人与阿拉伯人之间的隔阂。

以色列一些视野开阔的犹太人知识分子曾建议允许阿拉伯公民的子女以希伯来文接受中小学教育，但是出于维护本民族下一代的民族意识方面的考虑，阿拉伯人对此极为敏感并坚决反对，将其视为以色列政府削弱阿拉伯人身份认同的文化手段。也有人建议政府为阿拉伯学生降低大学入学考试的门槛，实行类似美国"肯定性行动"的优惠政策，在以色列大学校园里为犹太学生和阿拉伯学生的交往提供环境，但这一建议没有被政府采纳。相反，近年来以色列理工大学（Technion）决定提高希伯来语入学要求，据说其目的是降低阿拉伯学生的辍学率①，但这一做法显然首先会降低阿拉伯学生的录取率。

大学教育提供的知识体系是现代社会中公民积累文化资本并实现社会阶层向上流动的重要工具，无法进入大学殿堂，就无形中阻断了大多数阿

---

① https：//zhuanlan. zhihu. com/p/24091095？ refer = zhongdongxueren.

拉伯人在以色列社会中向上流动的途径。以色列拥有先进的高等教育体系，在 20 ~ 24 岁的年轻人中，每两人就有一个在高校就读。正是以色列的中小学语言政策和大学录取－教学制度导致犹太人与阿拉伯人之间出现新的就业区隔。语言差异经由受教育差异又最终与社会地位差异、经济收入差异相重叠，使以色列社会内部犹太人和阿拉伯人之间的隔阂与对立愈发强烈、固化。不仅如此，那些选择在周边国家尤其是约旦河西岸和阿拉伯国家接受高等教育的以色列阿拉伯公民，很容易在校园里受到反犹思潮和"圣战"组织的影响，这又对以色列国家未来的安全构成了潜在威胁。这种威胁继而再度加重彼此之间的猜忌，使得民族和解遥遥无期。

2. 社会行政管理的区别化政策

在以色列管辖下，政府对不同的人群实行区别化政策。"留在以色列的阿拉伯居民遭遇到的是截然不同的状况。发现自己经常被强制搬迁，还不时遭到威胁和骚扰，他们的财产被可疑的法律裁决没收，原因是要为新的犹太定居点腾出空间。"（蒙蒂菲奥里，2015：630）以色列干旱缺水，以色列政府规定巴勒斯坦阿拉伯人的用水限量，严格禁止阿拉伯人开采水源，而且征收高额水费，这些措施无疑影响了被占领地区阿拉伯人的经济发展（张倩红，2014：306 ~ 307）。大批进入以色列务工的巴勒斯坦阿拉伯人"多从事季节性、临时性的体力劳动，工资待遇极低（仅相当于西方犹太人的 45%，东方犹太人的 60%），而且还要承担名目繁多的苛捐杂税"（张倩红，2014：310 ~ 311）。由于以色列政府在被占领地区（约旦河西岸和加沙地区）实施的生产许可证审批限制、流入资金限制、生产规模限制、商业和外贸限制等一系列管制措施，被占领地区经济对以色列形成了就业依赖、供给依赖、生产依赖、市场依赖的被动局面，以色列领土和被占领地区之间不断拉大发展水平的距离。不平等的经济关系必然导致不平衡的经济发展状况。

3. 以色列的族际通婚政策

2003 年以色列议会通过一个法案，规定以色列公民（包括阿拉伯人）如与阿拉伯人结婚，配偶不能取得以色列公民身份。1996 ~ 2006 年，"有 10 万名巴勒斯坦人与以色列人结婚，其中大部分是以色列境内的阿拉伯公民，少量是居住在西岸和加沙地带的巴勒斯坦人，新的婚姻法实际上是从法律角度否认这种婚姻的合理性，无疑加深了犹太人与阿拉伯人的矛盾"（张倩红，2014：490）。毫无疑问，这项法案直接为以色列阿拉伯公民与犹太人通婚设立了法律障碍，并引发双方更深的情感鸿沟。

4. 各种区别化制度和政策对"民族意识"的催化与加强

以阿拉伯人群体为对象的种种限制和隔离政策，对以色列阿拉伯人的政治认同造成极大的负面影响。"以色列阿拉伯人在思想意识上处于国家意识与民族感情相冲突的两难境地，一方面，他们是以色列的公民，他们有义务、有责任忠诚于以色列；另一方面，他们又是阿拉伯民族大家庭中的一员，通过收音机、电视与其他媒体他们又能深刻地感受到周围阿拉伯国家的民族主义浪潮。他们的生活与文化水平虽然也随着经济与社会的发展而提高，他们虽然和犹太人一样参与选举，但'二等公民'与'边际性客民'确实是他们真实的感觉。"（张倩红，2014：258）

犹太教与伊斯兰教的教义有相通之处，双方也都拥有一神教的深厚传统。"如果没有犹太宗教这一团结与凝聚的力量，犹太人就不会从漫长而又多变的大流散中，以一个单一民族的形式而幸存下来。这种民族性与宗教性的合一，决定了犹太教在以色列社会中不仅仅是社会成员的个人意识，而是在很大程度上承担着社会凝聚功能、道德功能、政治功能及教育功能。"（张倩红，2014：263）而伊斯兰教也具有强烈的宗教凝聚力，耶路撒冷又同时是犹太教、基督教、伊斯兰教的圣地，各方同时具有这种深厚而且强烈的宗教情怀，这不可避免地对以色列的犹太人与阿拉伯人之间的关系带来负面影响和"零和博弈"的色彩。

在现代民族主义思潮盛行的社会与文化环境中，"已经有了充分的民族意识的两个民族决不能像平等的伙伴一样，共同生活在一个国家里"（拉克，1992：24）。生活在以色列的阿拉伯人，"虽然被正式地授予了公民权，然而事实上，阿拉伯人成了二等公民"（布雷格曼，2009：72）。自以色列建国以来，阿拉伯人针对以色列犹太人的暴力袭击从来没有中断过，造成大量无辜平民伤亡，这些自杀式炸弹袭击激化了双方的情绪，使任何理性的讨论和妥协都无法推进。在"圣战"的旗帜下，仅1996年2月发生的三次爆炸就杀死了近50名犹太平民，在随后的街头暴力冲突中又有多名阿拉伯人死亡。巴勒斯坦因此获得了"中东火药桶"的称号。

如果我们借助米尔顿·戈登的族群同化模型（戈登，2015：65～66），就可以看到在文化同化、社会结构同化、血缘同化、彼此偏见、相互歧视、认同意识、价值观和权力冲突这全部七个维度上，以色列的犹太人与阿拉伯人之间的情感距离不仅没有拉近，而且彼此越来越仇视。2004年的一项调查表明，"64%的犹太人认为政府应该鼓励阿拉伯人离开以色列，55%的人甚至认为阿拉伯人对以色列国家安全构成了威胁"（张倩红，2014：491）。由此来看，这片土地在未来很长一个时期内不可能获得安宁与和平。

在犹太人建国这件事上，巴勒斯坦阿拉伯人从一开始就强烈抵制。沃尔特·拉克认为阿拉伯人的抵制固然有其充分的理由，但其完全不愿妥协的非理性态度却导致阿拉伯人实际利益不断受损，每发动一次战争就多损失一部分土地，每一次自杀式袭击都导致以色列政府对阿拉伯人生活就业空间的进一步限制。正是阿拉伯人对自身行动的选择帮助犹太人的"预言变成了现实"，并逐步使犹太人意识到"寻求与阿拉伯人达成协议是不可能的，只有反对阿拉伯人才能达到自己的目的"，从而对与阿拉伯人妥协不再抱有任何希望（拉克，1992：726）。而无论对巴勒斯坦阿拉伯人还是周边的阿拉伯国家，这种"零和博弈"并不是明智的选择。

北京大学外国语学院的王宇老师曾留学以色列，学习希伯来文和以色列历史，获得博士学位后又在耶路撒冷大学的孔子学院担任中方院长，由于她长期生活在耶路撒冷，所以对以色列的历史和社会情况十分熟悉。她曾向我提起，她想对以色列的阿拉伯公民群体开展研究，了解他们的生活、就业和认同状况。我觉得这是一个非常好的族群社会学的研究专题，尤其目前国内熟悉和研究以色列的学者很少，以色列在中东地区又具有特殊的重要意义，所以我非常鼓励她继续开展这一专题的实地调查和文献研究，希望她尽早完成书稿，我也很愿意将这部书稿纳入我主编的"21世纪中国民族问题丛书"。

王宇老师的著作在2017年秋季终于定稿，书中提到的"我的国家在与我的民族作战"，这句话引自以色列阿拉伯议员阿布德拉阿齐兹·祖阿比（Abd el-Aziz el-Zoubi，1926～1974），本身就十分发人深省。在现代政治认同体系中，以色列阿拉伯人所属的国家是以色列国，但是他们的传统认同对象又是阿拉伯民族，所以当以色列国家与巴勒斯坦阿拉伯人和周边阿拉伯国家发生冲突、战争时,他们的立场应该是什么?正如王宇书中所描述的,1948年以来以色列阿拉伯人在身份认同方面同时经历着"以色列化"(Israelization)和"巴勒斯坦化"(Palesinization)这两个并列的过程,并在这一矛盾交织中形成既不可能被以色列同化也有别于被占领土上巴勒斯坦人的独特认同。

在这本书中先后讨论的主题有:公民地位及自我认同的演变,以色列阿拉伯人的政治参与,国会以外的阿拉伯政治组织及政治活动,以色列阿拉伯人的经济状况,以色列阿拉伯人的基础教育情况,以色列阿拉伯人与高等教育,阿拉伯少数民族与国家的主要矛盾——土地、非法建筑,以色列的相关政策对阿拉伯社会发展的影响,公民义务及以色列国内阿犹关系,等等。在现代社会的族群关系研究中,这些都是重大核心议题。十分难得的是,这本书稿中引用了大量以色列政府的统计数字和政策法规,这些在中国很难系统收集,特别是书中引用的希伯来文献,更是大多数国内学者难以涉足的。我很高兴这本书即将在国内正式出版,尽管我本人并不熟悉犹太人问题和以色列研究,但是我很愿意为本书写个序言。我相信书中介绍的内容和讨论的议题将有助于我们进一步开拓族群研究的学术视野,通过对国外族群关系演变中经验与教训的吸取,通过对各相关专题研究方法和案例分析的借鉴,这些研究成果无疑将有助于进一步深化我国学术界对中国民族问题的理解和讨论。

2018年1月8日于茉莉园

参考文献

阿伦·布雷格曼,2009,《以色列史》(Ahron Bregman, 2002, *A History of Israel*, New York: MacMillan Publisher),杨军译,东方出版中心。

沃尔特·拉克,1992,《犹太复国主义史》(Walter Laqueur, 1972, *A History of Zionism*, New York: Holt, Rinehart and Winston),徐方、闫瑞松译,(上海)三联书店。

西蒙·蒙蒂菲奥里,2015,《耶路撒冷三千年》(Simon S. Montefiore, 2011, *Jerusalem:*

The Biography，Capel & Land Ltd.），张倩红、马丹静译，民主与建设出版社。

米尔顿·戈登，2015，《美国生活中的同化》（Milton Gordon，1964，*Assimilation in American Life*，Oxford：Oxford University Press），马戎译，译林出版社。

张倩红，2014，《以色列史》（修订本），人民出版社。

前　言

1948 年 5 月 14 日，以色列国宣告成立，在其《独立宣言》中除强调犹太民族建立国家"天赋的和历史的权利"及联合国决议赋予的建国合法性之外，还明确规定了这一犹太国家的性质："以色列国将以自由、正义、和平作为自己的基础。它不会因信仰、种族和性别而对公民加以区分，将在全体公民中实现彻底的社会和政治权利的平等。"《独立宣言》在以色列具有基本法的地位，也就是说，从建国伊始以色列国家就同时具有了两个基本性质，即犹太性和民主性。

作为世界上唯一一个犹太国家，以色列却并不是一个单一民族的国家，而是一个以犹太民族为主体的多民族国家。目前，在以色列国内人口中犹太人约占 75%，阿拉伯少数民族约占全国人口的 20%，另有 5% 其他民族。在一定程度上，阿拉伯公民在以色列的存在，本身就对以色列国家的犹太性和民主性这两个基本性质都构成挑战。作为一个公开宣称并被广泛认可的民主国家，以色列赋予境内包括阿拉伯人口在内的全体公民以公民身份及基本法所规定的各项权利。作为个体，每个以色列阿拉伯人（至少在法律上）都享有与犹太公民平等的政治权利、经济权利、教育权利；而作为整体，阿拉伯社团享有相当程度的文化自治。但作为世界上唯一一个犹太国家，以色列国家额外给予了犹太人基于其民族属性的独享特权——比如回归权，非犹太人包括阿拉伯公民和其他民族都无法享有这些权利。除了在个别法律上的不平等之外，在实际生活中因为各种主观和客观条件的限制，尤其是以色列长期与巴勒斯坦及周边阿拉伯国家处于对立状态，由于安全原因，以色列阿拉伯人在很多方面无法真正享有与犹太公民完全平等的权利。

犹太性与民主性之间本身的矛盾，决定了以色列国家对阿拉伯少数民族的政策和态度天生会有自相矛盾之处。而由于生存环境特殊，国家安全是以色列国家的最高利益，也常常是国家制定政策的根本出发点。因此，当国家安全与国家的基本性质，尤其是与国家的民主性质发生对立或冲突时，民主性会被牺牲。在国家安全的"高压"之下，由于以色列阿拉伯人又与国家的"宿敌"——阿拉伯国家和巴勒斯坦人关系紧密，即使他们中绝大多数是比以色列犹太人更资深的"原住民"及其后裔，但在以色列这个犹太国家里，他们的地位更像是"客居"，或者说是"二等公民"。

在以色列建国后 70 年中，其阿拉伯公民的生存和发展状况都发生了很大改变，从身份认同看，以色列阿拉伯人同时经历着"以色列化"（Israel-ization）和"巴勒斯坦化"（Palesinization），形成既不可能被以色列同化也有别于被占领土上巴勒斯坦人的独特认同。① 而以色列国家对阿拉伯少数民族的管理方式，从早期军事管制的高压到之后通过国内安全局进行管控，从"大棒与胡萝卜并举"到拉拢（吸收）年轻人进入体制，从经济上压制到注资开发缩小阿犹差距，在不同时期有着不同的表现形式和治理手段。随着始于 20 世纪七八十年代的以色列政治民主化进程的推进、90 年代两部有关人权的基本法（《人的尊严与自由法》和《职业自由法》）的通过、巴以达成《奥斯陆协议》迈开通向和平的第一步，以色列国家终于有了"去战争化""公民社会正常化"的可能性，以色列阿拉伯人争取公民平等权利、取消歧视的斗争也获得了更多的关注和合法性。但在以色列主体犹太民族内部由于人口构成、政治倾向、宗教/世俗力量对比等变化，以色列出现政坛整体右倾，社会风气犹太化、宗教化，甚至有一定程度的反民主、

---

① 关于"以色列化"和"巴勒斯坦化"这两个相反又相互作用的过程，见 Sammy Smooha, "The Advances and Limits of the Israelization of Israel's Palestinian Citizens," in Kamal Abdel-Malek and David C. Jacobson（eds.）Israeli and Palestinian Identities in History and Literature, New York：St. Martin's Press, 1999, pp. 9 – 33；又见 Alan Dowty, The Jewish State：A Century Later, Berkeley：University of California Press, 1998, ch. 9；Eli Rekhess, "Israeli Arabs: Israelization or Palestinization?" Survey of Jewish Affairs, 1988（1989）, pp. 28 – 42。

反现代化的趋势，这对以色列阿拉伯人要求平等的诉求则有着不可估量的负面影响。

在 20 世纪，尽管从 1948 年以色列建国伊始阿拉伯少数民族就构成该国人口中不可忽视的一部分，但阿拉伯社团与主体犹太民族之间在物理距离上、精神上、文化上存在的隔阂使其在以色列的公众生活中存在感较低，而在政治上、经济上，以色列阿拉伯人也未形成与其人口相匹配的力量。进入 21 世纪，一系列事件将以色列国内关注的焦点从其他社会分歧转到犹太主体民族与阿拉伯少数民族之间的关系及阿拉伯公民与以色列国家之间的关系上来。这些事件包括但不限于 2000 年 10 月阿拉伯公民与以色列军警流血冲突及奥尔委员会（Or Commission）对该事件调查报告的出台（2003 年）、2006 年夏第二次黎巴嫩战争、2008 年 10 月阿犹民众间的连锁暴力事件、以色列军方对加沙采取的军事行动及与之相伴的人道主义危机（2008 年 10 月到 2009 年 1 月、2012 年 11 月及 2014 年 7 ~ 8 月）、在以巴和平谈判中以色列方面加上要巴勒斯坦承认以色列是一个犹太国家的要求等。根据"以色列民主指数"（Israeli Democracy Index）2007 年的调查，87% 的受访者（91% 的犹太受访者和 66% 的阿拉伯受访者）认为在以色列的各种社会差异中阿犹差异最为严重，超过贫富之间、世俗和信教犹太人之间、本土犹太人和犹太移民之间以及东西方犹太人之间的差异。[1] 社会主要矛盾的转移，是 21 世纪以色列社会发生的最显著的变化之一。

"我的国家在与我的民族作战"，[2] 这个颇具戏剧性的描述是这一处境特别的少数民族的真实写照。本书将从政治参与、经济发展、文化教育、身份认同和社会变革等方面展示阿拉伯少数民族在以色列建国 70 年来的生存状况，并通过对以色列政府、执政党及犹太主体民族对境内阿拉伯少数民族的政策和态度进行分析，揭示以色列作为一个现代的民主国家如何对

---

[1] Arik Rudnitzky, *Arab Citizens of Israel early in the Twenty-First Century*, Tel-Aviv: The Institute for National Security Studies (Memorandum 150)，2015，p. 7.

[2] "My State is at war with my nation"，此句最早出自以色列阿拉伯公众人物阿布德拉阿齐兹·祖阿比（Abd el-Aziz el-Zoubi，1926 - 1974)，后被多次引用。祖阿比在 1965 至 1974 年间任以色列国会议员（作为工党联盟的代表）。见 Hagai Huberman，"When the State of Israel boasted of MK Zoabi"［希伯来语］，*News* 1，2014，http：//www. news1. co. il/Archive/003- D-93449-00. html。

待其境内具有"敌对方身份认同"的公民群体；如何在国家安全、国家的民主性与国家的犹太性之间找到合适的平衡点，使得以色列国家及犹太主体民族与阿拉伯少数民族之间能够保持相对平和、互益的关系，避免严重冲突和人道主义危机，避免引起国际社会干预，维护以色列社会安定，以及取得经济、社会的可持续发展。深入了解以色列如何对待境内具有"敌对方身份认同"的公民群体，可以丰富我们对中东历史与冲突，以及对世界民族发展的认识。

目　录

第一章 以色列阿拉伯人的形成

——一些基本概念

在 1948~1949 年的第一次中东战争（在以色列被称为"独立战争"）中，大批阿拉伯人背井离乡，仅有约 16 万人留在后来成为以色列国的土地上。随着与约旦达成停火协议，约旦河西岸小三角地区（Little Triangle）也并入以色列版图，到 1949 年中期，共有 18.6 万阿拉伯人成为以色列公民。这些生活在以色列国实际控制领土范围之内的阿拉伯人及其后裔，就是本书的研究对象，即以色列的阿拉伯公民，也被称作"1948 年阿拉伯人"。现在以色列的管辖范围内还有另一个阿拉伯群体，即在 1967 年第三次中东战争（六日战争）中被以色列占领的大片土地（东耶路撒冷、戈兰高地、约旦河西岸、加沙地带等）上生活的阿拉伯人，普遍被称为"巴勒斯坦人"或"1967 年阿拉伯人"。后者指的是生活在东耶路撒冷和戈兰高地的巴勒斯坦人，因以色列先后通过立法合并了东西耶路撒冷、兼并了戈兰高地，从而将这两部分土地上的阿拉伯人变成了以色列的合法居民，但这些人与从 1948 年就生活在以色列的阿拉伯人在法律地位及权利义务方面有重大区别。除非自愿申请并得到批准，这些 1967 年阿拉伯人并不是以色列公民，也不参加以色列国会选举，但他们可以参加地方议会（如耶路撒冷市议会）的选举。其他被占领土上（约旦河西岸及加沙地带）的巴勒斯坦人，既不是以色列的公民也不是居民，没有公民权利也不能参加以色列的选举。除非特别指出，本书中以色列阿拉伯公民均指 1948 年阿拉伯人，不包括 1967 年阿拉伯人和被占领土上的巴勒斯坦人。

以色列阿拉伯人为什么会在战争期间留在以色列境内？他们作为少数民族在这个犹太国家中地位如何，生活状态如何？以色列国家对他们有什么样的政策？要回答这些问题，首先来看看犹太复国主义运动在实现建国目标之前，如何看待生活在这片他们打算建国的土地上的阿拉伯人及是否有相应的安置计划。

第一节　犹太复国主义运动对巴勒斯坦地阿拉伯人的态度

19 世纪末 20 世纪初，当犹太复国主义运动的先驱们为将来的犹太国家勾画蓝图时，并未将生活在这片土地上的阿拉伯人纳入其中。在 1882 年之前，在犹太复国主义者纸上谈兵的早期构想中，巴勒斯坦地似乎是一片等着犹太人去"拯救"的荒芜之地（Empty Land）。[①] 但很快，随着移民运动的开始，生活在当地、数量相当庞大的阿拉伯居民就成为犹太定居者们和犹太社团（伊休夫，Yishuv）无法回避的现实存在。更重要的是，这些当地居民显然并不认同犹太移民回归祖先土地并在此建立犹太民族家园的理想。在他们看来，这些来自欧洲的殖民者的定居活动、政治蓝图和生活方式都极具威胁性。尽管如此，在犹太复国主义运动的主流派别看来，当地阿拉伯居民的抵制和不满对建国都无关紧要，无非是艰难的建国道路上最终可以被克服的诸多障碍之一。[②]

20 世纪 30 年代后期，阿拉伯大起义爆发，反抗当时英国在巴勒斯坦的委任统治，提出独立、终止犹太移民、禁止出售土地给犹太人等要求。英

[①] Ilan Pappe, *The Idea of Israel: A History of Power and Knowledge*, London & New York: VERSO, 2014, p. 18.

[②] 犹太复国运动之父——西奥多·赫茨尔（Theodor Herzl, 1860 - 1904）及以色列开国总统——化学家魏茨曼等主流派领导人主张走"帝国主义上层路线"，希望得到英国等大国支持在巴勒斯坦建国，无视已经世代定居在巴勒斯坦的阿拉伯人；复国主义运动少数派领袖伯纳德·拉扎尔（Bernard Lazare, 1865 - 1903），和马丁·布伯、爱因斯坦一样，反对走"帝国主义上层路线"，主张直接与阿拉伯人民对话，建立犹太 - 阿拉伯两个民族的社会主义联邦。引自崔之元《崔之元论共和主义者阿伦特》，澎湃新闻，2017 年 2 月 8 日，http://www.thepaper.cn/newsDetail_ forward_ 1612347。

国当局试图控制局势，但暴力事件不断发生，犹太定居者与英国委任统治当局都受到阿拉伯武装的袭击。共有 143 名英国士兵和 429 名犹太人在 1936～1939 年的阿拉伯起义中被杀，阿拉伯方面则付出了 2500 人的生命为代价。[①] 这次阿拉伯大起义不仅让英国当局改变了在巴勒斯坦地的统治政策，由"亲犹"逐渐转向"亲阿、疏犹"，而且也让犹太复国主义者们清楚地认识到阿拉伯人反对犹太建国事业的决心。犹太人的建国理想虽然并未因此产生动摇，但复国主义者对当地阿拉伯人的态度却发生了变化。如果说在此前还有部分犹太复国主义者寄希望于说服当地阿拉伯人跟犹太建国事业进行合作、实现"共同繁荣"，那么阿拉伯大起义则打破了这些人的幻想。

在阿拉伯大起义爆发后，英国政府责成巴勒斯坦皇家委员会（即皮尔委员会，Peel Commission）对骚乱的起因和托管当局的表现进行调查并建议如何解决冲突。皮尔委员会在 1937 年 7 月向英国提出废止托管制度，建议把巴勒斯坦分成一个犹太国家和一个与外约旦合并的阿拉伯国家，并进行人口迁移（Transfer）——从犹太国家中迁出 22.5 万阿拉伯人到阿拉伯国家和外约旦定居。[②] 皮尔委员会的建议遭到阿拉伯方面（最高阿拉伯委员会，Arab Higher Committee）的拒绝，而犹太社团却开始认真考虑这一方案的可行性，并着手为减少未来犹太国境内的阿拉伯人口设计方案。"迁移计划"就是方案之一。跟犹太社团关系比较友好的德鲁兹社团[③]首先成为人口迁移计划的试验品。犹太复国主义运动领导人之一阿巴·胡什（Abba Hushi）[④] 提议由犹太社团出资购买生活在巴勒斯坦的德鲁兹人的土地和财产，并说服他们离开世代居住的加利利（Galilee）地区迁到叙利亚南部的德鲁兹山（Jabal al-Druze，也叫"阿拉伯山"）地区，与叙利亚和黎巴嫩的

---

① 数据来源于 The Palestine Survey，由英国委任统治当局于 1945 年 12 月到 1946 年 1 月为联合国巴勒斯坦问题特别委员会（United Nations Special Committee on Palestine）所准备的报告，引自 Ilan Pappe, The Idea of Israel: A History of Power and Knowledge, p. 26。

② Bernard Wasserstein, Israel and Palestine, London: Profile Books, 2004, pp. 106 – 114.

③ 德鲁兹人原本是个宗教共同体，起源于公元 11 世纪埃及法蒂玛王朝第六任哈里发哈基姆时期，后发展成为以宗教和亲族为基础的社会群体。学界对于德鲁兹人的阿拉伯属性有不同意见，本书采用主流意见，即认为德鲁兹人是阿拉伯人的一支。

④ Abba Hushi（1898～1969），以色列政治家、国会议员，曾任海法市工人委员会主席、海法市长等职。

德鲁兹人会合在一起，最好能建立一个独立的德鲁兹国家，而这个德鲁兹国家会成为将来的犹太国在中东地区的盟友。① 对于其他阿拉伯人口，犹太复国主义者也计划着要让他们离去——或鼓励其主动离开，或承诺好处让他们同意离开，或强制离开。② 总之，在将要成立的犹太国家里，没有给阿拉伯人预留位置，在犹太人的方案中，当地的阿拉伯居民必须要为即将到来的大批犹太移民腾地方。

为"接管"巴勒斯坦人的土地和村庄，犹太社团甚至做了详尽的调查和积极准备。犹太武装力量哈加纳（Haganah）的情报机构收集了巴勒斯坦上千个村庄的信息，包括村庄的历史、村中主要家族的成员情况、村民主要职业和政治倾向、村里土地的品质及主要出产物等。③ 这项浩大的情报工程为后人研究 20 世纪初的巴勒斯坦社会留下了珍贵的史料，也反映出当时的犹太社团为"接管"巴勒斯坦所做准备工作的认真程度。

1939 年 5 月英国政府出台了《关于巴勒斯坦的白皮书》，基本上满足阿拉伯人的要求。具体内容包括：声称把巴勒斯坦变成一个犹太国并非英国政策的一部分；英国承担的关于建立犹太人"民族之家"的任务已结束；5 年内将继续迁入 7.5 万名犹太人，5 年以后除非得到阿拉伯人同意，不准有更多的犹太人移民入境；犹太人只可以在限定地区购买土地，在其他地方的土地禁止出售给犹太人；10 年内结束对巴勒斯坦的委任统治，成立一个独立的巴勒斯坦国，巴勒斯坦的两个民族——阿拉伯人和犹太人，在双方切身利益得到保证的情况下分享政府的权力；等等。该白皮书旨在在阿犹之间寻求平衡，安抚阿拉伯人，但激怒了犹太复国主义者，犹太社团跟英国当局的关系急转直下。但由于"二战"的爆发，犹太人针对白皮书的斗争变得无法单纯，如时任犹太协会主席本－古里安发表的声明中所称，犹太复国主义运动"就像没有《白皮书》一样，同英国人一起向希特勒作

---

① Zeidan Atashe, *Druze & Jews in Israel-a Shared Destiny?* Eastbourne: Sussex Academic Press, 1995, pp. 62 - 77.

② Nur Masalha, "Israel's Moral Responsibility Towards the Palestinian Refugees", 巴解组织谈判事务部网站（Negotiation Affairs Department, PLO），http://www.nad-plo.org/etemplate.php? id = 41, 最后访问日期：2017 年 7 月 16 日。

③ Ilan Pappe, *The Forgotten Palestinians: A History of the Palestinians in Israel*, New Haven and London: Yale University Press, 2011, p. 15.

战；就像没有世界大战一样，与《白皮书》作战"。[1]

第二节　以色列国的建立
——基于联合国决议建立起来的国家

历史的车轮沿着巴勒斯坦冲突的阿犹双方都没想到的轨迹行进着。第二次世界大战让欧洲满目疮痍，整个欧洲的犹太社团几乎遭到灭顶之灾，近 600 万欧洲犹太人丧生，举世震惊。数十万幸存下来的欧洲犹太难民迫切需要安身之所。欧洲犹太人的遭遇及战后犹太难民的困境使犹太复国主义在国际上获得了前所未有的同情。对于大多数世界舆论而言，一个犹太国家的建立，已经不是建立在某种浪漫的民族主义神话基础之上的空想，而是出于紧迫的人道主义原因的实际解决方案。

早在"二战"爆发之前，在 1939 年 2 月英国殖民部在伦敦召开的阿拉伯－犹太复国主义会议时，就邀请了其他阿拉伯国家的代表参加讨论，这表明英国关心的是更广泛的中东问题，而各阿拉伯国家也从此卷入了原本属于英国、巴勒斯坦阿拉伯方面和犹太社团之间的巴勒斯坦问题。[2] 而在"二战"期间，英国进一步明确了以服从英国利益的阿拉伯民族主义为基础的控制中东的计划，1939 年白皮书成为保证其在中东地位的必不可少的关键手段。"二战"结束后，当巴勒斯坦犹太社团积极组织难民救援时，英国当局仍然坚持执行 1939 年白皮书的规定，严格限制犹太移民。在欧洲数十万犹太难民亟待拯救时，这样的举动无疑是不合时宜的。大肆搜捕非法犹太移民、阻止满载犹太难民的船只靠岸，这些行为不仅造成严重的人道主义危机，也进一步恶化了犹太社团同英国委任统治当局的关系。

1945 年 7 月工党在英国大选中获胜，作为反对党时工党一直对犹太复国主义运动比较友好，这让犹太社团看到改变白皮书的希望，但很快他们就明白，工党政府仍然延续了前任政府的中东政策。巴勒斯坦的犹太社团一边加紧组织非法移民营救难民，一边与英国委任政府展开多种形式的斗

---

[1]　诺亚·卢卡斯：《以色列现代史》，杜先菊、彭艳译，商务印书馆，1997，第 195 页。
[2]　诺亚·卢卡斯：《以色列现代史》，第 165 页。

争。1945 年 10 月犹太武装内部各派别达成协议，共同组成了"希伯来抵抗运动"，① 公开跟英国委任统治当局武装对抗、破坏重要的公路和铁路桥等，英国当局则以搜查、宵禁和逮捕等手段进行报复。比较激进的犹太武装组织如伊尔贡（Irgun）、莱希（Lehi）等，则策划袭击、绑架、暗杀等活动，不断造成英方人员伤亡。1946 年 7 月 22 日伊尔贡制造的耶路撒冷大卫王饭店爆炸案，以英国行政和军事人员办公机构为目标，造成约百人死亡。对该事件的态度在犹太社团内部分歧极大，导致"希伯来抵抗运动"解体。而没有了束缚的伊尔贡和莱希的行动更加自由，到 1946 年秋，英国委任统治当局实施了最严厉的军事控制，而伊尔贡、莱希制造的恐怖和破坏活动也达到了高潮。

高昂的代价，包括因难民问题而受到的国际社会的谴责带来的压力，让英国不堪重负，最终于 1947 年 2 月决定将巴勒斯坦事务交给联合国处理。根据英国要求，联合国大会于 1947 年 5 月初召开特别会议，成立了联合国巴勒斯坦问题特别委员会（UNSCOP），② 就巴勒斯坦问题进行调查并提出建议。

特别委员会前往巴勒斯坦进行调查，受到犹太社团领导者的欢迎，却遭到巴勒斯坦政治领袖的联合抵制，两方态度对比悬殊，而且委员会到访时正逢英国限制非法犹太移民，下令让满载大屠杀幸存者的"出埃及号"返回德国，这一事件更强化了很多委员会成员对纳粹大屠杀与在巴勒斯坦建立犹太人国家之间关系的印象。③ 特别委员会于 8 月底提交了报告。在一些原则问题上，委员会取得了一致意见，如应结束英国托管、建立一个独立的巴勒斯坦及有必要保持巴勒斯坦的经济统一。但在具体建议上，则分成了多数派报告和少数派报告。多数派建议按照 1937 年皮尔委员会提出的模式，把巴勒斯坦分为一个犹太国和一个阿拉伯国，把耶路撒冷划为国际飞地；而由印度、伊朗和南斯拉夫代表构成的少数派则建议采取阿犹联邦

① 伊尔贡和莱希在所有的军事行动中接受哈加纳的指挥，但保持自己独立的身份和独立的政治权力。
② UNSCOP 由 11 个国家的代表组成：澳大利亚、加拿大、捷克斯洛伐克、危地马拉、印度、伊朗、荷兰、秘鲁、瑞典、乌拉圭和南斯拉夫。
③ 艾兰·佩普：《现代巴勒斯坦史》，王健、秦颖、罗锐译，上海人民出版社，2010，第 106 页。

的解决办法。阿拉伯方面断然拒绝了这两项建议，而犹太复国主义领导人拒绝少数派报告，但原则上欢迎多数派报告。

1947 年 11 月 29 日联合国就巴勒斯坦问题进行全体表决时，美国和苏联出于各自原因都支持分治，而犹太复国主义游说势力充分利用了自己的优势，取得了赞成分治所必要的三分之二多数。联合国大会通过的《巴勒斯坦分治决议》（即 181 号决议，以下简称《分治决议》），采纳了多数派方案，稍做了一些有利于阿拉伯人的改动。决议规定在巴勒斯坦结束英国的委任统治，建立两个国家，犹太国面积 1.49 万平方公里，人口 90.5 万，其中 49.8 万犹太人，40.7 万阿拉伯人和其他人；阿拉伯国面积为 1.12 万平方公里，其中阿拉伯人和其他人口 72.5 万，犹太人 1 万；耶路撒冷为国际共管区域，人口 20.5 万，阿犹人口几乎持平（阿拉伯人和其他人共 10.5 万，犹太人 10 万）。[①]

急于安置难民和建立国家的犹太人并没有太多选择，这个《分治决议》已经是他们所能设想到的最好结果。因此既没有质疑耶路撒冷的归属，也没有对分在犹太国境内的大批阿拉伯人口有所犹豫，犹太社团很快就接受了《分治决议》。有分析者认为，犹太社团之所以会这样"痛快"，就是因为清楚地知道阿拉伯方面一定会拒绝。早在联合国特别委员会进行调查期间，阿拉伯方面就明确表示，不会接受任何违背巴勒斯坦阿拉伯主权这一原则的建议，如果企图强行实施这种解决方案，战争将可能会接踵而至。果不其然，阿拉伯方面断然拒绝接受《分治决议》，战争在所难免。因此，在第一次中东战争正式爆发之前，实际上是从联合国《分治决议》通过的当天，阿犹双方就开始了局部冲突，进入对巴勒斯坦土地实际控制权的争夺。

第三节　以色列境内阿拉伯公民的产生

1948 年 5 月 14 日英国结束对巴勒斯坦的委任统治，同日，以色列国宣告成

[①] 数据引自联合国巴勒斯坦问题特别委员会 1947 年提交的报告，其中数据基于 1946 年底统计。United Nations Special Committee on Palestine, *Report to the General Assembly*, New York, 1947, https：//unispal. un. org/DPA/DPR/unispal. nsf/5ba47a5c6cef541b802563e000493b8c/07175de9fa2de563852568d3006e10f3？OpenDocument，最后访问日期：2017 年 7 月 16 日。

立。15 日，阿拉伯联盟国家埃及、外约旦、伊拉克、叙利亚和黎巴嫩的军队相继进入巴勒斯坦，第一次中东战争（又称"以色列独立战争"）正式爆发。

从双方力量对比来看，巴勒斯坦的阿拉伯社团尽管一直叫嚣着要用武力解决问题，但实际上并没有做好相应的准备。还是在英国倡议下，阿拉伯社团 1945 年 3 月成立了基于反对犹太复国主义的巴勒斯坦阿拉伯军团。在第二次世界大战结束后，巴勒斯坦阿拉伯人的政治活动虽然更加活跃，但因为内部争夺领导权的斗争而四分五裂。与之相反，犹太复国主义者在"二战"期间及战后建立、发展起了强大的经济组织和军事力量，并得到国际同情和支持。因为接收犹太移民（当时主要是欧洲难民）的问题，犹太组织全民动员与英国委任统治当局开展武装斗争，这让他们保持了战斗性，并拥有巴勒斯坦阿拉伯人所缺乏的强大活力和警惕性。巴勒斯坦阿拉伯人则将希望过分寄托在外部阿拉伯国家的武力干涉上面，在与犹太人直接武力抗衡方面明显准备不足。

在战争期间，阿拉伯各国的军队缺乏统一指挥、军队缺乏作战经验，而且参战各国利益不一，因而战况逐渐向有利于犹太国家的方向发展。与无处可退、不得不背水一战的犹太人不同，大批阿拉伯人在战前及战争期间出逃到周边地区，希望等战事平息后再返回家园，而另一些人则被犹太军事力量有意驱逐，包括以非常激进的手段恐吓、强迫离开。[①] 关于阿拉伯平民被害的极端事件的消息和传言，如 1948 年 4 月犹太武装伊尔贡制造的戴尔亚辛（Deir Yassin）村惨案等，[②] 迅速在巴勒斯坦全境内传播，引起恐慌并加速了阿拉伯人口的外逃。

---

① 1980 年代，随着相关档案资料的解密，一些以色列历史学家开始质疑以色列方面一直以来对 1948 年战争的宣传，揭示以色列军队在 1948 年战争时的一些不当作为，认为大批阿拉伯人出逃是以色列方面刻意为之。这部分历史学家不再单纯从以色列的角度看问题，而是正视 1948 年巴勒斯坦方面的大劫难（al-Naqba），被称为新历史学家（New Historian），开启了以色列学术界和思想界的后犹太复国主义（Post-Zionism）时代。关于阿拉伯人被逐，例见 Ilan Pappe, *The Forgotten Palestinians*: *A History of the Palestinians in Israel*, New Haven and London: Yale University Press, 2011, pp. 15 - 28。

② 1948 年 4 月 10 日伊尔贡和莱希在付出沉重代价（4 死 40 伤）之后攻占戴尔亚辛村，摧毁民居并射击村民，共 107 人遇害，其中包括妇女和儿童。巴解组织方面称类似事件在 1948 年战争期间发生多次，50 名受害人以上的就有 10 次之多，见 Nur Masalha, *Israel's Moral Responsibility Towards the Palestinian Refugees*, 巴勒斯坦解放组织谈判事务部（Negotiation Affairs Department, PLO），http: //www.nad-plo.org/etemplate.php? id = 41，最后访问日期：2017 年 7 月 16 日。

到第一次中东战争结束时，以色列实际控制了巴勒斯坦近80%的土地，不仅远多于《分治决议》中所规定的犹太国家领土面积，更得到了相当"干净"的土地——原居这片土地上的90万阿拉伯人，只有16万留在以色列控制范围之内。随着与约旦达成停火协议，约旦河西岸小三角地区（Little Triangle）也并入以色列版图，到1949年中期，共有18.6万阿拉伯人成为以色列公民。不用面对《分治决议》中分配给犹太国家的近半数阿拉伯人口，对于以色列而言是非常庆幸的，如其第一任总统魏兹曼曾如释重负地称：以色列的任务神奇地被简化了。[①]

如前所述，缔造以色列国的犹太复国主义先驱们并没有想过这个犹太家园内会有阿拉伯人的存在，因此如何对待这些并非自愿成为以色列公民的阿拉伯人口，成了新生的以色列国及犹太主体民族所面临的诸多难题之一。一方面，按照联合国决议的要求及以色列建国时发布的《独立宣言》中的承诺——"以色列国将以自由、正义、和平作为自己的基础。它不会因信仰、种族和性别而对公民加以区分，将在全体公民中实现彻底的社会和政治权利的平等"，以色列应该平等地对待境内包括阿拉伯人在内的所有公民。另一方面，这些阿拉伯人却属于"敌对"民族，由于他们中大多数人并非自愿选择在以色列这个犹太国家境内生活，很多人的亲属、朋友、邻居或背井离乡沦为难民，或正在跟以色列做长期的斗争，这些阿拉伯人对以色列国家的接受度和忠诚度受到怀疑也是很自然的事情。

第四节　以色列境内阿拉伯人口的基本情况

战后留在以色列境内的阿拉伯社团是一个受到重创的社团——绝大部分上层（包括政治、经济、宗教及文化上层）和城市居民都离开或被逐出以色列，留下的人也饱受惊吓，对现状困惑而对未来充满迷茫。[②] 这些一夜之间从人口结构中的优势群体沦为弱势群体的阿拉伯人，在以色列的强势

---

① "A Miraculous Simplification of Israel's Tasks"，出自美国第一任驻以色列大使 James G. Mac-Donald 的回忆录，引自 Ian Lustick, *Arabs in the Jewish State: Israel's Control of a National Minority*, Austin and London: University of Texas Press, 1980, p. 28。

② Lustick, *Arabs in the Jewish State*, pp. 48 – 49。

之下根本没有武装反抗的企图或尝试，但不可避免地被以色列当局及主体犹太民族视为潜在的敌对人口及必须严加防范的"第五纵队"，在政治、经济、文化教育等各方面都受到严格的控制甚至压制。尽管在不同的历史时期政府管控阿拉伯人口的手段及严重程度有所不同，但怀疑、防范与严控的基调并没有改变过。

以色列境内的阿拉伯人虽然都使用阿拉伯语，但并不是一个统一的社团，其分化程度非常大。按宗教信仰可分为穆斯林（建国时占阿拉伯总人口的70%）、基督徒（21%，分属东正教、天主教、新教等多个教派）、德鲁兹人（9%）；① 按生活方式则既有以农业生产为主的定居部落，也有以游牧为生的贝都因人，还有少量城市居民；按地域，加利利地区、小三角地区、内盖夫沙漠的阿拉伯人不仅方言有别，文化传统也存在着显著区别。在历史上这些社团之间的关系就很复杂，甚至在同一宗教、同一村庄内部不同家族之间也存在着尖锐的矛盾。

在以色列建国前，犹太社团就注意到存在于阿拉伯人内部不同宗教团体及不同族群之间的差异和矛盾，并善加利用，其成果之一就是使德鲁兹社团在阿犹冲突中基本保持了中立，在1948年战争时甚至有不少德鲁兹人加入以军作战，因为"自从犹太人来了德鲁兹人享受到比在穆斯林治下更多的自由"。② 建国后以色列国家继续利用阿拉伯社团内部的各种矛盾，刻意从政治、经济及社会方面分化不同群体。本书第八章将对较为特殊的阿拉伯少数民族社团——德鲁兹人和阿拉伯基督徒各自的发展情况进行详细介绍，在这里只简要介绍一下以色列境内少数民族中主要族群的概念及基本情况。

阿拉伯穆斯林　阿拉伯穆斯林是以色列最大的少数民族社团，绝大部分是逊尼派。从历史上看，从穆斯林征服这一地区（7世纪）之后，除去十字军东征时期的短暂例外，穆斯林社团一直是巴勒斯坦地区的统治民族。因此以色列建国及在中东战争中的胜利，对穆斯林社团的打击最为沉重。在以色列建国后，阿拉伯穆斯林有宗教信仰自由，但在政治上、经济上和文化上都受到压制。以色列国家曾经对阿拉伯人进行大规模的土地（巴勒

---

① Central Bureau of Statistics Israel, *Year Book 2012*（《以色列中央统计局2012年年鉴》），http：//www.cbs.gov.il/shnaton63/st02_02.pdf，最后访问日期：2017年7月16日。

② Gabriel Ben-Dor, *The Druzes in Israel-A Political Study*, Jerusalem: Magnes Press, 1979, p.129.

斯坦地最重要的传统的生产资料）征用，如果说对其他少数民族社团都因一些缘由而有所收敛或顾忌（比如对德鲁兹人因其与犹太社团长期的友好和合作而受到一些照顾，由于担心国外基督教会的抗议而对基督教社团所属产业投鼠忌器），那么对阿拉伯穆斯林的资源剥夺则是最肆无忌惮的。

目前在以色列，阿拉伯穆斯林主要居住在以色列的北部（36.8% 在北部地区，14.2% 在海法地区）和耶路撒冷地区（21.5%）。穆斯林人口增长较快，在以色列阿拉伯人口中的比例从建国时的 70% 上升到 82%，妇女平均生育率高（2000 年时为 4.7，到 2012 年时下降到 3.5）。穆斯林人口结构比较突出的一个特点是年轻人比例高，0～14 岁的孩童比例占全部人口的38%，65 岁及以上的老年人仅占总人口的 3.5%。[1]

穆斯林社团普遍经济水平和教育水平较低，社会比较保守，在早期的阿拉伯政治活动中（比如共产党、阿拉伯民族主义运动等），领导权常常掌握在阿拉伯基督徒手中。1967 年第三次中东战争之后，很多阿拉伯穆斯林得以到被占领土上的伊斯兰宗教学校学习，他们不仅带回了伊斯兰宗教知识，更受到巴勒斯坦民族主义的影响，回到以色列本土后，他们建立了"伊斯兰运动"等将伊斯兰宗教和巴勒斯坦民族主义运动相结合的政治组织，与原本在阿拉伯人中影响巨大的共产党和阿拉伯民族主义党派争夺阿拉伯政治运动的领导权。2000 年后，"保卫阿克萨（清真寺）"运动，将反对以色列的占领与保卫伊斯兰教宗教圣地结合起来，效果很好，吸引了国际关注以及以色列国内阿拉伯社团尤其是穆斯林社团的极力支持。尽管目前在以色列阿拉伯人当中共产党、世俗阿拉伯民族主义和伊斯兰运动三种力量共同存在，但从发展趋势上看，伊斯兰运动有宗教作为后盾和手段，有着更广泛的群众基础和更大的潜力。因其人口增速及其与被占领土上巴勒斯坦民族主义最为接近的认同，阿拉伯穆斯林被以色列当局视为国内"最危险"的少数民族社团。

德鲁兹人 德鲁兹人是在宗教共同体的基础上发展形成的以宗教和亲族为基础的社会群体。德鲁兹宗教源自伊斯兰教什叶派的伊斯玛仪派，产

---

[1] Yaron Druckman，"CBS Releases Data about Israel's Muslim Population"，*Ynet News*，25 Oct. 2012。

生于 11 世纪埃及法蒂玛王朝第六任哈里发哈基姆（al-Hakim bi-Amr Allah，996～1021 年在位）统治的后期，宣扬哈基姆的神性，与主流伊斯玛仪派产生分歧。哈基姆失踪后，德鲁兹派被继任的哈里发镇压，其领导者哈姆扎·伊本·阿里（Hamza ibn Ali，985～约 1022 年）被逐出埃及，逃往叙利亚、黎巴嫩的山区传教，吸引了众多信徒。约在 1050 年，德鲁兹宗教停止向外宣传，不传教也不接受皈依，逐渐成为封闭式的宗教社团。德鲁兹人相信灵魂永恒及化身（转世），被其他伊斯兰教派视为异端，常常受到迫害。定居在巴勒斯坦的德鲁兹社团也跟周边的穆斯林环境格格不入，常有摩擦，而由于人数少，在族群冲突中往往是弱势群体。

19 世纪末至 20 世纪初犹太复国主义兴起，犹太定居者涌入巴勒斯坦，很快就发现德鲁兹人是潜在的伙伴。在犹太人看来，德鲁兹人与自己有诸多相似之处，如两者都是由于宗教信仰的特殊性而形成的民族，宗教与民族性密不可分；在历史上两者都以少数民族身份生存于其他民族之中，但都成功地保持了自己的特殊性，避免了被环境同化；两者都曾因为自己的特殊性而遭受迫害。[①] 这些相似的历史经历，为犹太人和德鲁兹人的友好相处打下了基础。此外，除保持自身的独特性外，德鲁兹社团在民族和政治方面并无其他诉求，因此它与一心在巴勒斯坦建立"民族家园"的犹太社团没有基本利益冲突，这成为两者能保持友好关系并进行合作的关键。犹太社团寻求与德鲁兹社团保持良好关系，而后者也不负所望，在 20 世纪 30 年代阿拉伯民族反犹反英大起义时，德鲁兹社团并没有参加阿拉伯方面的斗争，基本上保持了中立。从 30 年代后期到 1948 年以色列独立战争爆发期间，犹太社团与德鲁兹社团的重要家族和领袖[②]之间有过一些合作，包括收集情报、代购武器以及为有需要的犹太人提供庇护等。在 1948 年战争期间，甚至有德鲁兹青年自愿加入犹太方面作战。从 1956 年开始德鲁兹男性适龄青年被纳入以色列义务兵役制，德鲁兹社团与以色列国家和犹太民族结成"血盟"（Covenant of blood）关系。作为回报，

[①] Yitzhak Ben-Zvi, *The Land of Israel and Its Jewish Community under Ottoman Rule*［希伯来语］，Jerusalem，1956，pp. 17 - 19.

[②] 宗教领导人艾明·塔瑞夫谢赫（Sheikh Amin Tarif，1898 - 1993），从 1928 年起直到逝世一直担任巴勒斯坦德鲁兹社团的精神领袖，跟犹太社团和以色列国家关系友好。

以色列推行独立的德鲁兹民族建设进程，使之与其他阿拉伯社团渐行渐远。

截至 2012 年底共有 13.3 万德鲁兹人生活在以色列，占以色列全国人口的 1.7%，在以色列阿拉伯人口中占 8.1%。[①] 这 13.3 万德鲁兹人中既包括居住在加利利（Galilee）和卡尔梅勒（Carmel）山区的德鲁兹公民，也包括生活在戈兰高地的德鲁兹居民。[②] 尽管人数不多，但德鲁兹人却具有较大的影响力，尤其在政治体系中表现非常突出。

阿拉伯基督徒　两千年来基督徒一直生活在今巴勒斯坦这片土地上，见证了这片土地上的纷争和多次易主，从罗马、拜占庭、倭马亚王朝、阿巴斯王朝、十字军、马穆鲁克、奥斯曼土耳其帝国，到英国委任统治和现在的以色列国。基督徒与生活在此地的穆斯林，除了宗教差异之外，说同样的语言、具有共同的生活和文化环境。在 1948 年战争中，阿拉伯基督徒的命运与其穆斯林邻居相仿，大批居民主动或被迫出逃，从此背井离乡，但由于本来就是巴勒斯坦人口中的少数派，因此基督徒人口在 1948 年受到的创伤（心理上）要小于突然从优势多数民族变成弱势少数民族的阿拉伯穆斯林。

截至 2013 年 12 月在以色列共有 16.1 万名基督徒，其中约 80% 是阿拉伯基督徒，[③] 其他的是非阿拉伯裔，比如亚美尼亚人、信仰基督教的犹太人和 20 世纪 90 年代从苏联迁来的信仰基督教的移民。本书讨论的对象是占基督徒人口 80% 的阿拉伯裔基督徒，尽管其中一些团体，比如科普特人的阿拉伯民族属性一直存在争议。

阿拉伯基督徒中大多数是城市居民，2012 年以色列中央统计局公布的数据显示，71% 的阿拉伯基督徒住在以色列的北部地区，13% 住在海法地

---

① 数据来自以色列中央统计局 2013 年底统计报告，*Christmas 2013-Christians in Israel*，http：//cbs. gov. il/reader/newhodaot/hodaa_template. html?hodaa = 201311353。

② 在 1967 年第三次中东战争中，叙利亚的戈兰高地被以色列占领，并在 1981 年被以色列并入自己的版图。但生活在戈兰高地上的德鲁兹人知道自己处于战火前沿，也许还会回归叙利亚统治，因此他们既不参加以色列的选举，也不应征入伍。他们对以色列没有公开的敌意，能与犹太人和平相处。

③ Dana Friedlander, *Christian Community in Israel*, Ministry of Foreign Affairs Website, 2014, http：//mfa. gov. il/MFA/AboutIsrael/Spotlight/Pages/The-Christian-communities-in-Israel-May-2014. aspx，最后访问日期：2017 年 7 月 16 日。

区，9.5％在耶路撒冷地区。[①] 基督徒受教育程度比较高，经济条件比较优越。以色列建国之后，由于低生育率和缓慢但持续的移民，基督徒阿拉伯人在以色列阿拉伯人口中的比例不断下降，从建国初期的20％下降到2011年底的9.4％[②]，这一下降趋势仍在继续。

尽管人数少，但阿拉伯基督徒是以色列阿拉伯社会中世俗的阿拉伯及巴勒斯坦民族主义的核心，有别于穆斯林阿拉伯主体社团所强调的宗教属性，阿拉伯基督徒不强调宗教信仰，而是强调巴勒斯坦人共有的语言、文化和民族属性。

贝都因人　贝都因人是以氏族部落为基本单位，在沙漠旷野过游牧生活的阿拉伯人，主要分布在西亚和北非广阔的沙漠和荒原地带。目前在以色列生活着17万贝都因人，大部分生活在南部沙漠地区。贝都因人在宗教上也属于伊斯兰教逊尼派，但由于其生活方式有别于其他穆斯林群体，而以色列对其政策和他们与以色列国家的关系也不同于其他穆斯林，因此在本书中为了区别，涉及贝都因人的地方都将直接标明，而"阿拉伯穆斯林"则指其他信仰伊斯兰教的以色列阿拉伯人。

贝都因人主要生活在以色列南部内盖夫（Negev）和加利利地区共计25个被确认的村庄（包括7个由政府专门为其修建的城市）及数十个未被承认的村庄中。在加利利地区的贝都因人与周边穆斯林和基督徒阿拉伯人生活方式基本相近，但在南部内盖夫地区的贝都因人仍保持了传统的游牧生活方式。1980年代以后，因为土地问题，贝都因人不得不从游牧转为定居生活，传统生活方式和思想受到冲击，与以色列政府之间的矛盾也有所加剧。

贝都因人与以色列军方的合作也始于建国前，主要在收集情报和边境安全方面。在以色列建国后及独立战争期间，一直有贝都因人以志愿形式加入以军。1970年以色列军方成立的"追踪者纵队"（Trackers Unit）和1986年成立的"沙漠巡逻队"（Desert Reconnaissance Battalion），都以贝都因士兵为主力。目前每年都有三四百名贝都因人应征参军，其中约40％被

①　Yaron Druckman, "Christians in Israel: Strong in education", *Ynet News*, 23 Dec. 2012, http://www. ynetnews. com/articles/0,7340,L-4323529,00. html.

②　数据来自《以色列中央统计局2012年年鉴》，http://www. cbs. gov. il/shnaton63/st02_02. pdf.

分配到各部队做"追踪者"，20%在加沙地带的沙漠巡逻队服役，还有大约7%选择加入以色列边防警，① 其余的都在专门的少数民族部队——"剑营"服役。②

图1-1 1949年以色列军队中的贝都因士兵接受检阅

资料来源：IDF Encyclopedia（1983）vol. 14，Public Domain，https：//commons. wikimedia. org/w/index. php? curid=7855389.

贝都因人是以色列的阿拉伯少数民族中保留传统社会组织和生活习俗最多的一个族群，由于主观和客观条件的限制，教育水平相对低下，家庭人口众多，家境贫寒，就业机会少，收入低。对许多贝都因青年而言，参军是其改善生活、得到高收入工作和提高社会地位的"敲门砖"。

切尔克斯人（Circassain 或 Cherkesses） 切尔克斯人又称契尔卡斯人，属于西亚民族，使用切尔克斯语，原信基督教，16~18世纪改信伊斯

---

① 以色列边防警部队（*Mishmar HaGvul*，Israel Border Police），虽然编制上属于警察系统，但实际上是一支准军事部队，其职责是制止边境地区的恐怖活动，以及防止恐怖分子的袭击。边防警也属于以色列义务兵役制范畴，公民在此服役等同于在军队服役。

② 数据引自以色列国防军人力资源部网站，*Bedouins Serving in the IDF*［希伯来语］，http：//www. aka. idf. il/brothers/skira/default. asp? catId = 57474&docId = 59873；Yoav Satran，*For the First Time in 4 Years：An Increase in the Recruitment of Arabs to the IDF*［希伯来语］，2008，http：//www. haaretz. co. il/news/education/1. 1356680。

兰教，属逊尼派。目前全世界约 500 万人，主要分布在土耳其、叙利亚、约旦和伊拉克。切尔克斯人原住高加索黑海沿岸至库尔德斯坦地区，大约 150 年前被沙俄驱赶离开故土。目前在以色列全境内约有 4000 人，主要居住在加利利地区的两个村庄里。

因为切尔克斯人并非阿拉伯民族，因此严格意义上并不属于本书的讨论范畴，但因其语言、宗教和生活方式都与阿拉伯人相近，在以色列的地位和权利也与德鲁兹人相近，因此偶有提及时也会特别注明。

切尔克斯人以英勇善战闻名，跟德鲁兹人一样，在奥斯曼土耳其时期就是统治者维持一方治安所倚仗的勇士。犹太复国主义运动兴起后，早期来到加利利地区的俄国犹太人与同样会说俄语的切尔克斯人建立了友好的关系。该社团遵循宗教和民族属性分离的原则，与犹太社团及以色列国家关系紧密。他们是除德鲁兹人之外唯一被纳入以色列义务兵役制的少数民族，很多切尔克斯人在以色列国防军和警察部队中供职。切尔克斯人与德鲁兹人，作为与犹太国家结成"血盟"的少数民族，在以色列当局"分而治之"和"大棒与胡萝卜并举"的政策下，得到一定程度的优待，尤其是在独立民族建设方面政府投入极大。经过几十年的发展，他们与以色列境内其他少数民族从发展轨迹、教育体系、职业规划以及身份认同方面都产生了很大差异。但因人数太少，切尔克斯人虽然境遇跟德鲁兹人相似，影响却远不及德鲁兹人。

第二章　以色列阿拉伯人的公民地位及自我认同演变过程

　　以色列国家在战火中建立起来。截至 1949 年 4 月，以色列分别与埃及、约旦、黎巴嫩和叙利亚签订停火协议，第一次中东战争以阿拉伯方面的失败告终。以色列国家实际上得到了比联合国《分治决议》中划给犹太国家更多的领土，而《分治决议》中提到的阿拉伯国家则没能建立起来，部分土地被以色列占领，加沙由埃及控制，约旦河西岸地区和耶路撒冷老城则由约旦管辖。

　　当时，新生的犹太国家百废待兴，短短几年内涌入了大批犹太移民，包括来自欧洲的犹太难民、从北非和阿拉伯国家来的东方犹太人。这些移民大多身无长物、一贫如洗，国家要在短时间之内建立国家机构和运转体制，要恢复被战争破坏的经济生产和恢复生活秩序，要筹集资金和规划土地来安置移民，还要应对随时可能再次爆发的战争。这一时期以色列对那些留在其境内的阿拉伯人并没有很长远的打算，最重要的就是维持安定，制止可能发生的里应外合的骚乱和武装反抗。因此，以色列当局对阿拉伯社团采取了简单粗暴的管理措施——军事管制。在军事管制时期，以色列阿拉伯人连基本的行动自由都没有，算不上真正意义上的公民。在军事管制体制被废除后，他们才成为正常的公民。本章将讨论在军事管制时期及军事管制被废除后以色列阿拉伯人的法律地位，以及以色列阿拉伯人对自己身份认同意识的变化。

第一节　以色列对境内阿拉伯少数民族的军事管制及其取消

战后留在以色列境内的阿拉伯社团是一个受到重创而且被"斩首"的社团——绝大部分上层（包括政治、经济、宗教及文化上层）和城市居民都离开或被逐出以色列，留下的人也"饱受惊吓、困惑而迷茫"。[①] 连貌似强大的阿拉伯联军都失败了，这些普通百姓根本没有武力反抗以色列的能力。但以色列方面也很清楚，战争中的胜利和停火协议都是临时的，阿拉伯国家的军队随时可能卷土重来，这个新生的国家仍处于生存危机之中。而这些留在以色列境内的阿拉伯人绝大多数并非自愿成为以色列这个犹太国家的公民，而他们的亲人、朋友和邻居，流落到以色列境外沦为难民，有些正拿着武器与以色列士兵作战。在这种情况下，以色列政府视其境内的阿拉伯人为国家安全潜在的威胁，是必须严加防范的"第五纵队"，因此要采取严密的管控和防范措施。

早在 1948 年 10 月 21 日战争尚未结束时，以色列治下的阿拉伯居民集中的地区，如加利利（Galilee）、瓦迪阿拉（Wadi Ara）、三角地区（Triangle）、南部内盖夫（Negev）等，就被置于军事管制之下，由军事管理政府依照 1933 年及 1945 年英国委任统治当局颁发的《紧急状态条例》（Emergency Regulations）实行管制。在《紧急状态条例》下，阿拉伯人由军队而不是由国家各职能部门来进行管理。在以色列建国时，约 75% 的阿拉伯居民生活在军事管制之下，连基本的人身权利和行动自由都受限，离开常住地时必须向军管当局申请"行动许可证"，而军管当局有权驱逐、软禁、拘留辖区内的任何人。比如，依照《紧急状态条例》第 109 条，军管当局可以驱逐任何危害安全的人，可软禁并要求任何人随时汇报行踪；第 110 条则规定当局可以随时传唤任何人到警察局；第 111 条则授权当局行政拘留

---

① Ian Lustick, *Arabs in the Jewish State: Israel's Control of a National Minority*, Austin, Texas: University of Texas Press, 1980, pp. 48 – 49.

任何人——这意味着可以无限期、无解释、无审判地拘禁任何人。[①] 当局还可以随时入室搜查以防止阿拉伯村民收留从境外"非法潜入"的前邻居或者亲戚、强迫居民离开其位于边境的居住地、摧毁被"遗弃"的民房等。另外 25% 居住在混居城市，如海法（Haifa）、阿卡（Acre）、雅法（Jaffa）、洛德（Lod）等地的阿拉伯人，他们要进入上述军事管理地区时也需要申请特别行动许可。[②] 通过这种方式，军管当局切断了不同阿拉伯地区和村落之间的联系，把所有人的一举一动都置于掌控之中，也杜绝了境内阿拉伯人有联合起来进行任何反以色列的全国性活动和建立相关全国性组织的可能性。

在军事管制之下，以色列阿拉伯人拥有的权利及自由（包括人身自由、言论、集会、结社的自由等）都大打折扣，从严格意义上讲，并不能算是正常的国家公民。在这一时期，阿拉伯人不仅自由受限，其财产（主要是不动产和土地）也受到大肆剥夺。以色列国家通过军管政府，以"安全"和"公共利益"为名，大肆剥夺阿拉伯人的土地。本来以农耕经济为主的以色列阿拉伯社团无产阶级化进程被人为加速。为了生计很多人不得不到犹太地区打工，又因不能在自己村庄之外的地方过夜而必须当天返回住地，第二天继续出去打工。这样既便于当局管理这些人的行踪，而且让很多人不得不为了养家糊口而疲于奔命，客观上加强了阿拉伯人口对军管当局的依赖性和服从性，因为当局颁发的出入许可决定着很多阿拉伯家庭的经济命脉。

然而，以色列阿拉伯人作为国家公民，选举和被选举权是受到保障的。在战火尚未平息时，他们就被允许参加了于 1949 年 1 月举行的以色列第一届国会大选。但在军事管制之下，宵禁、家禁和行动许可的限制使阿拉伯人根本无法自由组织起来进行竞选活动。阿拉伯选票通过临时组建起来的、依附于主要犹太政党的"阿拉伯竞选名单"（Arab List），被以执政党工党

---

① 参见 Ilan Pappe, *The Forgotten Palestinians: A History of the Palestinians in Israel*, New Haven and London: Yale Unirersity Press, 2011, p. 51; Sabri Jiryis, *The Arabs in Israel*, translated by Inea Bushnaq, New York and London: Monthly Review Press, 1976, pp. 15 - 26。

② 关于军事管制，详见 Ian Lustick, *Arabs in the Jewish State: Israel's Control of a National Minority*; Ori Stendel, *The Arabs in Israel: Between the Hammer and the Anvil*, Jerusalem: Academon, 1992; 等等。

为代表的犹太政党瓜分。① 当时与这些犹太政党争夺阿拉伯选票的是前身为巴勒斯坦共产党（成立于 1918 年）的以色列共产党。以色列共产党是一个犹太人和阿拉伯人双民族的政治党派，在以色列建国后一直支持苏联的反以政策。在独立的阿拉伯政党登上以色列的政治舞台之前，以色列共产党是以色列议会中唯一为阿拉伯人争取权益的非犹太复国主义政党。尽管从第一届选举开始就有其他阿拉伯人作为"阿拉伯竞选名单"的代表进入国会成为议员，但他们都附属于那些支持他们的犹太复国主义政党，并不能代表阿拉伯公民的利益。因此，在以色列国会中，共产党成了阿拉伯社团利益的唯一代言人，也相应得到很多阿拉伯人的支持。尽管共产党在名义上是犹太和阿拉伯双民族党，但实际上主要支持者还是阿拉伯人。②

图 2-1   1949 年以色列阿拉伯人在拿撒勒投票站外排队参加制宪会议选举
（第一届以色列国会）

资料来源：National Photo Collection，https：//commons. wikimedia. org/w/index. php？ curid = 16628211。

① 王宇：《论以色列阿拉伯人的政治参与》，《阿拉伯世界研究》2010 年第 2 期。另见本书第三章。
② 以色列共产党在 1965 年分裂为马基党（MAKI）和拉卡赫党（RAKACH），前者主要以犹太人为主，但人数较少，无法得到很多犹太选民的支持，于 1981 年并入其他左翼政党；而以阿拉伯人为主的拉卡赫党虽然同意以色列的生存权，但支持建立独立的巴勒斯坦国，对以色列和巴解组织实行双重承认，主张阿拉伯人和犹太人为以色列公民，阿犹工人有共同利益，应该团结起来，争取废除对阿拉伯人的民族歧视。出于方便，本书中提到的共产党指的是共产党—拉卡赫党—哈达什党这条主线。

在以色列建国初期，人们普遍相信战争并没有结束，还会有第二回合，而在这个"朝不保夕"的犹太国家中，阿拉伯公民的存在也只是个临时现象。因此人单势孤的共产党对于阿拉伯公民人权的呼吁，一方面显得不合时宜，另一方面则无法引起重视和公众的共鸣。年轻的以色列国家忙于接收犹太移民（绝大多数是劫后余生的欧洲犹太难民和来自亚非阿拉伯国家的贫穷东方犹太人），承受着巨大的经济和社会压力，在这一时期，以色列国家和主流犹太社会根本无暇关注境内的阿拉伯社团，因而军事管制虽然简单粗暴却行之有效。尽管从根本上军事管制与以色列国家所承诺的民主和自由背道而驰，但也得以静悄悄地实行着。甚至以色列政府及军方，也隐隐对境内的阿拉伯人有所期待，期待他们会"犯错"，会武力反对以色列国家，会跟境外势力里应外合，这样以色列就可以名正言顺地驱逐他们。可以说，第一次中东战争期间大量阿拉伯人离开居住地，让一些人抱有类似的幻想：在接下来的战争中如果可以遇到（或者创造）合适机会的话，也许更多的阿拉伯人会主动或被动离开以色列。

1956 年苏伊士运河危机引发了第二次中东战争，10 月 29 日以色列开始对埃及采取军事行动。战争爆发当天，在三角地区的阿拉伯村庄克法尔卡森姆（Kfar Kassim），48 名阿拉伯人（包括 6 名女性、23 名 8～17 岁的未成年人）因违反宵禁令被以色列士兵枪杀，另有 13 人严重受伤。但是，宵禁令是在这些人清早离开村庄去工作之后才颁布的，也就是说这些人根本就不知道当天的禁令。在战争的硝烟中，克法尔卡森姆惨案的消息一开始并没有被透露，两周后以色列官方正式发布了消息，但嫁祸于巴勒斯坦游击队："10 月 29 日因巴勒斯坦费达因（Fedayeen，反抗以色列的阿拉伯人游击队）活动猖獗，以色列军方在约旦边境的村庄采取了宵禁措施以保护村民。"最早冲破以军的封锁抵达现场的是以色列共产党的国会议员陶菲克·突比（Tawfiq Tubi）、梅厄·维勒纳尔（Meir Vilner）和 Mapam 党的议员拉提夫·多瑞（Latif Dori），他们向仍处于震惊和巨大悲痛中的村民收集了大量证据，但军事管理当局禁止媒体发表他们的声明，后来是由陶菲克·突比自行印制了几百份相关材料，散发给以色列诸多有影响力的公众人物。[①]

---

① Ilan Pappe, *The Forgotten Palestinians*, pp. 55 – 57.

惨案在以色列社会引起了巨大震动，对手无寸铁妇孺的屠杀成为自我认知为中东唯一民主国家的以色列的耻辱。迫于公众压力，以色列官方不得不成立事件调查组，最后将下达及执行枪杀命令的军官送上法庭。法院最终判定现场的以军长官枪杀村民的命令是"公然违法行为"（blatantly illegal），而在场的军官和士兵中八人被分别判处 8 ~ 17 年监禁。[①]

随着第二次中东战争结束，以色列的生存危机不再那么紧迫。在战争中，以色列阿拉伯人也以事实证明他们并没有跟国家的敌人里应外合的意愿或者行动，没有成为让以色列国家担心的"第五纵队"。而克法尔卡森姆惨案可以说第一次把以色列阿拉伯人的悲惨生存状况暴露在以色列公众眼前，引起大规模的反对。被认为是反民主且不道德的粗暴军事管制被视为以色列民主的污点。到 1960 年代，以色列国内从左派到右派都投身到取消军事管制的斗争中去，其中包括当时最强大的反对党——利库德集团的领导人贝京和马丁·布伯（Martin Buber）这样极具学术和社会影响力的公众人物。但由于执政的工党，尤其是本-古里安本人的坚持，军事管制直到 1966 年才被国会通过法令废除。而由于中东局势再次紧张及第三次中东战争的爆发，实际上是到 1967 年第三次中东战争结束、以色列解除国家"紧急状态"之后，军事管制才被取消，阿拉伯人那时才成为真正意义上的以色列国家公民。

第二节　从法律层面看以色列阿拉伯公民的地位

1948 年 5 月 14 日，犹太复国主义运动领导人、以色列的国父本-古里安在特拉维夫宣读《独立宣言》，向全世界宣告以色列国的成立："从今天午夜，犹太历 5708 年以珥月六日，即 1948 年 5 月 15 日零时委任统治结束之时起到根据宪法（由民选的制宪会议不晚于 1948 年 10 月 1 日通过）产生的国家机关接管政权为止，全国委员会将行使国家临时委员会的职权，它的执行机关——全国行政委员会将行使犹太人国家临时政府的职权。这一犹太人国家取名为以色列国。"

---

① 详见 Sabri Jiryis, *The Arabs in Israel*, Translated by Inea Bushnaq, New York and London: Monthly Review Press, 1976, pp. 137 – 157。

图 2 - 2　本 - 古里安宣告以色列国建立

资料来源：Rudi Weissenstein-Israel Ministry of Foreign Affairs，Public Domain，https：//commons. wikimedia. org/w/index. php？curid = 33261039.

　　该《独立宣言》中提到的制宪会议（即以色列第一届国会，Knesset）选出来了，但没有通过宪法。这是因为建国初期犹太人内部三大阵营（社会民主党阵营、中产阶级阵营和犹太宗教阵营）在立国思想和国家疆界上存在严重分歧，[①] 比如犹太复国主义者希望建立一个具有社会主义特色的世俗国家，而以正统派犹太教（Orthodox Judaism）为主的宗教力量则坚持以犹太教规作为国家运行的规范，各方冲突十分尖锐，导致制宪会议迟迟无法得出一致的结论。终于在 1950 年 6 月 13 日，在经过一系列冗长的磋商与博弈后，由依察尔·哈拉里（Yizhar Harari）提出的方案得到了各方的认同，即"哈拉里决定"。决定内容包括：暂不进行成文法典的编纂，而是由以色列国会的"宪法和法律委员会"（Constitution and Law Committee）准备并提交给国会一系列基本法（Basic Laws），由国会通过并公布，作为"基本法体系"的组成部分，行使宪法的功能。自 1950 年第一部基本法《回归法》颁布至今，60 余年间，以色列国会总共颁布了 12 部基本法，包括：

[①]　冯基华：《以色列：一个没有宪法的议会民主制国家》，《当代世界》2007 年第 16 期，第 26 页。

《回归法》（1950 年）、《国会法》（1958 年）、《国家土地法》（1960 年）、《总统法》（1964 年）、《政府法》（1968 年颁布，1992 年重新颁布，2001 年颁布修正案）、《国家经济法》（1975 年）、《国防法》（1976 年）、《耶路撒冷法》（1980 年）、《司法制度法》（1984 年）、《国家审计法》（1988 年）、《人的尊严与自由法》（1992 年）、《职业自由法》（1992 年首次颁布，1994 年重新颁布）和《公投法》（2014 年）。

关注各基本法通过的时间，可以发现，在以色列建国后非常长的一段时间内都没有通过任何有关人权的基本法，直到 1992 年才通过《人的尊严与自由法》和《职业自由法》。可以说，人权法在以色列姗姗来迟的一个重要原因就是以色列境内阿拉伯少数民族的存在。在建国初期，为了维护新生国家的安全，自 1948 年建国至 1967 年，以色列国家将生活在境内却"属于敌对阵营"的阿拉伯少数民族置于严格的军事管制之下。军事管制的各项规定明显违背了保护人权的原则，因此无法明确写入宪法中。而长达数十年的人权基本法的缺失，实际上是在模糊法律的边界，钻法律的空子。从以生存为首要原则的以色列国的角度来看，这无疑是符合其国家和犹太主体民族利益的；但从少数民族方面来看，这是对其生存权的侵犯。

长期的人权法缺失对以色列阿拉伯公民的权益造成一定危害，但已有的法律涉及以色列阿拉伯公民时又是如何规定的呢？下文我将讨论以色列除人权法之外的法律法规对以色列阿拉伯公民的影响。

一　基本法规定的平等原则及犹太民族享有的"积极歧视"

《独立宣言》作为以色列国家的第一个正式官方文件，拥有基本法的地位。《独立宣言》除了强调犹太民族建立犹太国家有着"天赋的和历史的权利"并由联合国决议赋予合法性之外，也明确了这一新生国家的根本性质——以色列将是一个犹太人的国家，并"将向散居世界各国的犹太人敞开移居的大门"。除了犹太性之外，《独立宣言》还规定了以色列国家的民主性，"〔以色列国家〕将全力促进国家的发展以造福所有的居民"，"将以自由、正义、和平作为自己的基础，不因信仰、种族和性别而对公民加以区分，将在全体公民中实现彻底的社会和政治权利的平等"。而在《独立宣言》的结尾部分，犹太国的缔造者们对当地的非犹太居民发出呼吁："尽管几个月来我们一直遭到猛烈的攻击，我们仍号召生活在以色列地的阿拉伯居民起来维护和平，并在享有平等公民权利以及在各种临时和永久的国家机关中拥有相应代表权的基础上为国家的发展建设贡献出他们的力量。"《独立宣言》中的这几条原则，即以色列国家的犹太性、民主性和"遭受攻击"特性，共同成为后来所有关于以色列少数民族政策及以色列阿拉伯公民地位的讨论的基础原则。

以色列国家的犹太性和民主性在其他法律中也得到强调，如在 1985 年通过的基本法《国会法》修正案中就明确规定，如果一个政党明示或暗示以下三条原则中的任一条：①否认以色列国作为犹太民族的国家的属性，②否认以色列国的民主本质，③煽动种族主义，其便不能参加国会选举。①

平等原则是《独立宣言》中存在较大争议的一项原则。其实这并非一句空洞的口号，而是一项在司法体系（包括在立法程序及司法判决）中得到遵守的基本原则。在以色列有诸多法律法规，如《就业服务法》（The Employment Service Law，1959）及《高等教育委员会规则》（Higher Education Council Rules，1964）中都明确规定不得因种族、性别、民族和社会阶层而对雇员或者学生加以区别对待。但并非所有的国家法律都彻底贯彻了平等原则。不平等的法律既包括基本法也涉及普通法律。下面将从具体的法律来进行分析。

以色列的第一部基本法——《回归法》在 1950 年就被通过，可以说它定义了以色列作为犹太人民族家园的性质，是以色列法律体系中最"明目张胆"区别对待犹太人与非犹太人的，也是最为以色列阿拉伯公民所诟病的"歧视性"基本法。依照《回归法》，凡是犹太人（其生母为犹太人或皈依犹太教者）及其配偶、儿孙，及儿孙的配偶，均有权移民到以色列并取得国籍（原为犹太人但自愿皈依其他宗教者除外）。② 回归以色列的权利与公民身份无关，而是一项基于民族属性的犹太人独享权利，这与《独立宣言》中所承诺的全体公民平等的原则是相悖的。很多人因《回归法》攻击以色列的民主性，称其是带有民族歧视的法律，其目的是减少非犹太人

---

① Basic Law：The Knesset（1985），Section 7A.

② 《回归法》的内容来自 Israeli Knesset Website（以色列国会官方网站），http：//www.knesset.gov.il/laws/special/eng/return.htm。

在国家中的存在，以保持犹太人口的优势。① 但以色列方面则称，《回归法》并未歧视非犹太公民，而是针对犹太民族的"积极歧视"，非犹太人可以通过《国籍法》所规定的其他途径得到以色列的国籍。理论上确实如此，非犹太人可以通过婚姻等方式取得以色列国籍，但在实际上，非犹太人（尤其是阿拉伯人）要想在以色列居留是非常艰难的。

以跟《回归法》关系紧密的《国籍法》为例，有别于犹太人得到的"积极歧视"，非犹太人（主要是阿拉伯人）要得到以色列国籍要满足以下特定条件。《国籍法》第三条规定：

a. 一个人，在以色列建国前夕是一名巴勒斯坦公民，但不能依照《国籍法》第二条②成为以色列公民的，从以色列建国之日起成为以色列公民，如果他满足

1. 在 1952 年 3 月 1 日按照 1949 年《居民登记条例》（Registration of Residents Ordinance）进行登记，并且

2. 他在本法生效日居住在以色列，并且

3. 从以色列建国时到本法生效之日一直生活在以色列国土或在建国之后成为以色列国土的地方，或在此期间合法进入以色列。

b. 一个人，在以色列建国后直到本法生效之日期间出生，其父或其母按照条款 a 成为以色列公民的，则他从出生之日起取得以色列国籍。③

没有出生在以色列的非犹太人必须同时满足以上条件才能得到以色列国籍，这些条件有效地阻止了那些在战争期间逃离或者被驱逐到周边国家和地区的巴勒斯坦难民回归成为以色列公民。1980 年《国籍法》修正案通过，第三条没有变化，但增加了 3A 条款：

1. 他不能根据其他条款得到以色列国籍；

① As'ad Ghanem, *The Palestinian-Arab Minority in Israel*, *1948 - 2000*: *A Political Study*, New York: State University of New York Press, 2001, p. 159.

② 第二条是按照《回归法》得到以色列国籍，即犹太人适用。

③ 国籍法内容引自 David Kretzmer, *The Legal Status of the Arabs in Israel*, Boulder San Francisco Oxford: Westview Press, 1990, p. 37。

2. 他在以色列建国之前是巴勒斯坦公民；

3. 1952 年 7 月 14 日时他是以色列居民，在"人口登记册"登记；

4. 在修正案生效之日他是以色列居民，在"人口登记册"登记；

5. 他不是《反渗透法》中列出国家①的公民。

对于在以色列建国后出生的阿拉伯人，1980 年《国籍法》修正案的条款有所放松，需要满足以下三个条件：

1. 他不能根据其他条款得到以色列国籍；

2. 在修正案生效之日他是以色列居民，在"人口登记册"登记；

3. 他是满足上面 5 个条件中前 3 条的人的孩子。

1980 年修正案实际上对 1952 年《国籍法》中第三条 a3 款所规定的这个人从以色列建国到《国籍法》生效期间必须一直在以色列这一严苛条件有所宽限。1980 年修正案中对于出生在以色列的人有新的规定，不论是犹太人还是非犹太人，只要其父母中有一方是以色列公民则可以拥有以色列国籍。

不管是在 1952 年《国籍法》中还是其之后的修正案中，我们都可以注意到以色列非常强调居民登记。继 1949 年《居民登记条例》之后，1965 年以色列正式通过《居民登记法》（Population Registry Law），要求所有居民必须登记，登记的细节包括"民族"和宗教信仰。16 岁以上的公民出行须携带内务部颁发的身份证，其中标明"民族"，但没有宗教信仰细节。当然在身份证上标明民族成分并非以色列独有，但在以色列却有两个意义：安全方面——阿拉伯人被认为是潜在的安全威胁，犹太人则不是；防止不同民族间的同化——区别不同民族、不鼓励民族间的融合。②

二　一些被赋予部分国家职能的犹太组织

有关国籍的法律——《回归法》及《国籍法》，是以色列唯一明确区

---

① 按照 1954 年《反渗透法》2A 条款，下列国家名列其中：黎巴嫩、叙利亚、约旦、伊拉克、也门、埃及。

② David Kretzmer, *The Legal Status of the Arabs in Israel*, p. 44.

别对待犹太人和非犹太人的法律，但还有一些法律将部分国家职能赋予犹太组织，理所当然地将阿拉伯公民排除在这些法律所涉及的权利和服务适用对象之外。在以色列，主要是以下三个犹太组织行使了部分国家职能。

1. 世界犹太复国主义组织（World Zionist Organization）

世界犹太复国主义组织成立于 1897 年第一届犹太复国主义大会，西奥多·赫茨尔是其创始人。在以色列建国之前，世界犹太复国主义组织是巴勒斯坦及全世界犹太复国主义运动政治活动的框架组织，直到现在也是犹太复国主义运动在以色列及全世界的正式代表机构。

2. 犹太代办处（Jewish Agency）

英国委任统治期间（1917～1948 年），犹太代办处是代表巴勒斯坦犹太人利益的"形成中的国家雏形"。1929 年之前由世界犹太复国主义组织兼任犹太代办处，之后犹太代办处成为一个跟世界犹太复国主义组织关系极为密切的独立机构，1942 年再次与世界犹太复国主义组织合并。犹太代办处对以色列 1948 年建国起到至关重要的领导作用，组织犹太人在巴勒斯坦定居，并负责接收新移民及社团成员的教育等事宜。

3. 犹太民族基金会（Jewish National Fund）

犹太民族基金会于 1901 年第五届世界犹太复国主义大会成立，其目标是为犹太人在巴勒斯坦和叙利亚购买土地以满足犹太定居的需要。该组织是世界犹太复国主义组织的正式组成部分，但独立在伦敦注册为有限公司。土地问题是以色列阿拉伯人跟以色列国家最大的矛盾所在，我们将在后面章节专门就土地问题进行讨论。

上述三个组织/机构，原本就是以色列国家尚未正式成立时代替其行使本该属于国家的职能的组织和机构，在以色列国建立后本来应该由国家部门来接手这些组织及机构的职责和权力，但以色列国并没有这样做，而是通过一系列立法，如 1952 年的《世界犹太复国主义组织－犹太代办处（地位）法》[World Zionist Organization－Jewish Agency（Status）Law] 和 1953 年的《犹太民族基金会法》等，赋予这些组织以正式地位继续行使部分国家职能。以色列首任总理本－古里安曾明确称："在以色列国内赋予犹太复国主义组织以权力和地位来开展某些标准的国家活动，是必要的——如移民和定居事宜，尤其是在以色列国内。"①

世界犹太复国主义组织在以色列建国之后仍然继续在其传统领域运作，以求实现犹太复国主义的政治目标，主要从事"开发土地及定居、吸收世界各地的犹太移民并协调所有跟以上事宜有关的犹太组织和机构的活动"。②

通过赋予犹太组织和机构以部分重要的国家职能，以色列建国后的犹太定居事业及与其密不可分的土地管理、农业扶持等，其服务对象就被限定在犹太人内部了，而以色列阿拉伯人（绝大多数是农业人口）及阿拉伯村庄都被排除在多项本应面对全体国民的"国家支持"之外。比如在以色列的农业定居计划，就是由农业部和犹太代办处的官员共同制定的；针对新的农业定居点的土地支持来自犹太民族基金，通路、通水、通电则由犹太代办处资助，农业生产所需的设备、原材料、种子、肥料等贷款和补贴也由犹太代办处提供，农业区的工业化进程也是由犹太代办处提供相应资金。③

土地作为最重要的生产资料，也是以色列阿拉伯人受到最不公平待遇的方面。土地问题作为最影响以色列阿拉伯少数民族和国家关系的重要事件将在下文分章单独讨论，在此只做简单介绍。通过立法及一系列繁琐的手续，以色列的国有土地都属于一个相当于犹太民族基金（注册地为英国）的以色列子公司 KKL（Keren Kayemeth LeIsrael，Israeli National Fund）。国有土地禁止出售，而是以租借的形式给个人及集体使用，但犹太民族基金明确规定禁止将国有土地租给非犹太人。阿拉伯个人及集体，尽管是以色列的公民，但无法从国家得到任何土地。相反，国家还通过各种手段征用、剥夺阿拉伯人的私有土地，有关土地的冲突是以色列阿拉伯人跟以色列国家最大的矛盾所在。

除了以上介绍的公开区别对待犹太人和阿拉伯人的有关法律之外，以色列阿拉伯人还受到具有隐蔽性的法律歧视。

---

① 1952 年 11 月 5 日国会辩论中本－古里安的发言。*Divrei HaKnesset* 37（5. 11. 1952）

② 引自 The World Zionist Organization-Jewish Agency（Status）Law（1952），即《世界犹太复国主义组织－犹太代办处（地位）法》

③ David Kretzmer，*The Legal Status of the Arabs in Israel*，pp. 90 – 95.

三 具有隐蔽性歧视的法律将绝大多数阿拉伯人排除在一些权利和优待之外

在以色列，有些法律规定的适用对象不是全体公民，而是有所限定的，通过对限定条件的设置，可以把以色列阿拉伯人自然而然地排除在外。比如，有些法律法规的服务对象是服过兵役的人，但由于绝大多数以色列阿拉伯人不服兵役，因此这些法律及规章中所涉及的待遇就不适用于阿拉伯公民。

如《回归工作法》（Return to Work Law，1949）的 1970 年修正案规定，以色列士兵或其家庭可以得到给未成年孩子的补贴，而其中对士兵的定义是："现在正在或曾经在以色列国防军、以色列警察及监狱服役的人，包括那些在 1948 年 5 月 14 日之前在后来被以色列国防部确认的武装力量服过役的。"[1] 该法规定士兵及其家庭成员（配偶、子女及父母）可以从第三个孩子开始得到以色列国民保险机构向全体公民提供的未成年孩子常规补贴之外的补贴，而如上所分析，绝大多数阿拉伯家庭根本无法享受这个额外补贴。[2] 再如《退伍军人法》（Discharged Soldiers Law，1984）规定，相比于非退伍人员，退伍人员可以享受如下特权：①在就业办公室（Labor Exchange）派遣工作时，某些种类的工作，退伍士兵相对于非退伍士兵享有优先权；②某些具有公众性质的工作，在退伍人员符合工作要求并与非退伍人员具备同等条件时，具有优先权；③退伍人员在参加国立职业培训课程录取方面有优先权；④退伍人员在参加国立职业培训课程时可减免部分学费，参加非国立的职业培训课程时则享受补贴；⑤退伍人员可以得到国家补贴以完成高中学业；⑥若符合大学的入学要求或符合宿舍申请条件，退伍人员在上大学、申请大学宿舍方面有优先权；⑦退伍人员在接受高等教育时可申请学费贷款；⑧购房时退伍人员可得到更多国家贴息贷款；等等。

一般来说，将公民权利与义务挂钩本无可厚非，但在以色列，兵役并不是阿拉伯人主动的选择，除个别社团之外（德鲁兹社团），以色列国防部

---

① David Kretzmer, *The Legal Status of the Arabs in Israel*, p. 100.

② David Kretzmer, *The Legal Status of the Arabs in Israel*, pp. 100 – 101.

并不向适龄阿拉伯公民发入伍通知。① 而从另一个角度看,在以色列不服兵役的并非只有阿拉伯公民,而跟阿拉伯人一样不服兵役,却能享受这些待遇甚至更为优厚待遇的极端正统派犹太教徒,则旁证了这些法律规章针对阿拉伯人确有歧视。② 据以色列阿拉伯少数民族权利法律中心(ADALAH)统计,截至 2017 年 9 月在以色列已有 65 条对阿拉伯公民具有歧视性和不公正待遇的法律。③

本节介绍了以色列阿拉伯公民地位的变化及有关的国家法律,可以说阿拉伯人在以色列经历了一个从非公民到权利不完整的二等公民这样一个发展过程,至今仍然受到一些显性和隐性的歧视和不平等对待。

第三节 以色列阿拉伯人自我身份认同的演变

自我身份认同是现代人对自身的认知以及在诸多文化体中的自我身份定位。认同可以是文化上的、经济上的或政治上的认同,因而同一个体可以有不同的认同——文化认同、国家认同和民族认同等。对于以色列的阿拉伯人,从其名字已经看出其身份认同中至少包含着两个因素——以色列因素和阿拉伯因素。

从历史上看,阿拉伯现代民族身份认同是在反抗异族占领和殖民统治、寻求自决的政治斗争中逐渐形成的。"一战"后巴勒斯坦地区被置于英国委任统治之下,而从奥斯曼土耳其帝国统治后期到英国委任统治开始后犹太移民持续涌入该地区购买土地、从事农业、兴办实业等,逐渐进行建立"犹太民族家园"的准备。与此同时,巴勒斯坦原住居民的民族主义一方面受到犹太民族主义蓬勃发展的催化,另一方面则在反对犹太移民及英国委任统治当局的犹太移民政策的斗争中得到巩固,尤其是在教育水平较高的阶层已初成气候。但如前所讨论过的,留在以色列境内的阿拉伯社团以边

---

① 关于阿拉伯人在以色列服兵役的情况,本书第九章会详细讨论。另见王宇《以色列国防军中的阿拉伯士兵——身份尴尬的少数民族与兵役义务》,《世界民族》2014 年第 2 期。

② Ilan Papper, *The Forgotten Palestinians*, pp. 97 - 98.

③ ADALAH, "The Discriminatory Laws Database", 25 Sept. 2017, http://adalah.org/en/content/view/7771.

远地区的农业人口为主，缺失了"精英阶层"，民族主义意识并未充分觉醒。在以色列建国之后，以色列阿拉伯人的身份认同历经了几个不同的阶段。下面我将简单介绍这几个不同阶段各自不同的特点。

第一，在以色列建国初期，对于刚刚经历过"大劫难"①的以色列阿拉伯社团，除了少数在之前就已经跟犹太方面有合作的个人及小团体之外，绝大多数都在新生的犹太国家中战战兢兢地生活。由于大部分是农业人口，土地是生活和力量的主要来源；社会则是比较保守的传统社会，家族势力比较强大。因此在这一时期以色列阿拉伯人的身份认同具有很强的家族性和本土性，对以色列国家没有什么感觉。以色列当局对控制土地的渴望以及一系列剥夺行为更加强了阿拉伯人的本土性。而本土居民对抗有强大武力后盾的政权、坚持保守土地的方式，表现为多种树多建房，因为"人会像蝴蝶一样湮灭，但房屋尤其是树木总会在同一个地点把他们的主人永远与这片土地连接在一起"。②这一时期，很多人觉得犹太人跟历史上占领过这个地方的其他外来征服者——土耳其人或英国人一样，迟早会离开，而这片土地终究是属于世世代代在这里生活的本地人的。③

第二，从20世纪50年代中期开始，以色列阿拉伯人与以色列国家的犹太公民的关系就有所变化。建国初期百废待兴的国家建设和沉重的新移民接待负担，让绝大多数以色列犹太公民并没有意识到自己国家中还存在着相当数量的阿拉伯公民，对其处境当然更是一无所知。之后，在一些左派政党（如以色列共产党、Mapam党等）持之以恒的呼吁下，以色列公众开始注意到以色列阿拉伯人的困境以及军事管制的非人道性和非民主性，尤其是1956年克法尔卡森姆惨案曝光后，以色列公众民意倾向于取消军事管制。以色列政府和军事管理当局在公众压力之下采取了一些措施来改善以色列阿拉伯人的处境，比如签发更多的行动许可让更多的阿拉伯人可以进入以色列的工作市场。而随着阿拉伯社会经济结构从农业走向雇佣工人

---

① 阿拉伯人将1948年以色列建国、阿拉伯失利和巴勒斯坦人的痛苦经历称为al-Naqba——大劫难。

② 引自以色列阿拉伯诗人的诗作 Anton Shamas, *Arabesque*, Tel-Aviv: Am-Oved, 1986.

③ Izhak Schnell, *Perceptions of Israeli Arabs: Territoriality and Identity*, Aldershot: Avebury, 1994, pp. 8 – 10.

经济、越来越城市无产阶级化，阿拉伯传统的社会结构也受到冲击，家族在经济生活中的重要性以及对土地的依附性都有所下降。随着与犹太公众交往的增多、以色列国民教育的深化，以及阿拉伯人对以色列的政治制度的熟悉和参与（参加国会选举等），阿拉伯人的"以色列"意识有所增强。大多数人接受了自己以色列阿拉伯人的身份，即作为少数民族生活在一个目标是成为全世界犹太人民族家园的国家中，尽管他们自己也意识到"以色列"和"阿拉伯"这两个概念中自带的矛盾。

1966 年的一项民调显示出以色列阿拉伯人中对于犹太社会持开放心态的有所增加。68% 的受访者相信以色列阿拉伯人有需要向犹太人学习的地方；73% 确认他们正在向犹太人学习知识；大多数人自认为以色列身份比阿拉伯身份要更突出，而巴勒斯坦民族主义身份认同则响应者寥寥；81% 的受访者明确了自己对未来的期望是作为一个拥有平等权利的差异群体融入以色列国家。[①]

但是以色列国家的主观意愿和客观条件却与阿拉伯人的追求并不一致。阿拉伯人的"以色列化"极不完整，这有其客观原因：一方面他们被怀疑为潜在的"第五纵队"，因而被置于严格的军事管理之下；另一方面以色列当局完全没有想过要把阿拉伯人也纳入锻造新型以色列国民熔炉（Melting Pot）中去，因此没有去触碰或挑战阿拉伯人的民族身份。比如说，除德鲁兹社团之外，以色列国家从来没有征阿拉伯公民入伍的意图，而军队是锻造以色列国民共同性最重要的平台。在 20 世纪 50 年代后期，部分以色列阿拉伯人，主要是年轻的阿拉伯知识分子，受到当时在阿拉伯世界流行的泛阿拉伯主义的影响，阿拉伯民族主义情绪有所上升，不仅在文化认同方面，也表现在政治方面，甚至建立了以色列第一个真正属于阿拉伯人的独立政治组织——"土地运动"（al-Ard，The Land）。[②]

第三，1967 年对于以色列社会和以色列阿拉伯人而言都是具有分水岭意义的一年。第三次中东战争（即六日战争）中以色列获得军事上的巨大

---

① Yochanan Peres and Nira Yuval Davis, "Some Observations on the Nationalistic Identity of Israeli Arabs", *Human Relations* 22 (3), 1969, p.230.

② 关于该政治运动详见本书第三章有关讨论。关于阿拉伯民族主义的文化意义，见马小红《从阿富汗尼到萨达姆——泛阿拉伯主义的发展及其趋势》，《西亚非洲》2000 年第 2 期。

成功，约旦河西岸、加沙地带等分别在约旦和埃及治下的巴勒斯坦领土首次被归于同一个政体管辖之下。以色列阿拉伯人结束了近 20 年的"与世隔绝"状态，与被占领土上的同胞恢复了往来和联系。以色列阿拉伯人的身份认同发生了立竿见影的变化。两位学者（Yochanan Peres 和 Nira Yuval Davis）的调查显示，在 1967 年战争之后几个月之内，把以色列国民身份置于自己身份认同中最主要位置的以色列阿拉伯人从 68% 下降到 43%，新的身份认同中以色列、阿拉伯、巴勒斯坦、穆斯林等因素重要性排序也发生了变化。

表 2 - 1　六日战争前后以色列阿拉伯人身份认同中不同因素的顺序

顺序	1966 年	1967 年
1	以色列	阿拉伯
2	以色列阿拉伯	穆斯林、基督徒
3	阿拉伯	以色列阿拉伯
4	巴勒斯坦	巴勒斯坦
5	穆斯林、基督徒等	以色列

资料来源：Izhak Schnell, *Perceptions of Israeli Arabs：Territoriality and Identity*, Aldershot：Avebury, 1994, p. 17.

短短数月内阿拉伯人的身份认同发生如此大的变化，是多重因素综合作用的结果。其中比较重要的分别是上文提到的与被占领土上的同胞重聚、以色列国家安全重心从以色列阿拉伯人身上转移到被占领土、强加于阿拉伯人身上近 19 年的军事管制（1948～1967 年）[①] 被终结、以色列阿拉伯人有了更多安全感和自信感。另外的因素是在 1967 年战争中阿拉伯国家大败而犹太民族主义情绪高涨，爱国热情从国内到国外流散地都爆棚，客观上也使得以色列阿拉伯人从感情上难以踩在本民族的惨败上去认同胜利者。

在与被占领土上的巴勒斯坦同胞"重聚"之后，以色列阿拉伯人的身份认同中民族主义倾向明显受到巴勒斯坦同胞的影响而有所增强。被占领土及巴勒斯坦人的整体命运代替了之前的本土问题（土地、就业、平等）成为以色列阿拉伯人的主要政治议题。而在此期间，随着军事管制的废除，

---

① 对阿拉伯人的军事管理在 1966 年被国会废除，但直到 1967 年战争结束，以色列宣布紧急状态结束才正式终结。

明面上限制阿拉伯人自由的障碍清除了，以色列阿拉伯人似乎应该得到自由和平等的公民权利，但很快现实打破了这个幻想。作为阿拉伯人，他们在以色列社会的融合不可能是完整的，显性和隐性的歧视与不平等在社会生活的各个方面仍然存在着。对于以色列身份认同的失望，再加上受到被占领土上的巴勒斯坦同胞的影响，以色列阿拉伯人的身份认同中巴勒斯坦因素逐渐增加，而1964年成立的巴解组织的发展，尤其是1974年在第七次阿拉伯首脑会议上其被确认为巴勒斯坦唯一合法代表，进一步催化了他们的巴勒斯坦身份认同感。1975年的一项调查显示85%的以色列阿拉伯人对于"巴勒斯坦人"这个定义满意，而有54%的人对"以色列人"这一定义满意。①

四 20世纪八九十年代的身份认同

社会学家、以色列奖获得者萨米·斯姆哈（Sammy Smooha）教授及其团队，从1980年代至今，针对以色列阿拉伯人的身份认同进行了长期的系统调查和分析，明确了"巴勒斯坦""阿拉伯""以色列"是以色列阿拉伯人身份认同中最重要的三大因素。其中1984年调查的结果显示，阿拉伯人中不同族群（比如宗教团体）的自我身份认同有较明显的区别，比如以色列阿拉伯人中有47%的人认为自己"巴勒斯坦"的身份最为突出，但在穆斯林中该比例达到74%；以色列阿拉伯人整体上选择"阿拉伯"作为自我认同的比例达到76%。但是，对巴勒斯坦民族身份的认同并不意味着对以色列身份认同的否定，因为在以色列阿拉伯人中超过半数（55%）的人同时也选择了"以色列"作为自己的身份认同，但在穆斯林中选择以色列的仅为25%。② 斯姆哈认为，长期以来，以色列的阿拉伯人同时经历着两个进程，即巴勒斯坦化和以色列化，尽管以色列的阿拉伯人尤其是阿拉伯穆斯林极为强调自己的巴勒斯坦身份，但他们的认同与被占领土上巴勒斯坦人的巴勒斯坦身份认同已经有着根本的区别。长期接触现代化及西方民主政治制度，使得以色列阿拉伯人的巴勒斯坦身份认同基本上是政治性和文

① Izhak Schnell, *Perceptions of Israeli Arabs: Territoriality and Identity*, p. 17.

② Smooha, Sammy, *The Orientation and Politicization of the Arab Minority in Israel*, Haifa: The Jewish-Arab Center, University of Haifa, 1984, pp. 47 – 50.

化性的，这与被占领土上巴勒斯坦人反抗占领、要求民族自决、不惜以武装手段实现目标的巴勒斯坦民族身份认同是不同的。以色列建国以来，除极个别特例之外，基本上没有以色列阿拉伯人采用暴力手段反抗当局的，这种行为不仅受到以色列当局的严厉管控，也受到阿拉伯社团本土领导的反对。

绝大多数以色列阿拉伯人都支持巴勒斯坦民族自决和建立一个独立的巴勒斯坦国，但几乎没人有意愿放弃以色列的公民身份而成为这个未来的巴勒斯坦国的国民。部分以色列阿拉伯人将自己的处境与美国犹太人类比，美国犹太人支持以色列的存在及物质上的繁荣，主要出于两方面的动机，一方面是出于自豪以及对自己民族身份定义的需要，另一方面则是作为潜在的避难所，在一旦需要的时候有地方可去。同理，以色列阿拉伯人支持巴勒斯坦建国，同时要在以色列做一个有完整权利的公民。他们也许并不期望成为未来巴勒斯坦国的公民，但是如果有巴勒斯坦国这样一个存在，他们不仅可以摆脱身份认同的窘境，而且作为一个政治实体，巴勒斯坦国也会成为以色列阿拉伯人在以色列保护自己权益的底气和退路。①

1987 年底在被占领土爆发的因提法达（Intifada），即巴勒斯坦民族大起义，对以色列阿拉伯人的身份认同产生比较大的影响，拉大了他们原本以为可以融合的阿拉伯认同、巴勒斯坦认同及以色列认同之间的距离，"与自己国家一起反对自己的民族还是与自己的民族一起反对自己的国家"让阿拉伯人的身份认同陷入难以两全的境地。尽管在因提法达爆发后，以色列阿拉伯人多次声援支持被占领土上巴勒斯坦同胞的民族自决要求，巴勒斯坦身份认同被进一步强化，但基本上仍然能够坚持采用合法途径（主要是政治途径）来实现这一目标，并没有参与被占领土上巴勒斯坦人的武装斗争。

泛阿拉伯主义在这一阶段的影响力远不如纳赛尔时期，阿拉伯身份认同比例也有所下降，但与被占领土上巴勒斯坦人对阿拉伯身份认同感极低不同，在以色列，阿拉伯身份作为一个比较"温和"（相对于巴勒斯坦身份与以色列身份的针锋相对而言）的元素，还是受到更多的认同。当然，

---

① Izhak Schnell, *Perceptions of Israeli Arabs: Territoriality and Identity*, pp. 24 – 25.

这种阿拉伯身份认同更倾向于文化认同，而非政治性认同。① 之前活跃在以色列阿拉伯人中的泛阿拉伯主义的政治组织虽然继续存在，也有着固定的拥趸（比如世俗阿拉伯人和阿拉伯基督徒等），但在阿拉伯公众中的领导权受到带有伊斯兰宗教色彩的政治组织的强力冲击。

20 世纪 70 年代，在以色列阿拉伯人中逐渐兴起一种在之前就存在但没有什么政治影响的认同，并对相当大一部分人口产生巨大影响，这就是伊斯兰宗教身份认同。首先伊斯兰教身份认同并不是以色列阿拉伯穆斯林自创的，而是受到外界大环境的影响。全世界阿拉伯人中信仰伊斯兰教的约占 90%，在 20 世纪阿拉伯世界争取民族解放和民族自决的斗争中所产生的旨在复兴伊斯兰生活方式和精神文化，以寻求解决各种现实社会问题的运动，就是伊斯兰复兴运动。而从 20 世纪 70 年代开始，伊斯兰复兴运动进入一个新的阶段。当时埃及等阿拉伯国家在现代化建设中遇到挫折，经济增长缓慢、建设资金短缺、通货膨胀加剧、失业率上升、社会分配不均、两极分化严重、统治者专制腐败，加上在阿以战争中屡战屡败、失地辱国，引起社会各阶层的不满，人们对以纳赛尔主义为代表的阿拉伯民族主义、阿拉伯社会主义日益失望。1979 年伊朗发生"伊斯兰革命"，巴列维王朝被推翻，以霍梅尼为首的伊斯兰宗教势力掌权，并通过《伊斯兰共和国宪法》，使伊朗成为政教合一的伊斯兰神权国家。受伊朗模式的鼓舞和启发，在全世界范围内相继出现了公开或秘密的伊斯兰政党、派别和组织，并成为现代伊斯兰复兴运动的鼓吹者、领导者和组织者。在巴勒斯坦被占领土，伊斯兰抵抗运动（哈马斯）成立于 1987 年，意味着巴以冲突（阿犹冲突）不再单纯是政治冲突、土地冲突和民族冲突，更成为宗教冲突。② 尽管没有公开的隶属关系，但在以色列阿拉伯人中产生的伊斯兰运动明显受到了哈

① 倡导泛阿拉伯主义文化意义的代表人物是埃及著名作家、思想家宰克·纳克布·马哈穆德。1979 年他发表了《泛阿拉伯主义是文化，不是政治》一文，该文在 1984 年 12 月 20 日得到阿拉伯联盟教育文化科学组织的最高奖——阿拉伯文学表彰奖，肯定了其对泛阿拉伯主义的文化解释。见李振中《纳赛尔与泛阿拉伯主义》，《阿拉伯世界研究》1992 年第 3 期。

② 巴以冲突的宗教化并不是单方面的伊斯兰宗教化，在以色列方面这一冲突也被犹太教宗教化，详见本书结语部分。

马斯的影响。①

　　穆斯林阿拉伯人是以色列阿拉伯少数民族中最大的族群，以色列建国时占阿拉伯总人口的 70%，近年来上升到 82%。在 1967 年之前，以色列阿拉伯人中几乎没有带政治目的的伊斯兰宗教活动，但 1967 年以后受到被占领土上巴勒斯坦同胞的影响，很多到约旦河西岸伊斯兰宗教学校学习之后回到以色列的阿拉伯人逐渐建立起与伊斯兰教相关的社会、政治组织，即"伊斯兰运动"（成立于 1971 年）。②"伊斯兰运动"宣扬（伊斯兰）宗教认同应该是以色列阿拉伯人身份认同中最重要的组成部分，认为其应该得到加强。他们并不否定以色列阿拉伯人可以拥有其他的身份，如巴勒斯坦身份、泛阿拉伯主义民族身份甚至以色列公民身份，也能接受以色列国家中犹太主体及希伯来文化占优势地位的既成事实，但反对以色列国家犹太复国主义性质。③ 在 20 世纪 70～80 年代，以色列阿拉伯穆斯林中宗教认同比例有明显上升，80 年代在以色列（及被占领土上）新建的清真寺比过去 70 年建的总和还多，蓄胡须的人（包括年轻人）数量明显增加，女生衣着趋向保守，宗教领袖的影响力和号召力要超过以前的传统家族族长和政治领袖。④

五　巴以和平协议签署之后以色列阿拉伯人身份认同方面的发展及分化

　　1991 年以色列将巴解组织从"恐怖组织"的黑名单中解禁，1993 年 9 月 13 日以色列总理拉宾与巴解组织主席阿拉法特签署了巴以和平协议——《巴勒斯坦有限自治原则宣言》，标志着中东和平进程进入一个新的时代。这一事件对于以色列阿拉伯人来说具有划时代的意义。

　　在和平协议的框架内，巴勒斯坦实现部分自治，独立的巴勒斯坦国似乎已经在路上，以色列阿拉伯人所生活的国家和所属的民族经历多年战争

① Raphael Israeli, "The Impact of Islamic Fundamentalism on the Arab-Israeli Conflict," *Survey of Arab Affairs*, No. 13, 1988, pp. 1 - 8.
② 详情见本书第三章第二节内容。
③ Arik Rudnitzky, *Arab Citizens of Israel Early in the Twenty-First Century*, pp. 23 - 24.
④ Raphael Israeli, "The Arabs in Israel: A Surging New Identity," 1989, http://jcpa.org/article/the-arabs-in-israel-a-surging-new-identity/，最后访问日期：2017 年 7 月 16 日。

终于有望和解，这让很多人感到欣慰。而以色列承认巴解组织为巴勒斯坦人民的代表，这使得以色列阿拉伯人可以公开表达自己对巴解组织和未来巴勒斯坦建国的支持而不再担心会受到官方的禁止和追究，巴勒斯坦民族身份也成为很多以色列阿拉伯人公开的身份认同。

对于奥斯陆协议，绝大多数以色列阿拉伯人是持欢迎态度的，实际上如果没有以色列国会中本属反对党的阿拉伯政党议员的支持的话，该协议很难在国会获得通过。但在阿拉伯人中也有持批评甚至反对意见的，比如巴拉德党［Balad，即全国民主联盟党（National Democratic Assembly）］的创始人阿兹米·比沙拉（Azmi Bishara）就曾批评奥斯陆协议。这不是因为他反对建立巴勒斯坦国，而是认为在目前地区力量平衡明显有利于以色列一方时是不可能建立一个巴勒斯坦国的。他也反对巴勒斯坦进行部分自治，认为这种协议会导致巴勒斯坦问题"去国际化"，变成一个纯粹的领土问题，仅仅与以色列治下的巴勒斯坦人有关，而把生活在全世界其他地方的巴勒斯坦人及后裔排除在解决方案之外。另一个原因是他认为这种自治会把生活在被占领土上的巴勒斯坦人变成以色列一个受歧视的"少数民族"，因为自治并不等于主权。所以比沙拉认为现阶段巴勒斯坦人应该要求的是平等而不是自治，巴勒斯坦人应该先追求民族权利，即被承认为一个独立的民族，而不是以色列治下的一个少数民族，而只有民族权利先得到承认，下一步才是如何实现这一权利，比如说要求自治。[①] 在以色列穆斯林中影响巨大的"伊斯兰运动"组织，对奥斯陆协议的态度则分为两派，强硬派（北支）跟被占领土上的哈马斯立场一致，反对奥斯陆协议，而另外一派（南支）则支持。[②] 这一分歧为该组织的分裂埋下了伏笔。

不论阿拉伯政党对和平协议的态度如何，随着奥斯陆协议的签署，以色列阿拉伯人的巴勒斯坦民族情结得到了一定程度的慰藉，更加关注自己在以色列国家的权利和地位。斯姆哈教授 2012 年的调查数据显示，76% 的

---

① Abigail Fraser & Avi Shabat, "Between Nationalism and Liberalism, The Political Thought of Azmi Bisharah", in Alexander Bligh (ed.), *The Israeli Palestinians: An Arab Minority in the Jewish State*, London: Frank Cass, 2003, pp. 16 – 36.

② 由于对参加以色列国会选举的态度不一致，"伊斯兰运动"在 1996 年正式分为南北两支，但之前对于包括奥斯陆协议在内的诸多问题的分歧都是最终分裂的伏笔。见 Arik Rudnitzky, *Arab Citizens of Israel Early in the Twenty-First Century*, p. 23。

以色列阿拉伯公众希望阿拉伯政党更多关注日常生活中的问题而不是巴以问题；62.4%的人支持阿拉伯人为了社会和经济的平等而斗争，并认为应弱化为了和平以及改变以色列国家性质而进行的斗争。[1]

进入 21 世纪，以色列阿拉伯人的身份认同随着各社团的分化而显示出很大的区别。比如德鲁兹人、阿拉伯基督教徒和阿拉伯穆斯林对自己的身份认同呈现出较大分歧，尤其是在对其以色列身份的认同方面差距非常大。这一分化首先是以色列长期以来推行的对阿拉伯少数民族不同社团进行"分而治之"政策的结果，同时也是各社团自身发展不同轨迹所导致的，比如当穆斯林中伊斯兰宗教势力大增甚至走向原教旨主义的时候，大多数阿拉伯基督徒肯定会对他们产生疏离感；而德鲁兹社团经过数十年的"独立民族建设"也与其他阿拉伯社团渐行渐远。此外，在以色列阿拉伯各社团的发展过程中，其与境外的互动和交流也起到了很大的作用，如穆斯林社团受到被占领土上巴勒斯坦同胞的影响较大，而部分基督徒则受文化泛阿拉伯主义的影响比较大。

2010 年时，布鲁金斯学会的调查报告表明，在以色列阿拉伯人中进行抽样调查（500 份）结果显示以色列阿拉伯人中有 36% 的人认为阿拉伯民族身份最重要；其次是认为巴勒斯坦民族身份最重要的，占 22%；另外有 19% 的人认为宗教认同最重要；而仅有 12% 的人认为以色列身份最重要。[2] 但在德鲁兹人中，39% 的人把德鲁兹宗教身份作为自己最重要的身份，其次有 31% 的人把以色列身份作为自己最重要的身份，16% 的人认为阿拉伯身份是最重要的，而只有 8% 的人认为自己的巴勒斯坦身份最重要；[3] 基督徒中超过半数的人（53%）认为阿拉伯民族身份最重要，15% 的人认为巴勒斯坦身份最重要，12% 的人认为以色列身份最重要，而只有 9% 的人认为

---

[1] Sammy Smooha, *Still Playing by the Rules: The Index of Arab-Jewish Relations in Israel 2012*, Haifa University, 2013, https://en. idi. org. il/publications/6168，最后访问日期：2017 年 7 月 16 日。

[2] Shibley Telhami, "2010 Public Opinion Polls of Jewish and Arab Citizens in Israel", https://www. brookings. edu/wp-content/uploads/2016/06/israeli_arab_powerpoint. pdf, p. 3，最后访问日期：2017 年 7 月 16 日。

[3] Shibley Telhami, "2010 Public Opinion Polls of Jewish and Arab Citizens in Israel", p. 6.

宗教身份最重要；①在穆斯林当中，34%的人认为阿拉伯民族身份最重要，24%的人认为巴勒斯坦民族身份最重要，27%的人认为伊斯兰宗教身份最重要，而只有10%的人认为以色列身份最重要。②

从以上比较可以看出，以色列阿拉伯人中认为以色列身份最重要占比最高的社团是德鲁兹人，占比最低的是穆斯林；而对阿拉伯民族身份认可度最高的是基督徒，认可度最低的是德鲁兹人；对宗教身份认可度最高的是德鲁兹人和穆斯林，基督徒最低；对巴勒斯坦身份认同度最高的是穆斯林，最低的是德鲁兹人。这一结果基本上符合各个社团的特点，比如阿拉伯基督徒是以色列平均受教育程度最高的少数民族，受阿拉伯知识分子推崇的文化泛阿拉伯主义影响也最深；穆斯林社团比较保守宗教影响比较大，而其与被占领土上的巴勒斯坦人关系更加紧密，巴勒斯坦身份认同要高于其他社团；德鲁兹人与犹太人结成血盟，服兵役，在以色列社会中的融入度相对其他少数民族团体较高，因此对以色列身份的认同也是最高的，而由于他们从以色列政府得到的"回报"之一就是宗教法庭的独立，因此独立的宗教身份（德鲁兹宗教）认同在他们的日常生活中显得更加重要。

2014年Statnet在以色列阿拉伯人中做的阿拉伯语电话调查（超过700份）的结果显示，以色列阿拉伯人中31%定义自己为巴勒斯坦人，30%定义自己为以色列人，而33%的人选择了其他身份认同（比如宗教认同），另有7%的双选。从不同社团看，德鲁兹人中把以色列身份认同放在第一位的比例最高，达到71%，把巴勒斯坦身份认同放在第一位的则仅有3%；基督徒中33%把以色列身份认同放在第一位，另有24%的人把巴勒斯坦身份认同放在第一位；穆斯林中也有33%把以色列身份认同放在第一位，但有接近半数的人（44%）把巴勒斯坦身份认同放在第一位。③

同一份调查报告还显示77%的受访者愿意生活在以色列政府管理之下，只有23%愿意生活在巴勒斯坦政府管理之下，也就是说大多数以色列阿拉

---

① Shibley Telhami, "2010 Public Opinion Polls of Jewish and Arab Citizens in Israel", p. 5.

② Shibley Telhami, "2010 Public Opinion Polls of Jewish and Arab Citizens in Israel", p. 4.

③ Itamar Radai, Meir Elran, Yousef Makladeh, and Maya Kornberg, "The Arab Citizens in Israel: Current Trends According to Recent Opinion Polls", *Strategic Assessment*, vol. 18, no. 2, 2015, pp. 101 – 116.

伯人愿意做以色列社会的成员。但详细看各个社团的答案，还是有着明显的不同。德鲁兹人中97.4%、基督徒中92.6%、穆斯林中72.7%的人愿意生活在以色列政府下，仅 2.6% 德鲁兹人、7.4% 基督徒和超过 1/4（27.3%）的穆斯林愿意生活在巴勒斯坦政府之下。[①]

上面数据反映出以色列阿拉伯人中的大多数人愿意做以色列社会的成员，但不同社团对自己身份认同的侧重点仍有较大区别。而这一调查结果也基本上符合斯姆哈在连续二十多年中对阿犹关系和阿拉伯人身份认同进行调查后得出的结论和预期，即以色列阿拉伯人在以色列建国 70 年中，尤其是在 1967 年之后经历了两个同时并存的发展过程，即以色列化和巴勒斯坦化。尽管纵向比较来看，以色列阿拉伯人对以色列的身份认同比 20 世纪60～70 年代时要低一些，但这一方面是由于在那之前迫于军事管制等高压手段，以色列阿拉伯人并没有其他可选项；另一方面这也是以色列社会逐渐开放、人们能够自由表达意见的体现，而以色列阿拉伯社团本身在政治参与方面、身份认同方面也日趋成熟。不同的身份、不同的境遇使得以色列的阿拉伯人与被占领土上的巴勒斯坦人形成了不同的身份认同观，既有联系又有区别。比如据巴鲁赫·齐默林（Baruch Kimmerling）在 1992 年的调查显示，被占领土上巴勒斯坦人在其提供选择的四个身份认同选项（阿拉伯民族、巴勒斯坦民族、伊斯兰宗教身份、家庭身份）中，选择阿拉伯民族的最少，在男性中仅占 3%，在阿拉伯女性中更是低达 1%；对巴勒斯坦身份认同的比例在男性、女性中分别为 30% 和 37%，对伊斯兰教宗教身份的认同男性（25%）远高于女性（12%）。[②] 被占领土上巴勒斯坦人身份认同中最低的是阿拉伯民族主义，究其原因也许在于巴勒斯坦人对阿拉伯世界在巴勒斯坦问题上缺乏作为感到失望，也许是因为泛阿拉伯主义现在趋于文化方面而缺乏实际行动，而相比较而言，以色列阿拉伯人在文化上享有自治，显然源远流长的阿拉伯文化比巴勒斯坦文化更符合其文化身份的认同需求。

---

① 该调查是针对以色列阿拉伯人进行的阿拉伯语调查，比斯姆哈以希伯来语为调查语言的数据比例要低一点。

② Baruch Kimmerling, *Clash of Identities: Explorations in Israeli and Palestinian Societies*, New York: Columbia University Press, 2008, pp. 58 - 59.

第三章　以色列阿拉伯人的政治参与

　　以色列是议会制国家，国会（Knesset）是最高权力机构，拥有立法权，负责制定和修改国家法律，对政治问题进行表决，批准内阁成员的任命并监督政府工作，以及选举总统和议长。国会共计120名议员，四年一届，议员候选人以政党为单位竞选。以色列实行多党制，党派林立，一个政党可以独自或与其他政党联合在一起形成竞选名单参加国会选举。以色列建国至今，在历届国会选举中从来没有任何一个政党能够在120个议席中得到半数以上的席位，无法独立组阁，都要和其他党派组成执政联盟。以色列阿拉伯人在理论上拥有政治平等权利，拥有选举权和被选举权，可以自由参加以色列国会选举和地方选举。事实上确实从1949年1月以色列第一届国会大选开始，阿拉伯公民就享有投票权，每一届国会里也都有阿拉伯国会议员。但无论是阿拉伯政党还是作为加入犹太政党的阿拉伯个人，都无法进入以色列国家的政治权力中心。

　　本章将介绍阿拉伯各政治党派及其在以色列国会选举中的表现和特点，以及在国会之外的政治活动情况。

第一节　以色列国会中的阿拉伯议员和阿拉伯政治党派

　　以色列建国初期，阿拉伯社团是一个群龙无首的社团，很久都无法从

1948 年战争的打击中恢复过来，而战争前巴勒斯坦阿拉伯社团的领袖和民众中的中上层人士大都离开了，留下来的阿拉伯人大部分是生活在边远地区的农民，生产水平落后，教育水平低下，政治觉悟和参政意识都不强。再加上以色列政府及军事管制当局的刻意限制，在相当长的一段时间里阿拉伯社团都没有形成独立的政治力量。

以色列建国后，以马帕伊工人党（Mapai，全名为"以色列全地工人党"——Workers' Party of the Land of Israel）① 为首的犹太政党纷纷在每届国会大选之前扶植隶属于自己的阿拉伯附属党，这些在大选之前临时组建起来的附属党没有自己的组织，也没有竞选纲领和经费，全靠组建其的犹太政党的组织和支持，实际上就是犹太政党吸收阿拉伯选票的工具而已。依靠这些附属党在大选中所得选票进入国会的阿拉伯议员，唯其所属的犹太党派马首是瞻，完全没有独立的政治主张。在 20 世纪 60～70 年代，随着以色列社会整体民主进程的推进，以及阿拉伯人民族意识和参政意识的增强，阿拉伯人对犹太复国主义政党的支持率明显下降，附属党在选举中受到来自以色列共产党的强有力挑战。以色列共产党在阿拉伯人中的支持率不断攀升，到 70 年代达到顶峰，在 1977 年大选中共产党得到超过半数的阿拉伯选票。在 20 世纪 80～90 年代，以色列阿拉伯人经历了漫长的政治上的成长期，终于独立登上以色列的政治舞台，建立了自己的政党，独立参选，并在国会中明确表达自己的政治主张。从此阿拉伯选票之争就主要集中在以色列共产党和阿拉伯民族主义党派之间，而 90 年代中期以来随着以共的衰落，阿拉伯民族主义党派以及伊斯兰教民族主义党派在阿拉伯选民中的优势越来越明显。

表 3 – 1　以色列建国以来历届国会中阿拉伯议员情况及其所属社团背景

单位：人

国会	议员总数	阿拉伯议员总数	基督徒议员	穆斯林议员	德鲁兹议员
第 1 届国会（1949 年）	120	3	2	1	0
第 2 届国会（1951 年）	120	8	4	2	2

① 马帕伊（Mapai），以色列全地工人党成立于 1930 年，是以色列建国前和建国初期最重要的政治党派。1968 年马帕伊工人党与马帕姆（Mapam，联合工人党）合并，成为后来的以色列工党。

续表

国会	议员总数	阿拉伯议员总数	基督徒议员	穆斯林议员	德鲁兹议员
第 3 届国会（1955 年）	120	9	4	3	2
第 4 届国会（1959 年）	120	9	4	4	1
第 5 届国会（1961 年）	120	8	4	3	1
第 6 届国会（1965 年）	120	7	3	3	1
第 7 届国会（1969 年）	120	7	3	3	1
第 8 届国会（1973 年）	120	7	1	4	2
第 9 届国会（1977 年）	120	10	2	4	4
第 10 届国会（1981 年）	120	5	1	2	2
第 11 届国会（1984 年）	120	7	1	3	3
第 12 届国会（1988 年）	120	9	1	6	2
第 13 届国会（1992 年）	120	10	2	6	2
第 14 届国会（1996 年）	120	12	2	9	1
第 15 届国会（1999 年）	120	13	2	9	2
第 16 届国会（2003 年）	120	12	2	7	3
第 17 届国会（2006 年）	120	12	2	8	2
第 18 届国会（2009 年）	120	13	1	8	4
第 19 届国会（2013 年）	120	13	2	10	1
第 20 届国会（2015 年）	120	17	2	11	4

注：数据引自 Israeli Knesset Website（以色列国会官方网站），有些阿拉伯议员是世俗或无宗教人士，但本表为突出阿拉伯人内部政治权力分配及参与活跃度，按其家庭来源划分了宗教属性。

从表 3-1 中可以看出，在总数为 120 名议员的以色列国会中阿拉伯议员人数比例从未达到过阿拉伯人口在以色列总人口中的比例（目前是 20%），而阿拉伯人内部各社团的议员数量也很不均匀。从以色列建国后直到 20 世纪 70 年代之前，在 20 余年 7 届国会中，出身基督徒社团的国会议员人数最多，甚至超过人口数倍于己的穆斯林社团。这一趋势在 70 年代被扭转，议员中出身穆斯林社团的人明显增多，到 21 世纪这两个社团在国会中议员代表的数量虽然还没有达到二者人口比例差（约为 10:1），但也相当悬殊了。而出身德鲁兹社团的议员在国会中所占比例明显高于其在以色列全国人口比例，这与以色列德鲁兹人在以色列的特殊地位有关，在后文将专门进行分析。下面我将对国会中阿拉伯议员所属的政治党派进行分类介绍。

一 隶属于犹太政党的阿拉伯附属党的兴衰

以色列第一届国会大选于 1949 年 1 月举行，当时第一次中东战争尚未结束。作为以色列政坛最大也是最重要的政党，马帕伊工人党的智囊们一直在考虑如何才能为阿拉伯人提供一个参政渠道，建立其对以色列民主国家的信心，而同时要避免阿拉伯人参与决策并杜绝其接触国防、军事和外交等机密信息的可能性，同时最大限度地为马帕伊工人党吸收阿拉伯公民的选票。经过权衡，马帕伊工人党决定不接受阿拉伯人加入本党成为党员，而是成立附属本党的"阿拉伯竞选名单"（Arab List）参加大选。马帕伊工人党在大选前迅速成立了阿拉伯部门，专门负责阿拉伯附属党参选事宜。这种附属党制度对马帕伊工人党具有明显的好处，不仅能有效吸收阿拉伯选票，也能避免阿拉伯人直接投票给"犹太复国主义政党"可能会产生的抵触情绪和尴尬心理，同时还能在阿拉伯人中选取并扶植绝对服从其领导的代表，实现对阿拉伯社团的控制。

附属党政策在早期执行得比较顺利，主要得益于当时阿拉伯社团的内部结构和以色列对阿拉伯区实行的军事管制。以色列建国时留在境内的阿拉伯人社会构成复杂，宗教派别林立，传统的家族势力很大。因此，只要控制、收买一些听话的族长，该家族的选票基本上就不会旁落了。对于长期执政并掌握国家资源和预算的马帕伊工人党来说，无论是控制还是收买，都不难实现。而在以色列这个犹太国家本来处境就很微妙的阿拉伯人，从自身实际利益出发，也大多会选择将选票投给最有希望连续执政的党派，以换取稳定的生存环境和一些实际的利益。比如那些对马帕伊工人党支持率高的阿拉伯村庄常常能在通电、通路、通水、通电话以及预算等方面受到一定的优待。另一个保证附属党政策成功的因素是 1948 年到 1967 年以色列当局对大多数阿拉伯人口实行的军事管制。军事管理当局不仅限制着阿拉伯人的行动自由，控制着其经济命脉，也严格控制着阿拉伯人的政治活动。在大选中支持马帕伊工人党及其附属党的人，在获得行动许可证及资源分配方面，都能得到照顾，这对于很多阿拉伯人来说是非常实际的选择。

除了军事管理当局之外，马帕伊工人党及以色列政府还通过其他途径来加强其对阿拉伯人的控制，比如"总理阿拉伯事务顾问"和以色列总工会。总理阿拉伯事务顾问名义上是政府官员，实际上也是马帕伊工人党成员，他对政府各部门在对待阿拉伯人问题上进行指导和协调，并具有执行权力。而总工会的阿拉伯部门，则在对阿拉伯工人进行教育培训及就业管理方面作用很大。

在上述机构的保驾护航之下，从以色列建国直到20世纪60年代末期，阿拉伯附属党在国会选举中取得了不俗的成绩。整个50年代各附属党在阿拉伯选民中得票均超过半数（1949年52%，1951年55%，1955年58%，1959年59%）；在60年代附属党得票比例有所下降，但仍然保持了一定的优势（1961年46%，1965年44%，1969年40%）。[①]

为了避免在以色列阿拉伯人中出现一个强大政治反对党的可能性，在建立附属党的同时马帕伊工人党等犹太党派坚决执行"分而治之"政策，即按照不同地域、不同宗教派别分别建立几个附属党，让它们各自在自己的选民圈子内进行竞选活动。

1949年大选，因时间仓促，马帕伊工人党只来得及建立了一个名为"拿撒勒民主党"的阿拉伯附属党，在大选中得到两个议会席位，一位穆斯林和一位基督教徒阿拉伯人当选议员。而在1951年大选中，仅马帕伊工人党就扶植了3个不同的阿拉伯附属党，"拿撒勒民主党"更名为"以色列阿拉伯民主党"，获得3个议席，来自加利利地区的1位穆斯林、1位基督徒和1位德鲁兹人分别当选议员；"前进和劳工党"得到1个议席，德鲁兹人萨拉·克耐福斯（Saleh Khneifes）当选为议员；而代表三角地区的"农业和发展党"则推举了穆斯林法瑞斯·哈姆丹（Faris Hamdan）为议员。1955年第三届大选时，仍有3个马帕伊工人党的阿拉伯附属党参加，共获得5个议席，分属2位穆斯林、2位德鲁兹人和1位阿拉伯基督徒。1959年，这3个阿拉伯附属党延续了自己的5个议席。在1961第五届大选之前，马帕伊工人党附属党减为两个，取得的议席也从5个减少到4个。此后直到60年代末，马帕伊工人党扶植的阿拉伯附属党一直维持着2名穆斯林、1名德鲁兹人和1名基督徒共计4名国会议员的局面。

[①] Binyamin Neuberger, "Trends in the Political Organization of the Arabs in Israel", in Elie Rekhess & T. Yegnes（eds.）, *Arab Politics in Israel at a Crossroads*, Tel Aviv: Dayan Center, 1996, pp. 27–40.

　　每届大选之前，为争取阿拉伯选票，马帕伊工人党都会投入大量物力、财力和人力，到阿拉伯区做竞选宣传工作。阿拉伯人已经习惯把四年一度的大选所在年份称为"受欢迎之年"（*Marhaba* Years），因为在这一年他们会得到很多物质上的好处。除了获得实际利益的吸引力之外，阿拉伯公民投票给马帕伊工人党及其附属党还源于弱势群体的本能。马帕伊工人党对此也心知肚明，如其阿拉伯部门领导人阿姆农·林（Amnon Lynn）曾在1968年部门会议时说："世界上任何国家的少数民族对政局变化都非常敏感，对他们来说只要现有的统治者没有采取针对他们的迫害行为，那保持原状就是最好的。与多数人的意见保持一致，是少数民族的天性……他们会支持最有希望成为下一届执政者的人。"①

　　马帕伊工人党控制其附属党的一切活动和决策，而当选的阿拉伯国会议员也由其指派。②他们一般都是亲政府人士，有些长期与犹太组织和马帕伊工人党合作。但这些人在党内地位很低，对附属党的政策方针和组成结构没有影响力。如阿拉伯议员萨弗丁·祖比（Seifeddin Zu'bi）承认："我不相信我们有什么发言权，我们只是执行（马帕伊工人党）总部做出的决定而已。"③在每次国会讨论以及表决中，这些阿拉伯议员完全附议于执政党，甚至在完全违背阿拉伯人利益的情况下也不例外。比如，在1963年的一次有关取消对阿拉伯人的军事管制的国会投票中，主张取消军管的反对党和民主人士大占上风，但在最后关头，三位阿拉伯议员的关键性投票挽救了马帕伊工人党政府，却使得给阿拉伯人民生活带来极大不便的军事管制得以延长了三年。④

　　对马帕伊工人党的唯命是从使得这些阿拉伯议员失去了选民的心，也

---

① 引自工党阿拉伯事务会议1968年6月6日的会议记录，以色列工党档案馆（Labor Party Archives），2 - 926 - 1968 - 121，pp. 3 - 4。

② 萨弗丁·祖比（Seifeddin Zu'bi）曾获得"以色列自由斗士奖章"，以表彰其"为保卫（犹太）定居区及组织牧场防御不计个人生命安全的英勇行为"；贾巴尔·穆阿迪（Jabr Mu'addi）在1948年就固定为以色列情报机构工作，每月领取工资。详见 Sabri Jiryis, *The Arabs in Israel*, New York and London: Monthly Review Press, p. 166。

③ Sabri Jiryis, *The Arabs in Israel*, p. 165.

④ 这三位阿拉伯议员分别是德亚布·乌贝得（Diab Ubeid）、贾巴尔·穆阿迪（Jabr Mu'addi）和艾里亚斯·拿赫勒（Elias Nakhleh），希勒尔·柯亨（Hillel Cohen）对此事件做了详细描述。见 Hillel Cohen, *Good Arabs*［希伯来语］, Jerusalem: Hebrew Press, 2006, p. 202。

没有为他们赢得工党的重视和尊重。马帕伊工人党给他们的支持并不多，不管是物质上的还是精神上的。对于马帕伊工人党来说，他们只是吸收选票和成功组阁的工具而已，并非不可取代的。以色列的首位总理本-古里安第一次接见阿拉伯议员居然是在 1958 年——以色列建国之后的第 10 年；而阿拉伯议员的国会发言也仅限于表达阿拉伯人所遇到的问题，并请求当局进行解决；在外交方面，除了呼吁阿拉伯国家跟以色列实现和平之外，他们没有发出任何声音；而在议员的日常工作中，他们也没有被赋予任何实质上的权力，也没有提出过任何议案，他们做得最多的事情，是作为个体阿拉伯人与政府或者某个政府部门之间沟通的桥梁，为他们的族人要求一些贷款或解决一些个人的问题。

20 世纪 60 年代末 70 年代初，由于以色列社会以及阿拉伯人内部发生的一些变化，附属党的得票率每况愈下，其存在也越来越难以为继。首先，军事管制在 1966 年被废除，马帕伊工人党失去了有效控制、震慑阿拉伯人的工具。而阿拉伯社会逐渐从 1948 年的沉重打击中复苏，慢慢了解了以色列的国家体制和自己作为以色列合法公民的权利与义务，越来越多的阿拉伯公民对完全不能代表自己利益的附属党失去了兴趣。

其次，阿拉伯社会的经济在 20 年中发生了很大变化。随着水浇地面积扩大并享受到以色列农业技术革新的成果，农业人口逐渐减少，更多的人离开自己居住的农村到城市去打工。个人和个体家庭对所属的农村和家族的依靠性大为减弱，因此阿拉伯家族族长的权威性大不如前。

再次，巴勒斯坦民族解放运动的发展也波及了以色列境内的阿拉伯人，巴勒斯坦民族观念逐渐增强，民族自信心的增强也表现在大选投票上。而巴勒斯坦的民族组织（以巴解组织为代表）和以色列共产党锲而不舍的宣传也激励了民众，其成果直接体现在投票上。在 1977 年大选中，以色列共产党获得阿拉伯选民一半的选票，创造了其历史最高纪录。

最后，是阿拉伯新一代领导人的崛起。这些年轻人大多是在以色列建国后，在现代化的教育体制下接受教育，在以色列国内跟犹太学生一起上大学，或者到国外读大学。他们回到自己的家乡后，不满于没有受过高等教育而且对马帕伊工人党言听计从、没有能力的旧式族长，试图取而代之。而马帕伊工人党原来拉拢和控制阿拉伯旧式领导的手段并不适用于这些新兴上层。随着越来越多的年轻人在阿拉伯社会中的地位上升，马帕伊工人党对阿拉伯社会的影响力大为减弱。

附属党在阿拉伯选民投票中得票率逐渐走低，到了 70 年代这一趋势尤为明显。同时期以色列共产党在阿拉伯选民中的影响则越来越大，得票率持续走高。为了应对这一挑战，挽回颓势，执政党做了很多努力，包括：吸收阿拉伯人入党，为阿拉伯知识分子安排就业，对支持共产党和阿拉伯民族主义的个人和村庄进行打压，等等。但这些努力收效甚微，因为犹太复国主义政党和阿拉伯民众之间存在着根本的对立。

以色列马帕伊工人党一直通过建立附属党的形式来吸收阿拉伯人选票，没有直接吸收阿拉伯人入党，但有些犹太党派却直接向阿拉伯党员敞开了大门。到 60 年代末期，工人党决定要和玛帕姆（MAPAM，以色列联合工人党）合并一起参加国会选举，这个决定使得吸收阿拉伯工人入党问题变得迫在眉睫。因为成立于 1948 年的玛帕姆党很早就正式接受了阿拉伯人为党员，并在 1951 年就在国会中有了自己的阿拉伯议员。在两党合并的谈判中，阿拉伯人入党成了一个让马帕伊工人党很尴尬的问题。因为附属党的阿拉伯议员在党内没有任何正式地位，甚至无权参加最基本的党员会议和组织活动，而他们的阿拉伯同伴则可以作为玛帕姆的正式成员而参加一切党内活动。

对于阿拉伯人入党问题，马帕伊工人党内部分为两个主要的阵营。以阿姆农·林为代表的赞成派认为入党是应该给予那些"忠诚"的阿拉伯人的奖励，在他们看来，德鲁兹人和其他在以色列国防军服役的阿拉伯人，应该得到"奖励"，即跟犹太人享有同样的权利，包括入党。而其反对者——当时的以色列总理阿拉伯事务顾问施姆艾勒·托里达诺（Shumel Toledano）则认为赋予少数人这样的权利将使得占阿拉伯人口绝大多数而又不服兵役的穆斯林和基督教徒觉得不公平而更加憎恨当局。① 双方僵持不下，到 1969 年 5 月马帕伊工人党阿拉伯部门负责人伊格尔·阿龙（Yigal Alon）向总部提交了"德鲁兹人入党事宜考察委员会"的报告，该报告建议马帕伊

① 托里达诺在 1968 年 8 月 29 日召开的"德鲁兹人入党事宜考察委员会"的例会上发言，以色列工党档案馆（Labor Party Archive），2 – 007 – 1968 – 124。

工人党找到合适的方法使曾经在以色列国防单位服役的少数民族能够以团体或者个人名义加入工党；① 而工党附属党的阿拉伯党员则应该被邀请参加工党联盟全体议员的议事会议。在 1969 年国会大选中，工党联盟（由马帕伊和玛帕姆组成）成功组阁。曾经在以色列军队服役的阿拉伯人，被允许加入工党联盟。

1973 年 5 月 24 日，工党联盟政治局正式做出了接受阿拉伯党员的决定，其阿拉伯部门承诺将争取吸收数以千计的阿拉伯党员并使之成为今后工党在阿拉伯人中活动的基石。从 1974 年开始，工党全面允许阿拉伯党员参加其活动，并在各级组织中给阿拉伯人以一定的代表配额，阿拉伯党员同时能够正式参加工党的讨论和决策。

阿拉伯人入党，这个从 1969 年开始在长达 5 年的时间中占据公众话题榜的问题，至此终于得到"圆满"解决。值得注意的是，这一事件所产生的影响却远远小于大家的预期。首先，如此漫长的争论本身，使再迟钝或者一厢情愿的工党阿拉伯追随者也明白他们是多么不受欢迎、他们的身份是多么尴尬；而即使入了党，阿拉伯党员在工党中仍然处于边缘地位，并被排斥在中央领导层之外，连在国会候选议员的名单中也是排在根本就没机会当选的位置。比如在 1969 年工党联盟候选名单中排名最高的阿拉伯候选人德鲁兹人卡玛勒·曼苏尔（Kamal Mansur）是在第 92 位，而据最乐观的选前预测，工党联盟在国会中的席位也不可能超过 50 个。② 托里达诺曾尖锐地指出：在工党，阿拉伯党员是"后娘养的"。③

1981 年大选是阿拉伯附属党最后一次参加国会选举，仅得到 12% 的阿拉伯选票，从此退出了历史舞台。一部分阿拉伯人直接加入各个犹太政党，在之后的选举中也有成功作为这些党派候选人而当选国会议员的。但在以色列，大多数阿拉伯人是无法真正融入犹太复国主义政党中的，即使被允

①　从 20 世纪 60 年代中期开始，以色列的少数民族中德鲁兹人和切尔克斯人，被集体纳入以色列义务兵役制，而穆斯林（尤其是贝都因人）或者基督教徒可以个人申请加入以色列国防军服役。

②　Kais Firro, *The Druzes in the Jewish State*：*A Brief History*, Leiden：Brill Press, 1999, pp. 196 – 197.

③　托里达诺在 1974 年提交的报告《工党在阿拉伯人中面临的主要问题》，以色列国家档案馆（State Archives）GL：17075/17.

许入党，阿拉伯人和执政党之间的关系也没有得到任何实际的改变。阿拉伯人在土地分配、移民政策和就业等方面仍然被区别对待。这导致阿拉伯人，尤其是受过教育的年轻一代阿拉伯人无法融入主流犹太政党以及以色列主流社会。很多年轻人把目光转向了非犹太复国主义政党——以色列共产党，他们认为除了共产党更能代表阿拉伯人利益之外，该党提供给阿拉伯党员的舞台要宽广得多。如托里达诺所说："因为无法融入，阿拉伯人从不认为工党或者其他复国主义党是他们理想的政治活动舞台，实际上，没有比加入共产党更能满足他们的自尊心的方式了。"①

二 为阿拉伯人请命的以色列共产党

以色列共产党的前身是 1919 年成立的一个阿拉伯人和犹太人双民族的政党，当时名为巴勒斯坦共产党。1948 年以色列建国后，更名为以色列共产党。以色列共产党在相当长的时间内（将近 40 年）是以色列国会中唯一代表阿拉伯人利益的政党，在迄今为止的以色列所有政府中一直是反对党，从未受邀参与主流犹太政党组织的执政联盟。在 20 世纪 50 年代末 60 年代初，随着阿拉伯世界亲苏阵营［以伊拉克阿卜杜拉·卡瑞姆·卡森姆（Abdul Ka-rim Kassemw）为代表］与泛阿拉伯主义阵营（以埃及总统纳赛尔为代表）的分裂，以色列共产党内部的分歧也逐渐加大，最终在 1965 年分裂为两派。其中犹太支持者占绝大多数的马基派（MAKI）承认以色列的存在权利，在 1965 年大选和 1969 年大选中都只获得了一个议席，后与其他犹太党派合并；而阿拉伯支持者占绝大多数的拉卡赫（RAKACH）党——以色列新共产党，虽然同意以色列的生存权，但也支持建立独立的巴勒斯坦国，对以色列和巴解组织实行双重承认，主张阿拉伯人和犹太人为以色列公民，阿犹工人阶级有共同利益，应该团结起来，争取废除对阿拉伯人的民族歧视等。1977 年拉卡赫党与其他左翼政党融合，形成哈达什党（Hadash，全名为"和平和平等民主阵线"，The Democratic Front for Peace and Equality）。为避免混淆，本书提到以色列共产党按时间顺序分别指的是以色列共产党、

---

① 托里达诺于 1974 年 10 月提出的"工党对阿拉伯人的计划"，以色列国家档案馆（State Ar-chives）GL：17075/17，p. 21.

拉卡赫（以色列新共产党）、哈达什党。

跟阿拉伯附属党不同，除了少量到苏联及东欧留学名额之外，以色列共产党没有资源能够给其支持者和选民任何物质上的好处，但它旗帜鲜明地反对以色列的政策并主张阿拉伯民族自决，吸引了一些阿拉伯年轻人加入。以色列共产党在阿拉伯选民中得票率在五六十年代一直落后于阿拉伯附属党，只占 12% ~ 30%（1949 年 22%，1951 年 16%，1955 年 16%，1959 年 12%，1961 年 23%，1965 年 24%，1969 年 30%），但总体呈上升趋势。进入 70 年代，随着阿拉伯社团的现代化进程推进，人口的增长及教育的发展，以及 1967 年战争后以色列阿拉伯人与被占领土上巴勒斯坦同胞的"会合"，巴勒斯坦民族主义逐渐兴起，以色列共产党作为以色列阿拉伯人所拥有的唯一合法的政治平台，在阿拉伯人中的影响迅速扩大。很多阿拉伯选民并不认同该党派的长远理想，但出于对以色列当局的不满，会在国会选举中投票给共产党作为一种抗议。1973 年以色列共产党（RAKACH）得到 37% 的阿拉伯选票，超过了附属党（36%）成为阿拉伯人中最强大的政治势力，而在 1977 年国会大选中，共产党更是得到阿拉伯选票的半数以上（51%）。

在这一时期，以色列共产党几乎全面代理了阿拉伯民族主义事业，并在阿拉伯社团内部建立了一系列机构，培养了一批阿拉伯政治家，尽管其中很多在以后离开了共产党甚至成为共产党的政治对手。这些机构在阿拉伯人的政治生活中至关重要，比如阿拉伯地方政府首脑全国委员会（National Committee of Heads of Arab Local Council，1974 年成立）、保护阿拉伯土地全国委员会（The Nationwide Committee for the Protection of Arab Lands，1974 年成立）、阿拉伯大学生全国委员会（The Nationwide Arab Students Committee，1975 年成立）、阿拉伯高中生全国委员会（The Nationwide Committee of Arab High School Students，1975 年成立）、至高阿拉伯公民跟进委员会（The Supreme Follow-up Committee of Arab Citizens，1982 年成立）等。

以色列政府及执政党马帕伊对共产党深感忌惮，对敢于参加及支持共产党的阿拉伯人采取强硬手段。在军事管制时期，共产党领导人和活跃分子常被处以软禁和行政拘留，共产党的支持者也无法在学校或政府谋职。尽管当局采取多种措施限制共产党的活动和影响，但从来没有宣布共产党为非法，其中一个原因是尽管投票给共产党的绝大多数是阿拉伯选民，但共产党的领导权从来都是阿犹双民族的，从建立到 20 世纪 80 年代，以色列共产党的总书记一直是犹太人担任，直到 1989 年以色列共产党中央政治局中犹太人还以 4∶3 占多数。① 另一个原因是共产党的存在给阿拉伯人提供了一个在合法范围内反对以色列政府的平台，如果没有这个平台，那激进的阿拉伯年轻人就只能投身民族主义或巴勒斯坦解放组织（PLO）了。与后者相比，共产党的"危险性"显然要小一些。

　　1977 年拉卡赫与其他一些以色列的左派组织联合参加国会选举，哈达什党正式成立，拉卡赫是哈达什党的中坚力量和决定因素。在 1977 年选举中哈达什获得 5 个国会议席，之后一直保持在 3 ~ 4 席（有时与其他阿拉伯党派联合参选）。哈达什党主张阿犹合作，支持以色列从 1967 年全部被占领土上撤军并撤销所有定居点，主张两个国家解决方案，即建立独立的巴勒斯坦国家，支持阿拉伯难民回归权或获得赔偿的权利。哈达什党每次选举可以得到数千左翼犹太人的选票（不到其所得选票的 10%），其他选票都来自阿拉伯选民。但是在 1977 年选举中空前绝后地得到半数阿拉伯选票之后，以色列共产党在阿拉伯选民中的优势地位受到了来自内部和外部的多重冲击。

　　共产党对阿拉伯民族事业垄断性代理地位首先受到了挑战，主要来自阿拉伯民族主义党派。从 80 年代开始，独立的阿拉伯政治力量崭露头角，因其鲜明的阿拉伯/巴勒斯坦民族主义，更受到阿拉伯公民的认同。共产党的优势地位，在国会选举中受到新成立的阿拉伯党的挑战，在地方议会选举中则受到"伊斯兰运动"的威胁。共产党逐渐失去了它一手建立的那些阿拉伯机构和组织的领导权，如阿拉伯地方政府首脑全国委员会和至高阿拉伯公民跟进委员会等。

　　共产党的衰落还有其国际国内背景。首先，1979 年苏联入侵阿富汗，让苏联及其支持的以色列共产党一定程度上失去了阿拉伯公众的民心，苏联和以色列外交关系恶化也让共产党失去了一些支持，但影响最大的还是 80 年代末东欧剧变和苏联解体。世界共产主义事业陷入危机，以色列共产

---

① Binyamin Neuberger, "Trends in the Political Organization of the Arabs in Israel", p. 30.

党失去靠山，内部分歧严重。而共产党的领导层没能与时俱进，思想僵化，导致一批有影响力的代表人物相继离党出走，如艾米勒·哈比比（Emile Habibi）、萨利巴·哈米斯（Saliba Khamis）、阿兹米·比沙拉（Azmi Bishara）和约西·阿勒盖兹（Yossi Algazi）等。这些精英分子（既有阿拉伯人又有犹太人）的出走，大大削弱了共产党的实力和影响力，尤其是在年轻人和知识分子中，而部分出走者另起炉灶建立的政治派别则与共产党成为竞争对手，如阿兹米·比沙拉创建了巴拉德党。

以色列共产党面临的挑战不仅来自阿拉伯党派，也来自犹太党派。随着 80 年代以色列政坛和社会民主进程的推进（主要由于东方犹太人对传统掌握以色列政权经济权和文化霸权的西方犹太人发起挑战），以工党为代表的传统主流犹太政党纷纷调整自己对阿拉伯人的政策。1992 年由三个主要的左翼派别（马帕姆，Mapam；瑞兹，Ratz；施努伊，Shinui）联合组成的以色列左翼政党梅内兹（Meretz）党，主张赋予阿拉伯公民平等权利，分流了部分开明阿拉伯人的支持。工党也分得一些阿拉伯选票，因为工党及其代言人在竞选宣传时称阿拉伯选票可以帮助以色列左派获胜，如果他们直接投票给这些左翼政党，而不是把宝贵的选票投给从来没有也不可能进入执政联盟的以色列共产党。[①]

多重因素影响下，90 年代以色列共产党在阿拉伯选民中的得票率持续下滑，从 80 年代的 30% 多（1981 年 37%，1985 年 32%，1988 年 34%），下降到 1992 年 23%。而犹太选民的投票仍然低迷，党内领导权也逐渐转移到阿拉伯人手中。1983 年在共产党中央政治局中阿拉伯委员比例首次高于犹太委员（4∶3），到 90 年代以后，优势更加明显（6∶3）。

三 活跃的独立阿拉伯政党

独立的阿拉伯政党在以色列政坛算是新生力量，最早出现于 20 世纪 80 年代中期，当时距以色列建国已将近 40 年。此前曾有建立独立阿拉伯党派或政治组织的尝试，如 50 年代的"土地运动"，[②] 但因为以色列政府的高

---

① Binyamin Neuberger, "Trends in the Political Organization of the Arabs in Israel", p. 32.
② "土地运动"成立于 1958 年，1964 年被宣布为非法、被取缔。

压而都没有成功。60 年代受到泛阿拉伯主义的影响，以色列的阿拉伯民族主义者非常活跃，组织了"乡村之子运动"（Sons of the Village Movement）。他们认为以色列的阿拉伯人是全方位的巴勒斯坦人，最终要与其他巴勒斯坦人联合组成统一的政治组织，而该组织的终极政治目标是在全巴勒斯坦地建立一个民主国家。但由于阿拉伯民族主义者在相当长的时间里一直不承认以色列的合法性，抵制以色列选举，使得以色列共产党在 50、60、70年代直到 80 年代中期一直是以色列阿拉伯人在国会中的唯一代表党派。"乡村之子运动"直到 1984 年才组建了"和平进步党"（The Progressive List for Peace-Ramal）参加以色列国会选举，但该党在名义上仍然是一个阿犹双民族的政党，在 1984 年的国会选举中获得两个席位，分别由一位阿拉伯人（穆罕默德·米阿瑞，Mohammed Miari）和一位犹太人（马提亚胡·佩雷德，Mattityahu Peled）占据。但"和平进步党"的成立与参选仍然具有重要意义，因为这是阿拉伯选民第一次在附属党和共产党之外有了其他选择。

　　1988 年 2 月原以色列工党联盟的成员阿卜杜勒瓦哈布·达劳肖（Abdulwahab Darawshe）因抗议工党对被占领土上巴勒斯坦第一次武装起义（因提法达，1987～1993 年）的政策而退出工党联盟，建立了阿拉伯民主党（Arab Democratic Party）独立参加以色列国会选举。这是第一个纯粹的、没有犹太元素参与的阿拉伯政党。在 1988 年选举中该党得到一个国会议席，在 1992 年选举中得到两个议席，成为这两届国会中唯一一个阿拉伯民族主义政党。阿拉伯民主党强调自己纯粹的阿拉伯性质，竞选时提出诸如"阿拉伯人为阿拉伯政党投票""阿拉伯人不需要犹太人代表"这样具有鲜明民族性的口号，不仅挑战了左翼犹太政党，同时也影射了共产党和"和平进步党"等名义上的双民族政党。[①] 从 1996 年选举到 2012 年选举，该党都是"联合阿拉伯竞选名单"（United Arab List，按其希伯来语缩写译作"拉阿姆－塔阿勒党"）的一部分。

　　巴拉德党，即全国民主联盟党（National Democratic Assembly）始建于1995 年，是原以色列共产党成员阿兹米·比沙拉创立的阿拉伯知识分子政

　　① Binyamin Neuberger, "Trends in the Political Organization of the Arabs in Israel", p. 33.

党。其主张为：以色列成为全体国民的国家①（而不是犹太国家），以色列实现政教分离并取消犹太机构的特权，② 以色列阿拉伯人不服兵役及不参与其他国家服务，以色列撤出全部被占领土实现难民回归并支持建立以耶路撒冷为首都的独立巴勒斯坦国，以色列承认阿拉伯公民作为少数民族的整体权利，等等。1999 年大选中该党同塔阿勒党联合参选，共取得两个议席，阿兹米成为国会议员。在 2003 年和 2006 年大选中，巴拉德党都获得了 3 个议席。阿兹米本人也成为以色列阿拉伯社团中最有影响的领导人之一。但由于阿兹米不承认以色列的犹太属性，曾公开表示过对黎巴嫩真主党的支持，因此阿兹米和巴拉德党都受到当局的调查，以色列选举委员会曾经几次试图取消巴拉德党的参选资格，尽管这些尝试都被以色列最高法院裁决为无效。在 2007 年 4 月，阿兹米突然通过以色列驻埃及使馆发表声明，辞去以色列国会议员职务，称将长期流亡国外，因为他担心回以色列将会面临长期的牢狱之灾而不得不结束其政治生涯。据以色列当局称，当时他们正在进行几项针对阿兹米的调查，包括对阿兹米在 2006 年黎巴嫩战争中通敌以及洗钱等多项指控。阿兹米的议员席位被本党的赛义德·纳法（Said Nafa）取代。阿兹米的缺席虽然使得巴拉德党元气大伤，但该党拥有比较固定的支持者，而且很多阿拉伯选民对其遭遇表示同情也会继续支持巴拉德党。在 2009 年和 2013 年大选中，巴拉德党仍然得到 3 个议席，其中包括以色列历史上第一位女性阿拉伯议员哈宁·祖阿比（Haneen Zua-bi）。巴拉德党代表着以色列阿拉伯民族主义的政治派别，从国会选举的结果看，该派别在以色列阿拉伯人中是仅次于伊斯兰宗教政治派别和阿犹共产主义派别的第三大有影响的派别。该党提出的诸如 "全体公民的国家"（A State of All Citizens）、"文化自治"（Cultural Autonomy）、"原住民少数民族"（Indigenous Minority）等理念，成为大多数以色列阿拉伯人都认同并积

---

① 目前以色列的国家性质定义为：犹太国家、民主国家。巴拉德党主张以色列成为全体公民的国家，而不是犹太国家。这一点可以说是跟以色列国家本质有一定抵触。

② 一些犹太机构，在以色列建国之前就活跃于巴勒斯坦，为以色列建国奠定了基础。建国后，这些机构延续了自己的职能，对一些本应属于国家的重要资源，比如土地等享有所有权。如犹太民族发展基金会（KKL-Jewish National Fund），这一机构成立于 1901 年，职责就是向犹太人募集资金在巴勒斯坦买地。以色列建国后，国有土地仍由 KKL 支配。而以色列的阿拉伯公民很难得到土地资源分配。所以巴拉德党要求取消这类犹太机构的特权。

极争取的关于"未来"的设想。①

从 20 世纪七八十年代开始逐渐活跃在政治舞台上的"伊斯兰运动"②从 90 年代中后期开始参加国会选举,"伊斯兰运动"支持的"联合阿拉伯竞选名单"从 1996 年开始参加国会选举,其政治主张与巴拉德党大同小异,比如提出消除阿拉伯社团和犹太社团之间的社会差距、主张建立阿拉伯大学、国家要采取措施消除两边基础教育中的差距、资助阿拉伯大学生、在阿拉伯区建立工业地带等,但加上了以色列国家应该对所有宗教的机构进行资助并确保宗教信仰自由和宗教法庭的权力等宗教方面的要求。"联合阿拉伯竞选名单"在 2006 年、2009 年、2013 年三次国会选举中都得到 4个议席,超过巴拉德党和哈达什党两党成为以色列阿拉伯政党中最大的一个。其成功的部分原因在于,在以色列阿拉伯公众眼中,"伊斯兰运动"是以色列阿拉伯人利益的忠实代表。该组织提出一些口号或活动如"阿克萨在危险之中"(al-Aqsa in Danger)大游行等在宗教意义之外还极具民族主义情绪和号召力,因此不仅受到穆斯林的支持也受到不信教的阿拉伯人的认同。③

四 犹太复国主义政党与其阿拉伯议员

在历届选举中,都有阿拉伯议员作为犹太复国主义政党的候选人进入国会的情况。为什么阿拉伯人会支持犹太复国主义政党并在其中担任议员呢?要解析阿拉伯选民和代表与犹太复国主义政党的关系,则要追溯到以色列建国初期马帕伊工人党执政时代。马帕伊虽然不允许阿拉伯人入党,但其他左翼犹太政党,如马帕姆,即联合工人党(United Workers' Party)早在 1951 年第二届国会中就拥有了自己的阿拉伯国会议员——罗斯塔姆·巴斯图尼(Rostam Bastuni)。

20 世纪 70 年代后,以色列社会经历了民主化进程,来自东方的犹太人

---

① Arik Rudnitzky, *Arab Citizens of Israel Early in the Twenty-First Century*, p. 23.
② "伊斯兰运动"成立于 70 年代初。1996 年因为对是否参加以色列国会选举态度不一致而分裂,其中南支主张参选,并建立了相应的竞选名单。北支拒绝参加并抵制投票。详见本章第三节内容。
③ Arik Rudnitzky, *Arab Citizens of Israel Early in the Twenty-First Century*, p. 24.

不满一直以来以西方犹太人为主导的工党政府，在 1977 年大选中右翼集团利库德集团由于得到大批东方犹太人和下层民众的支持而获得胜利，取代工党组阁。以色列政坛进入两党轮流执政时期，而以工党和利库德集团为代表的犹太复国主义政党更加重视对阿拉伯选票的争夺。一般来讲，工党之类的左派政党对阿拉伯选票还是具有一定吸引力的，因为阿拉伯选民寄希望于左派或中派政党可以在巴以和谈中取得进展，并改善以色列阿拉伯人的经济社会地位。而右翼犹太政党，或者犹太宗教党完全无法让阿拉伯选民认同其意识形态和政治理想，就只能通过对个人或特定社团许以经济或其他方面的好处来进行收买。但总的来看，真心认同并支持犹太复国主义政党的阿拉伯人并不多。20 世纪 90 年代，当拉宾政府与巴勒斯坦民族权力机构就和平进程取得重大进展时，曾有大批以色列阿拉伯人发自内心地支持过以拉宾、佩雷斯为首的工党，在 1996 年大选中，阿拉伯人 33.4% 的选票投给了工党。但随后由于中东和平受挫，巴勒斯坦第二次因提法达爆发，以色列阿拉伯人对工党等左派政党的支持率也大为下降，在 2003 年大选中，阿拉伯投票率低迷而且只有 25% 的阿拉伯选票投给了犹太政党，这也是造成当年工党在选举中败北的原因之一。

下面我将以 2009～2013 年第 18 届国会为例，介绍以色列国会中那些在犹太政党中的阿拉伯议员的情况。在本届国会中，最重要的三个犹太党派——利库德党（右派政党）、前进党（Kadima，中派政党）和"以色列我们的家园党"（极右翼政党）都各自拥有一名阿拉伯议员，但都是德鲁兹人。这几个主要犹太政党中德鲁兹议员的存在，一定程度上是这些党派有意做出的姿态，表示它们并不歧视或排斥少数民族，也反映出以色列政府分化阿拉伯社团的政策之成功。为避免一个强大的阿拉伯反对党派的出现，以色列政府一直实行分而治之的政策，利用并加深不同阿拉伯社团之间原有的矛盾。德鲁兹人有着自己独特的宗教信仰和文化传统，因与当地穆斯林社团历史矛盾较多，在以色列建国前德鲁兹社团跟犹太社团的关系就比较好。以色列建国后，不遗余力地对德鲁兹社团进行独立的民族建设，强调其与其他阿拉伯社团的差异，加强德鲁兹社团的独特身份认同。在 50 年代中期，德鲁兹社团男青年被纳入以色列的义务兵役制之后，该社团比其他阿拉伯社团要更多地参与到以色列的政治和社会生活中，取得的成绩也很显著。德鲁兹人在以色列少数民族人口中比例不到 10% ，但在 2009 ~ 2013 年的第 18 届国会的总共 13 名阿拉伯议员中德鲁兹议员占 4 位，比例高达近 30% 。

利库德集团的阿约伯·卡拉（Ayoob Kara），曾经担任过以色列国会的副发言人。前进党的马加里·瓦哈比（Majalli Wahabi）也曾经担任过以色列国会的副发言人以及代主席。来自"以色列我们的家园党"（Yisrael Be-iteinu）的哈马德·阿玛尔（Hamad Amar），是最受争议的一位德鲁兹议员。因为"以色列我们的家园党"是极端右翼的犹太民族主义党，对和平进程和以色列阿拉伯人主张实行非常强硬的政策，其竞选口号是：没有忠诚就没有公民权，矛头直指以色列阿拉伯公民。该党在受到大量苏联犹太移民以及以色列右派势力支持的同时，也受到了来自以色列阿拉伯人和其他各界人士的强烈反对。哈马德·阿玛尔是该党候选人并成为国会议员，受到来自本社团和其他阿拉伯公众的巨大压力，他本人则表示：该党的主张很公平也很符合德鲁兹社团的情况，德鲁兹年轻人跟犹太青年一样，都在以色列国防军服役，为国家的安全贡献自己的青春甚至献出生命，因此是完全有权享有以色列公民权的。①

虽然主要的犹太党派中有阿拉伯（德鲁兹）人的存在，但不管是从人数上还是从其影响力来看，他们的存在是很边缘化的。加入犹太复国主义党派，只是阿拉伯人中个别社团或个别人的行为，并不具有普遍性。更多的阿拉伯人通过加入反犹太复国主义的共产党或者阿拉伯民族党来参与以色列的政治生活，表达自己的政治主张并捍卫自己社团的利益。

从总体投票率来看，以色列阿拉伯人对以色列国家政治生活的参与度在以色列建国后从高走低，到 2009 年探底，最近两届选举投票率又有小幅回升。早期很多阿拉伯人出于对物质好处的期待而欢迎投票年，投票率极高，到 1973 年第八届国会选举时阿拉伯选民投票率一直保持在 80% 以上；20 世纪 80 年代阿拉伯选民投票率有所下降，在 73% 左右，这时大家投票已经不是出于对物质好处的追求了，因为大多数选票投给了不掌握任何经

---

① Samuel Lebens, "Learning from Israeli Druze Hamad Amar", *Daily Beast*, 23 May 2013, http://www.thedailybeast.com/learning-from-israeli-druze-hamad-amar.

济资源甚至一直被政府打压的共产党以及阿拉伯民族主义党派，但大家的政治参与热情还是比较高，期望可以通过自己手中的选票选出更多的能够在国会中代表自己利益的代表，为自己的社团以及自己的人民争取更多的权益。90 年代中期，阿拉伯选民投票率回升到 77%（1996 年）和 75%（1999 年），这主要是因为阿拉伯选民看到以拉宾、佩雷斯为首的工党政府在和平进程中的决心和取得的成绩，对工党支持率比较高，参加投票有动力；而到了 2003 年大选，因第二次因提法达的爆发和中东和平进程停滞，阿拉伯选民投票积极性大受影响，投票率仅为 62%[1]；到了 2009 年大选，投票率更是下跌到 53.4%。在 2013 年和 2015 年大选中，阿拉伯投票率略有回升，分别是 56% 和 63.5%，但仍远低于全国选民投票率——71.8%。[2]

阿拉伯选民投票率低迷，究其原因是多方面的。首先，阿拉伯选民投票率低是以色列整体政治制度和投票方式决定的，并受到全国投票率整体走低的影响：以色列建国初期，全体公民表现出极大的政治参与热情，1965 年犹太选民投票率是 85.9%，但从 70 年代开始投票率持续下滑。2003 年犹太选民投票率为 67.8%，2006 年下滑到 63%。[3]

其次，以色列阿拉伯公民逐渐认清了自己在以色列社会中边缘化的地位，并对阿拉伯党派参政活动的效果感到失望。选出的阿拉伯议员无法在以色列国会中造成任何实质性的改变，尤其是在以色列社会整体右倾而左派势力衰微的现在。[4] 2007 年以色列应用社会研究阿拉伯中心（Mada al-Carmel，Arab Center for Applied Social Research）的调查显示，仅有 35% 的以色列阿拉伯人认为以色列国会中的阿拉伯议员是有用的（effective）。[5] 而

---

[1]　数据引自 Ephraim Lavie and Arik Rudnitzky，"Arab Politics in Israel and the 18th Knesset Elections"，in *Elections 2009 Updates*，Tel-Aviv：Dayan Center，p. 14。

[2]　Ariel Ben Solomon，"Arab Sector Turnout for Recent Elections Reached 63.5%，Polling Data Shows"，*Jerusalem Post*，24 March 2015，http：//www.jpost.com/Israel-Elections/Arab-sector-turnout-for-recent-elections-reached-635-percent-polling-data-shows-394878.

[3]　Dov Waxman，"A Dangerous Divide：The Deterioration of Jewish-Palestinian Relations in Israel"，*Middle East Journal*，vol. 66，no. 1，2012，11 – 29.

[4]　关于以色列社会右倾，参见冯基华《以色列右翼势力及对中东和平进程的影响》，《西亚非洲》2008 年第 10 期。

[5]　Nadim N. Rouhana（ed.），*Attitudes of Palestinians in Israel on Key：Political and Social Issues：Survey Research Results*，Haifa：Mada al-Carmel，2007，p. 9.

部分阿拉伯社团的领导们只着眼于整个巴勒斯坦民族的境遇而忽略了为以色列阿拉伯人争取日常权益，这也使得他们失去了一部分选民的心。

最后，以色列阿拉伯人出于对以色列政府政策以及对巴以和平进程停滞的抗议，而选择抵制大选。以色列阿拉伯人有部分的巴勒斯坦民族身份认同感，有些组织如"伊斯兰运动"的北支和一些有影响力的个人①始终在宣传抵制大选，这些人认为参加选举就意味着承认以色列的政治制度，并把自己和其他巴勒斯坦民族割裂开来。

但是，抵制大选，却是一把双刃剑，一方面，确实可以表现对政府现行政策的不满；另一方面，不参加选举客观上是给犹太复国主义政党尤其是右翼极端民族党和犹太宗教党派让路，他们得票比率越高，相应在国会中的地位就会越重要，影响就会越大，而在这些党派主导的国会中出台的政策和措施犹太种族色彩都比较浓，这对以色列阿拉伯人以及中东和平乃至整个巴勒斯坦民族会越发不利。

第二节　国会以外的阿拉伯政治组织及政治活动

在以色列，除了上述这些活跃在国会这一最重要的政治舞台上的阿拉伯政党及个人之外，还有一些阿拉伯政治组织，其中比较重要的是"土地运动"（al-Ard，The Land）、"乡村之子"（Abnaa al-Balad，Sons of Village）和"伊斯兰运动"（Islamic Movement）。本节将对这些国会外的政治组织及其主要政治活动进行介绍。

一　"土地运动"

20 世纪 50 年代后期一些受到泛阿拉伯主义影响的年轻阿拉伯知识分子，退出以色列共产党，建立了阿拉伯政治组织——"土地运动"，这是以色列最早的独立阿拉伯民族主义组织。从其名字就可看出，该组织非常强调阿拉伯人与其所生存的土地的紧密关系及对其土地的权利。跟共产党不同，

---

①　如"乡村之子"和"伊斯兰运动"，它们一般会参加以色列的地方选举，但抵制国会选举。详见下文。

"土地运动"不满足于在犹太国家内部为阿拉伯公民争取权利，而是以"反对以色列政府、反对传统阿拉伯社会、反对共产党"作为自己的政治立场。①

该组织开始活跃时，以色列阿拉伯人仍处于军事管制之下，政府以及一向以阿拉伯民族事业唯一代言人自居的以色列共产党因各自的理由都对这个新生组织极为警惕和忌惮。军事管制当局多次企图限制该组织的活动，但该组织选择用法律手段来捍卫自己的权利。从 1960 年到 1965 年 5 年中，以色列最高法院曾 6 次做出有关"土地运动"的判决，有胜有败。如"土地运动"败诉没有得到出版报纸的权利，但在是否能被注册为"al-Ard 有限公司"一案中胜诉。"土地运动"的主要活动包括办报、举办讲座和研讨会、开设分支机构并发行"al-Ard 有限公司"的股票争取支持者，其组织的主要领导人包括曼苏尔·卡多什（Mansur Kardosh）、哈比卜·库克吉（Habib Qa'uqji）和萨布瑞·吉瑞斯（Sabri Jirys）。

"土地运动"起初并没有意向参加以色列国会选举，但在 1964 年宣布成为非商业性、非营利组织，为参加 1965 年国会选举做准备。以色列内政部（Ministry of Interior）称"土地运动"的执照是公司，不能作为一个组织。"土地运动"再次向最高法院提起诉讼，但这次法官一致否决了其请求。之后该组织的一些成员被捕，军事管制政府根据《紧急状态条例》有关规定宣布"土地运动"为非法。

1965 年"土地运动"决定以"社会主义竞选名单"之名参加以色列第六届国会选举，但选举委员会以其候选人为非法组织成员为名否决了其参选资格。最高法院支持了选举委员会的决定。"土地运动"组织的活动告一段落。其主要领导者之一哈比卜·库克吉，之后加入了叙利亚情报机构，据称建立了一个由犹太人和阿拉伯人组成的情报网，于 70 年代初期被破获；萨布瑞·吉瑞斯则加入了巴勒斯坦解放组织（PLO），并致力于研究阿

①　Ron Harris, "A Case Study in the Banning of Political Parties: The Pan-Arab Movement *El Ard* and the *Israeli* Supreme Court", *Bepress Legal Series*, 349, 2004, pp. 2 - 79, http://law. bepress. com/cgi/viewcontent. cgi? article = 1855&context = expresso, 最后访问日期: 2017 年 7 月 16 日。

犹冲突，在奥斯陆协议签订之后才回到以色列。①

二　"乡村之子"

1967 年"六日战争"中以色列占领了包括约旦河西岸和加沙地带等在内的大片土地。随着以色列的军事管制延伸到这些新被占领土上，分别了近 20 年的以色列阿拉伯人和他们在巴勒斯坦被占领土上（约旦河西岸及加沙地带）的同胞重新归于一个政权治下，他们的联系和交往得到恢复，关系日益密切。因为以色列的安全重点转移到被占领土上，以色列阿拉伯公民相应地由危险的"第五纵队"变成了一定程度上的"我们的阿拉伯人"，在各方面受到的管控和限制比军管时期要宽松很多。在这种相对宽松的环境下，同时受到被占领土上比较激进的巴勒斯坦民族主义的影响，以色列阿拉伯人的民族主义运动迎来转机。

1969 年由以色列阿拉伯青年学生发起并组织了一个民族主义性质的政治组织——"乡村之子"。该组织的创始人之一穆罕默德·凯万（Mohammed Kiwan）在 1967～1969 年间就读于特拉维夫大学时创建了阿拉伯学生会，1969 年成立了"乡村之子"。"乡村之子"反对以色列当局对巴勒斯坦人实行"分而治之"的政策，主张所有的巴勒斯坦人民，不论在哪儿（在以色列境内还是在被占领土），都具有一个共同的身份认同。"乡村之子"认可巴解组织为巴勒斯坦阿拉伯人唯一的合法代表，支持巴勒斯坦难民回归权，主张以色列结束对巴勒斯坦的占领，在整个英国委任统治下的巴勒斯坦全境建立一个世俗的、民主的阿拉伯国家。从这些主张可以明显看出"乡村之子"比之前的阿拉伯政治组织要激进、大胆得多，带有强烈的巴勒斯坦民族主义色彩。

因为以色列选举法明确禁止任何否定以色列国家犹太性质的组织参选，因此"乡村之子"肯定无法参加被其称为"犹太复国主义选举"的以色列国会政治，该组织一贯号召抵制国会选举。该组织成员、教育心理学教授易卜拉辛·马卡维（Ibrahim Makkawi）总结他们拒绝国会选举的原因："我

---

① Ron Harris, "A Case Study in the Banning of Political Parties: The Pan-Arab Movement *El Ard* and the Israeli Supreme Court", p. 12.

们拒绝加入犹太复国主义国会，首先这与我们作为这片土地的合法拥有者的民族身份有直接抵触，其次是因为这个国会赋予犹太复国主义政权合法性并支持其关于民主的神话，再次是以色列国会选举和国会议席是跟我们的领导层合作并将之瓦解的工具，最后通过国会我们得不到任何跟我们的公民权利有关的东西，（如果它）在国会之外得不到的话。"① 近年来以色列阿拉伯人在国会选举中投票率走低，跟"乡村之子""伊斯兰运动"等组织持之以恒的抵制宣传有一定关系。

尽管抵制国会选举，"乡村之子"却积极参与阿拉伯各地方议会的选举。穆罕默德·凯万作为"乡村之子"的候选人参加了 1973 年乌姆艾勒法汉姆市（Umm al-Fahm）的地方选举，并取得成功。之后，跟"乡村之子"有关的团体，在不同阿拉伯地方议会以不同名字参加选举，有时独立参选，有时与其他党派如以色列共产党联合竞选，在多地取得竞选成功。②

1976 年 3 月 30 日的"土地日"③ 大游行，"乡村之子"作为组织方之一，领导了这次抗议以色列国家侵吞阿拉伯人土地的示威。1984 年因是否参加国会选举产生严重分歧，"乡村之子"内部发生了分裂，部分成员离开。但该运动设法维持了自己在阿拉伯人中的支持率，而 1987 年第一次因提法达爆发，加强了"乡村之子"对巴勒斯坦民族身份的坚持。

以色列政府对"乡村之子"运动的应对是以安全为名对这些有一定"危险性"组织的活动和出版进行限制，避免其领导人过多在媒体和公众场合曝光或参与决策制定。"乡村之子"的领导人和重要成员常因各种罪名面临拘禁。在第一次因提法达期间，上百名组织成员因为涂鸦、悬挂巴勒斯坦国旗、聚众骚乱、袭警或破坏公物等被拘留或被判刑入狱。2004 年 2 月"乡村之子"运动的数名高层被捕，其中包括秘书长穆罕默德·卡纳内

①　As'ad Ganim & Muhanned Mustafa, "The Palestinians in Israel and the 2006 Knesset Elections: Political and Ideological Implications of Election Boycott", *Holy Land Studies: A Multidisciplinary Journal*, no. 6, 2007, pp. 51 – 73.

②　Pamela Ann Smith & Mohammed Kiwan, "Sons of the Village' Assert Palestinian Identity in Israel", *MERIP Reports*, no. 68, 1978, pp. 15 – 18.

③　因抗议政府征用阿拉伯土地的计划，以色列阿拉伯人举行大规模罢工和示威游行，在与警方的冲突中 6 名阿拉伯公民丧生。为纪念这一事件，以后每年 3 月 30 日被阿拉伯少数民族定为"土地日"。

（Mohammad Kana'neh）与其兄弟"乡村之子"中央委员会成员胡萨马·卡纳内（Hussam Kana'neh）。穆罕默德·卡纳内被指控"与外国间谍联络"，其兄被指控在运往杰宁（Jenin）的医疗器械中藏爆炸品制作方法。二人分别被判处 2 年半（后被延长到 4 年半）和 10 年半的监禁。①

三 "伊斯兰运动"

1967 年"六日战争"后，一些年轻的以色列穆斯林到约旦河西岸的伊斯兰经学院进行学习，随着这些人学成回到以色列，另一种形式的巴勒斯坦民族主义运动逐渐兴起——"伊斯兰运动"。

1972 年阿卜杜拉·尼莫尔·达维什（Abdullah Nimar Darwish）结束在纳布卢斯（Nablus）的宗教学习之后回到以色列，创立了旨在以色列阿拉伯人内部推行伊斯兰教的"伊斯兰运动"。尽管没有公开承认，但以色列的"伊斯兰运动"与境外其他阿拉伯国家的穆斯林兄弟会从意识形态到组织方式都非常相似。② 在一开始，包括达维什在内的一些年轻人建立了比较激进的穆斯林宗教运动组织"圣战之家"（Jihad Family），企图暴力对抗以色列国家机器。1979 年该组织成员在试图进行恐怖袭击时被以色列拘捕，80 年代初期，这些成员被释放后放弃了以暴力推翻以色列的想法，而是在不触犯以色列法律的情况下继续开展各种活动，其活动主要集中在三个方面：宗教活动（向以色列阿拉伯人提供伊斯兰宗教教育和宗教服务）、社会活动（福利和慈善）和反犹太复国主义（反对以色列，支持巴勒斯坦民族主义）。

在 80 年代"伊斯兰运动"主要致力于在阿拉伯社团内部建立教育机构、传道、提供社会服务和慈善等。其活动效果是比较显著的，约占以色列阿拉伯人口 80% 的穆斯林群众开始回归宗教习俗，也是在这一时期"伊

---

① Ahiah Raved, "Accused: Residents of Arabeh Mediated between Hezbollah and Terror in Jenin"［希伯来语］, *Ynet News*, 04 March 2004, http://www.ynet.co.il/articles/0,7340,L-2884055,00.html.

② Elie Rekhess, "Islamization of Arab Identity in Israel: The Islamic Movement, 1972–1996," in Elie Rekhess & Arik Rudnitzky (eds.), *Muslim Minorities in Non-Muslim Majority Countries: The Islamic Movement in Israel as a Test Case*, Tel-Aviv University: Moshe Dayan Center for Middle Eastern and African Studies, 2013, pp.58–59. 由于并没有成立大会或者宣言，所以"伊斯兰运动"的成立时间有异议，另一说是 1971 年。

斯兰运动"得到阿拉伯穆斯林的广泛支持。到 80 年代中后期"伊斯兰运动"开始作为政治组织参与以色列的政治生活,从 1989 年开始参加阿拉伯地方选举,并在 6 个乡镇取得了胜利,其中最重要的是在乌姆艾勒法汉姆市(Umm al-Fahm)的胜利,之前这里一直是"乡村之子"的地盘,但此后逐渐成为"伊斯兰运动"的大本营。

在 1993 年及之后的地方选举中,"伊斯兰运动"或独立参选或与其他党派组成联盟参选,在多地取得胜利,在政治上非常活跃。但 1993 年奥斯陆协议让"伊斯兰运动"内部发生了分歧,有些人反对巴以和平协议,立场跟哈马斯接近,但其他人则支持巴以和平协议。

1996 年国会大选前夕,针对是否应该参加国会选举产生分歧,"伊斯兰运动"分裂为以乌姆艾勒法汉姆市市长雷伊德·萨拉(Raed Salah)为首拒绝接受和平协议(与哈马斯的立场接近)的北支和以阿卜杜拉·尼莫尔·达维什为首〔后由易卜拉辛·萨苏尔(Ibrahim Sarsur)继承〕的南支。北支拒绝参选,认为参加选举会威胁"伊斯兰运动"的宗教信条,并会导致穆斯林社团的以色列化;而南支则认为参加选举可以改善以色列阿拉伯人的生存状况和政治参与情况,南支加入当时的阿拉伯民主党参加了 1996 年国会选举,在 2000 年以后以阿拉伯联合竞选名单(United Arab List)之名独立参选。该党在过去十余年中是以色列独立的阿拉伯政党中最为强大的一个,在连续三届国会选举中(2006 年、2009 年、2013 年)阿拉伯联合竞选名单的得票在三个主要的阿拉伯政党(另两个是巴拉德党和哈达什党)中都是最多的。[①]

以色列政府对"伊斯兰运动"深为忌惮,对其各种组织及领导人实行严密监控。1995 年以色列国内安全总局沙巴克发现"伊斯兰救济委员会"(Islamic Relief Committee)为哈马斯成员的家庭提供经济帮助,因而关闭了该委员会。但很快同一组织又以一个新的名字重新开办了"人道主义救援委员会"(Humanitarian Rescue Committee),1997 年再次被短暂关闭,恢复后其活动受到严格限制,2002 年再次被关闭,然后又更名为"人道主义救援委员会组织"(The Organization of the Humanitarian Rescue Committee)

---

① Arik Rudnitzky, *Arab Citizens of Israel Early in the Twenty-First Century*, p. 24.

继续活动。

"伊斯兰运动"的领导人跟"乡村之子"的领导层一样，经常面临牢狱之灾，罪名常常是经济方面的（偷税漏税、帮以色列认定为恐怖组织的组织洗钱），或是安全方面的（与敌对势力及恐怖组织有联系等）。以"伊斯兰运动"北支领导人雷伊德·萨拉为例，他于1989年、1993年、1997年连续三届当选乌姆艾勒法汉姆市市长，他是拒绝奥斯陆协议、拒绝国会选举的强硬派。因被控为哈马斯洗钱及与伊朗情报人员有关联，雷伊德·萨拉于2003～2005年被判入狱两年；2011年又被控侮辱警察和组织暴力示威被判入狱半年。2013年被控煽动暴力而被判入狱8个月，检方称其于2007年11月在耶路撒冷一个小区演讲时号召支持者开始第三次因提法达以保卫阿克萨清真寺、解放耶路撒冷、结束以色列占领，并在演讲中多次使用血洗、烈士等煽动暴力的词语。[①]

由于"伊斯兰运动"的政治立场及其激进的宣传，在大部分以色列犹太公众心目中这个组织几乎算是恐怖组织，常常有呼声要禁止该运动的存在。在2015年11月，"伊斯兰运动"北支因其与哈马斯和穆斯林兄弟会的紧密联系而被以色列政府取缔，17个与之有关的慈善机构和组织也被关闭。以色列国内安全局沙巴克对内阁的这一决定持反对意见，理由是政府的禁令不可能改变"伊斯兰运动"北支的领导者和支持者，只会刺激其更加极端化，而且这些人只需要另立名目就可以继续进行极端宣传和活动，但政府的做法却会引来以色列阿拉伯社团的强烈抗议。[②] 果然，半年后在2016年4月"伊斯兰运动"北支的二号领导人胡萨姆·阿布雷勒（Husam Abu Leil）宣布在拿撒勒成立一个新的党派——信任和改革党（Trust and Reform Party），该党并未在以色列注册也无意参加以色列国会选举，但一出现就受到以色列阿拉伯社会和公众的认可，阿拉伯最高跟进委员会的领导、哈达什党前任党魁穆罕默德·巴拉克（Muhammad Barakei）出席了新

① JPOST. com Staff, "Sheikh Raed Salah Gets 8 Months for Incitement to Violence", *Jerusalem Post*, 04 March 2014, http://www.jpost.com/National-News/Sheikh-Raed-Salah-gets-8-months-for-incitement-to-violence-344246.

② Yossi Melman, "How Israel's Ban of the Islamic Movement in the North may Boomerang", *Jerusalem Post*, 19 Nov. 2015, http://www.jpost.com/Israel-News/How-Israels-ban-of-the-Islamic-Movement-in-the-North-may-boomerang-434625.

党派成立的活动，而很多曾经受惠于"伊斯兰运动"的阿拉伯民众也对该党抱有极大好感。前"伊斯兰运动"北支出版物《自由和公正之声》的编辑陶菲克·穆罕默德·贾巴林（Tawfek Mohammad Jabrin）称"不可能取缔一种思想，现在雷伊德·萨拉的支持者比以前更多了"。[1] 2017 年 7 月 14 日三名来自乌姆艾勒法赫姆市贾巴林（Jabrin）家族的年轻人在耶路撒冷圣殿山附近枪杀两名以色列边防警察，这是非常罕见的由以色列阿拉伯公民策划并发动的恐怖袭击，这一事件似乎证明了人们的担忧：极端组织的取缔并不意味着能取缔其思想以及支持者的极端行动。据报道三名袭击者中最年轻的那个（19 岁）曾在个人社交媒体上放过伊斯兰运动北支领导人雷伊德·萨拉在阿克萨清真寺旁的图片，并配文字"每一年，阿克萨都离自由更近了"，但乌姆艾勒法赫姆当地的很多人并不认为袭击行动与已被取缔的"伊斯兰运动"北支有关，"在全世界年轻人都因为受到网上的影响而极端化"。[2]

第三节 以色列阿拉伯人政治参与的趋向

一 2015 年国会选举——阿拉伯政党的大一统？

2015 年 1 月在第 20 届以色列国会大选之前，阿拉伯政治党派首次实现了"大一统"，由哈达什（以色列共产党）、巴拉德（全国民主联盟党）、塔阿勒和阿拉伯联合竞选名单（"伊斯兰运动"南部分支）联合组建了"联合竞选名单"（Joint List）参加 3 月举行的国会大选。此前这些阿拉伯党派一般都独立参选，其中一些虽有过临时的联盟，但所有阿拉伯政党联合在一起，实属创举。

阿拉伯党派大一统的原因，并不是意识形态的融合或者出现了公认的

[1] Ariel Ben Solomon, "Israel's Islamic Movement: Overcoming Obstacles", *Jerusalem Post*, 15 May 2016, http://www.jpost.com/Arab-Israeli-Conflict/Israels-Islamic-Movement-Overcoming-obstacles-453861.

[2] Dov Lieber, "In Tense Umm al-Fahm, Jerusalem Attack and its Aftermath 'Are All Mistakes'", *Times of Israel*, 16 July 2017, http://www.timesofisrael.com/in-tense-umm-al-fahm-jerusalem-attack-and-its-aftermath-are-all-mistakes/.

信念，而是出于非常实际的需要。2014 年 3 月以色列将参选政党入选国会
的基准线提高到全部有效选票的 3.25%。在 1992 年之前，该基准线低至
1%，从 1992 年到 2003 年为 1.5%，2004 年《国会选举法》修整案将基准
线提高到 2%，2014 年《国会选举法》再次修改，基准线提高到创纪录的
3.25%。而回顾 2013 年国会选举的情况，哈达什党和巴拉德党得票率都不
足 3%，这意味着如果它们继续独立参选的话，很有可能因为过不了基准线
而失去在国会中的代表席位。

　　"联合竞选名单"以来自哈达什党的艾曼·欧德（Ayman Odeh）为首，
排在其后的是"伊斯兰运动"南支的马苏德·盖南姆（Masud Ghnaim）、
巴拉德党的贾马勒·扎哈勒卡（Jamal Zahalka）和塔阿勒党的艾合马德·
提比（Ahmad Tibi）。联合竞选名单最终在 2015 年 3 月 17 日举行的大选中
获得 10.55% 的选票，得到 120 个国会席位中的 13 席。基本上保持了之前
选举中所有阿拉伯党派的总席数。

　　尽管"联合竞选名单"成为国会中第三大党，但仍然是反对党，只能
努力在一些比较重要的国会分支委员会①尽可能为阿拉伯公民谋福利。比如
联合竞选名单非常务实地用自己作为第三大党获得的在最重要、最有影响
力的外交及国防委员会（Foreign Affairs and Defense Committee）的两个席位
换取了在财政委员会（Finance Committee）的两个额外席位。②

二　阿拉伯公民参政受到以色列国犹太及民主两个基本性质之间角力的影响

　　通过以上对以色列阿拉伯人在国会及国会外的政治参与情况的介绍，
可以看出以色列阿拉伯公民的参政是逐渐从被动附属到主动独立参与，从

---

① 每届以色列国会成立伊始，120 名议员就会分别加入各分支委员会。以色列国会常设的 12
　个委员会包括：住房委员会、财政委员会、经济事务委员会、外交及国防委员会、内政及
　环境委员会、宪法法律和公正委员会、移民吸收和大流散委员会、教育文化和运动委员
　会、劳工福利和健康委员会、国家治理委员会、妇女地位及性别平等委员会、科学技术委
　员会。

② Jonathan Beck, "Arab MKs Drop Bid for Foreign Affairs and Defense Committee", *Times of Israel*,
　29 March 2015, http://www.timesofisrael.com/arab-mks-drop-bid-for-foreign-affairs-and-defense-
　committee/.

附议犹太复国主义政党到追随共产主义、泛阿拉伯主义再到本土的巴勒斯坦民族主义及伊斯兰宗教运动的兴起，阿拉伯公民政治自决程度显著加强，政治主张也渐趋多元。尽管阿拉伯党派从来不被邀请加入执政联盟，但在国会各分支委员会中阿拉伯议员都有一席之地，可以说阿拉伯公民的参政质量有明显提高。

但伴随质量提高的却是数量方面的下降，阿拉伯公民对国家政治生活的参与度逐渐走低，尤其是在国会选举投票率上表现非常明显。早期阿拉伯人拥有超高的投票率，到 2000 年以后的投票率持续走低，意味着阿拉伯公民政治参与在"量"方面的下降。"质"与"量"两方面的不平衡，是阿拉伯社团政治上逐渐成熟的结果，也是阿拉伯人对以色列国会政治整体较为失望的产物。接近半数的阿拉伯选民不参与选举活动，说明其不认可、不赞同现行的政治制度，这对以色列国家安全和社会稳定是一个很大的隐患。以色列阿拉伯公民占全国人口的 20%，但在国会选举时阿拉伯人的投票数却仅为全部选票的 10.55%（2015 年），当然这与阿拉伯人口年轻化有一定关系，但其超低的投票率确实加剧了阿拉伯人在国会中无法得到与其人口比例相匹配的席位数量这一问题。阿拉伯公民对政治现状失去信心和热情，不仅削弱了促进中东和平进程的力量，也在相当程度上影响了以色列国内政坛的发展趋势和中东政策的制定。

以色列对阿拉伯政党或政治组织一直很警惕，从早期军管当局的高压，到后来由沙巴克进行监控，当局对阿拉伯人的政治活动进行严密控制。对于一些愿意参加国会选举的阿拉伯政党来说，几乎在每届大选之前还要受到额外的"干扰"，因为经常会有阻止全部或个别阿拉伯党派参选的尝试。根据 1985《国会法》中所增加的条例：如果一个竞选名单的目标或行为，不论是公开表明还是暗示，否认以色列作为一个犹太民族的国家或者民主国家的存在，则该竞选名单不能参选。这条法律在通过时是为了将极端犹太民族主义组织卡赫党排除在国会选举之外，因其否定以色列国家的民主性质。但在那之后就常常被利用来反对阿拉伯政党参选。如 1988 年中央选举委员会就曾以此为由不许和平进步党参选，该党向最高法院起诉，法院推翻了中央选举委员会的决定；2003 年、2009 年参选的阿拉伯政党，如巴拉德党和塔阿勒党，也曾被中央选举委员会取消参选资格，理由是它们不承认犹太国家的生存权，并支持反以武装活动，阿拉伯政党上诉到以色列最高法院，最高法院最终判定中央选举委员会的决定是无效的；2015年"以色列是我们的家园"党又提出请求禁止阿拉伯联合竞选名单参选，理由是巴拉德党与知名恐怖组织勾结。[①] 通常这些禁止阿拉伯党派参选的请求或决定都会被以色列高等法院判定无效，但这种坚持不懈的尝试，一方面让阿拉伯党始终有危机感，另一方面则表现出以色列现行的民主制度并非牢不可破，如果随着以色列右翼及犹太宗教势力越来越壮大，以色列国家的犹太性高于民主性，又或者是在以色列最高法院发生某些变化，那阿拉伯党派被禁止参加国会大选恐怕并不是想象中那样遥不可及的事情。

　　总的来说，以色列建国后，阿拉伯社团对国家政治生活的参与在质量方面有所上升，阿拉伯国会议员的素质也有了大幅提升，从对执政党唯命是从的"傀儡"，成长为善用民主和法律武器来争取权益的成熟政界人士。以色列阿拉伯人由充当犹太政党的票仓成长为以色列政坛独立的政治力量。虽然这个力量仍然很弱小，常常会受到排挤和打压，但它真实存在着。虽然与以色列主流政治党派的力量相差相当悬殊，但它可以，也曾经做到过，让以色列国会通过更有利于自己社团利益以及中东和平的重大决议。如在1993年，正是因为得到本属反对党的全体阿拉伯议员的支持，拉宾、佩雷斯领导的工党政府才能在国会表决时通过关于巴以合约的提案。现阶段因为以色列社会及政坛"整体右倾"，右翼政府在巴以问题上态度强硬，不仅和平停滞不前，而且因为组阁需要，执政党对犹太宗教党不断让步，给以色列国内的社会公正和经济发展都造成一定困难。阿拉伯公民如果想进一步推动以色列民主政治建设以及巴以冲突早日得到解决，必须更积极地参政，通过合法途径推动以色列政局的变化，与以色列左中翼政治力量联合，才能使情势尽可能地向有利的方向转变。

---

① Hezki Ezra and Tova Dvorin, "Petition to Block Joint Arab List from Knesset", *Israel National News*, 24 Jan. 2015, http://www.israelnationalnews.com/News/News.aspx/190407 #. VjS_MPQTMdY.

第四章 以色列阿拉伯人的经济状况

不可否认，以色列建国 70 年来，以色列阿拉伯人的经济情况随着以色列整体经济的进步而得到发展，其主要经济产业从以传统农业为主的农业经济，逐渐转向服务业和工业。这种转变一方面是阿拉伯社会和经济发展的自然趋势；另一方面也是以色列国家刻意为之，目的是加强阿拉伯人对以色列国家和犹太主体经济的依附性。以色列阿拉伯人的整体经济水平和生活水平虽有所提高，但与犹太人口相比差距相当大。目前，以色列阿拉伯人占全国人口比例接近 21%，但其国民生产总值（GNP）仅占以色列整体国民生产总值的 8%。[1] 据阿拉伯替代规划中心（Arab Center for Alternative Planning）的报告称，以色列阿拉伯人中贫困人口的比率是犹太人口中贫困人口比例的 3 倍多。其人均 GDP 仅为犹太人均 GDP 的 1/3。在世界范围内，以色列的人类发展指数（Human Development Index）[2] 在 177 个国家

---

[1] Sarah Kreimer, "Final Status? How about Arab-Jewish Equality in the Meantime?", *Hadassah Magzine*, 10 May 2017, http：//www. hadassahmagazine. org/2017/05/10/final-status-arab-jewish-equality-meantime/.

[2] 人类发展指数，是联合国从 1990 年开始公布的，以预期寿命、教育水平和生活质量三项基础变量，按一定的计算方法得出的综合指标，用以衡量联合国各成员国经济社会发展水平。据近数十年的数据，挪威和澳大利亚一直稳居前两名，北欧国家、美国、加拿大、新西兰、德国、瑞士、荷兰、韩国及日本都排名前列。

和地区中高居第 22 位，而以色列阿拉伯人的人类发展指数只能排在 66 位。[①] 以色列阿拉伯家庭的月均收入仅为犹太家庭的 57% （7590 谢克尔：13246 谢克尔）。[②] 据阿拉伯、德鲁兹、切尔克斯社团经济发展管理局（Authority for Economic Development of the Arab, Druze and Circassian Sectors）[③] 2013 年公布的数据，51% 的以色列阿拉伯家庭及超过 62% 的以色列阿拉伯儿童生活在贫困中，远高于犹太人 15% 和 23.8% 的比例。阿拉伯人口的就业率也低于犹太人口，尤其是阿拉伯妇女的就业率超低，仅有 26%，而犹太妇女就业率达到 73%；阿拉伯男性就业率为 69%，也低于犹太人口的 74%。[④]

　　与在政治、教育等方面一样，在经济方面以色列阿拉伯人也受到国家机器的管理和控制，并且享有不等同于犹太公民的待遇，比如在就业方面的歧视及在资源分配方面的不平等。进入 21 世纪，以色列政府采取多项措施促进阿拉伯社团的经济发展，旨在缩小阿犹人口在经济方面的差距。但正如"风险中的少数民族"（Minorities at Risk, MAR）项目所发表的报告中对以色列阿拉伯人的经济状况做出的陈述：尽管歧视明显，以色列的阿拉伯人的经济状况比周边国家的阿拉伯人要好得多。[⑤]

　　下面将介绍从 1948 年到目前以色列阿拉伯人经济的发展概况及不同发展阶段的特点。

---

① Roee Nahmias, "GDP per capita of Arab Israelis third of that of Jew", *Ynet News*, 18 Jan. 2007, http：//www.ynetnews.com/articles/0,7340,L - 3354260,00. html.

② Tsofen Comments, Some hard facts about the economic status of the Arab Citizens of Israel, 16 April 2014, http：//tsofen.org/en/some-hard-facts-about-the-economic-status-of-the-arab-citizens-of-israel/.

③ 阿拉伯、德鲁兹、切尔克斯社团经济发展管理局，成立于 2007 年，隶属于总理办公室（Prime Minister Office），旨在将阿拉伯、德鲁兹和切尔克斯社团的经济潜力最大化，并使之融入以色列的国民经济。

④ Avivit Hai, *Arab Citizen Employment in Israel：Critical Concern and Great Potential*, Israel：Inter-Agency Task Force on Israeli Arab Issues, 2013, p. 4, http：//iataskforce.org/sites/default/files/resource/resource - 1052. pdf, 最后访问日期：2017 年 7 月 16 日。

⑤ "风险中的少数民族项目"对世界范围内的 283 个政治上活跃的少数民族社团进行调查，该项目于 1986 年由特德·罗伯特尔（Ted Robert Gurr）初创，从 1988 年由马里兰大学的国际发展及冲突管理中心（Center for International Development and Conflict Management, CIDCM）主持。"Assessment for Arabs in Israel", （information current as of 31 Dec. 2006）, http：//www.mar.umd.edu/assessment.asp? groupId = 66601.

第一节 军事管制下阿拉伯人的经济概况 (1948～1967 年)

以色列建国初期，留在以色列境内的阿拉伯人被置于军事管制之下，各方面都受到当局严格控制。在经济方面，以色列境内的阿拉伯社团非常弱势，战前巴勒斯坦地的上层（包括经济上层，如商人、工业家等）及大多数城市居民都离开了，留下来的人多住在边远地区（直到现在 70% 的以色列阿拉伯人仍然住在这些地区——北部加利利地区和南部内盖夫沙漠地区），依靠传统农业为生。与犹太社团高度集约化的现代农业相比，阿拉伯农业非常落后，这是低效劳动力和低效土地产出两方面互相影响和强化的结果。[①] 在以色列建国后的近二十年间，阿拉伯社团进行农业生产最重要的生产资料——土地被以色列国家大规模掠夺，这对阿拉伯农业以及整个经济状况的改变有非常重要的影响。

一 以色列阿拉伯经济的转型时代 (1948～1967 年)

以色列建国时其境内的阿拉伯社团以农业为主，但土地作为最重要的农业生产资料，其大量流失严重影响了阿拉伯人的经济生活。据统计，在后来成为以色列国的地方，1945 年时阿拉伯人拥有土地约 144 万杜纳亩[②]（不包括南部内盖夫沙漠地区以游牧为生的贝都因人实际控制的土地），而 1948 年战争之后，在以色列境内阿拉伯人仅拥有 48 万杜纳亩土地。短短数年之内，2/3 的土地所有权已经脱离了阿拉伯人，归为以色列国有土地。[③] 到 1981 年以色列阿拉伯人拥有土地总数为 39.7 万杜纳亩，也就是说在建国后这 30 多年中以色列阿拉伯公民又损失了约 17% 的土地。[④] 尽可能多地控制土地，将前阿拉伯属权的土地犹太化，是以色列政府的基本政策，其

---

① Raja Khalidi, *The Arab Economy in Israel: The Dynamics of a Region's Development*, London: Croom Helm, 1988, p. 67.

② 杜纳亩 Dunam, 以色列计量单位, 1 杜纳亩约合 1.4 市亩。

③ 关于土地问题及因土地而产生的阿拉伯少数民族与以色列国家和政府之间的矛盾，详见本书第七章。

④ Aziz Haidar, *On the Margins: The Arab Population in the Israeli Economy*, New York: St. Martin's Press, 1995, p. 44.

目的是消除阿拉伯人的生活痕迹、避免难民回归的可能性，并为新来和即将到来的犹太移民准备空间。

与定居在巴勒斯坦的犹太社团的密集型现代农业不同，在英国委任统治时期绝大多数阿拉伯农民仍延续着自给自足的传统农业经济，农业出产量低。1949/50 年，阿拉伯社团拥有以色列境内可耕地的 28%，但产出却仅占全国的 9%。随着可耕地大量丧失，到 1954/55 年阿拉伯社团耕作以色列全国可耕地的 17%，产出降到全国 6%。[1]

阿拉伯农业生产效率低，原因是多方面的。首先阿拉伯土地高度分散，而以色列政府的土地征用则加剧了阿拉伯土地的碎片化。据统计，拥有 31 杜纳亩（被认为是能够为农户提供独立生计的最小所需土地面积）及以上的阿拉伯农户比例从 1949 年时的 42.4% 下降到 1963 年的 28.2%，具体农户数量从 5329 户减到 4048 户。[2] 土地碎片化导致无法进行大规模机械耕作，进而阻碍了农业现代化的发展。而阿拉伯农民在生物、化学及机械方面的资本投入相当低；在水资源分配方面受到的歧视对待造成其土地中能够得到的灌溉极少，绝大部分只能种植旱地作物（1949 年时阿拉伯农业中仅有 1.3% 是灌溉作物区，到 1959 年时增加到 3.8%）；[3] 而阿拉伯农产品的销售也被排除在有组织的销售和出口网络之外。[4] 相比较，犹太农业高度集约化和资本化，在机械和农业科技方面的投入巨大，灌溉相对充足（1949 年犹太农业中 21.9% 是灌溉作物，到 1959 年增加到 60.7%）[5]，并与其他经济产业紧密衔接，农产品销售和出口都受到国家的补贴和鼓励。

从农产品销售角度，阿拉伯农业的产出缺乏有组织的市场运作，个体农民投入大量时间和精力来销售自己的产品，无力影响市场供求和价格。以色列国家或犹太组织对犹太农民时常会有补贴，而阿拉伯农民是享受不

---

[1] Raja Khalidi, *The Arab Economy in Israel*, pp. 68 - 69.

[2] 31 杜纳亩作为最基本的独立维持农户生计的说法来源于 Jiryis, *The Arabs in Israel*, p. 214；其他数据来自 Yair Baumel, *The Attitude of the Israeli Establishment to the Arabs in Israel: Policies, Principles and Activities 1958 - 1968*［希伯来语］, Doctoral Dissertation, Haifa University, 2002, p. 362。

[3] Aziz Haidar, *On the Margins*, p. 19.

[4] Raja Khalidi, *The Arab Economy in Israel*, pp. 68 - 69.

[5] Aziz Haidar, *On the Margins*, p. 19.

到这种补贴的。"同质不同价"的现象实际存在，因此阿拉伯农民的收入远低于犹太农民。比如，1970 年阿拉伯烟草种植者投诉犹太种植者的烟草收购价格要更高一些，总理阿拉伯顾问办公室北部及海法地区分部负责人亚罗姆·卡茨（Yoram Katz）对此事进行调查时得到如下回复：烟草公司在收购烟草时并无针对犹太和阿拉伯种植者的定价区别，收购价格的区别仅在于不同地区出产的烟草质量不同，比如大家公认上加利利地区（山地）种植的烟草质量更好，价格也就高于平原地区；但是，犹太代办处（Jewish Agency）为了鼓励犹太农户种植烟草，建立了一个名为"烟草叶（Ale-Tabak）"的公司，该公司不直接收购烟草，但会对犹太种植者进行日常培训和指导，并向他们提供相当于烟草公司收购价格 20% 的额外补贴。由于这一补贴并非政府提供，而是来自犹太机构，因此阿拉伯种植者被排除在外是无可厚非的。[①] 政府官员的调查对现状并无实质性的改变，总理阿拉伯事务顾问托里达诺也只能建议亚罗姆·卡茨叫来投诉的阿拉伯农民向他们解释清楚而已，因为"犹太代办处并不否认这种做法，称本机构的职责就是帮助犹太人而不是其他人，而以色列政府则称犹太代办处有自己的权利采取自己认为合适的行动，政府无法干涉"。[②]

20 世纪 60 年代，在共产党及左派开明人士长期呼吁下，以色列公众对政府的阿拉伯政策，尤其是军事管制的批评越来越激烈，迫于压力以色列政府采取了两项比较重要的措施来改变阿拉伯农业的落后面貌。第一项是旨在开发阿拉伯和德鲁兹村庄并加大其工业与农业生产能力的五年计划（1962～1967 年），即国家投资约 1800 万美元改善阿拉伯地区的基础设施、住房条件和经济发展，其中 330 万用于农业。首先无论是跟国家对犹太农业的巨额投入还是跟阿拉伯农业自身产出相比较，这一金额并不算高，仅1962 年阿拉伯农业的产值就达到 1700 万美元；其次在这 1800 万中以色列国家仅出资 45%，银行提供 20% 的贷款，其他 35% 要由阿拉伯私人投入。在农业方面，国家仅出资 25%，其余部分都要由阿拉伯私人出。该计划因

---

① 以色列国家档案馆（State Archives），GL 17075/9，引自 Wang Yu, *A National Minority in Ethnic Democracy: Arabs in Israel in the Decade of Transition 1967 – 1977*, Saarbrücken: Lambert Academic Publishing, 2010, pp. 81 – 82。

② Jiryis, *The Arabs in Israel*, p. 216.

缺乏明确目标、过于空洞而饱受诟病。

　　第二项措施是 1963 年由时任农业部长摩西·达扬（Moshe Dayan）出台的发展计划，旨在帮助农田数量在 31 杜纳亩以上的农民（占当时阿拉伯农民总数量的 28.2%）。具体措施包括复垦、增加供水量改善灌溉条件、增加种植尤其是经济作物种类，以及扩大灌溉作物区等。这一计划总金额为 1500 万美元，其中国家提供 45%，其余部分由商业贷款补足。[①] 达扬计划比五年计划要具体得多，目标也很明确，取得了一定效果。阿拉伯农业中灌溉作物区从 1962/63 年度的 31000 杜纳亩，增加到 1966/67 年的 40000 杜纳亩，并且在 70 年代持续增长，到 1975/76 年度达到 65000 杜纳亩。[②]

　　但是，政府的计划并不能从结构上改变阿拉伯农业的落后状况，也无法缩小阿拉伯农业和犹太农业在技术水平、收入等方面的差距，阿拉伯农业在土地碎片化之外，在资源分配、纳税评估、国家补贴方面受到不平等待遇。[③]

二　以色列阿拉伯人口的初步雇佣工人化

　　随着传统农业向现代农业转变、农业机械的大量运用，越来越多的劳动力被从农业生产中解放出来，这是正常的发展趋势。而在以色列，由于阿拉伯农业的边缘化地位及土地大量流失，农业生产变得难以满足生计所需，过剩的阿拉伯劳动力无法在本地区被本社团消化，因此大量涌入以色列的工作市场。

表 4 - 1　20 世纪 50 ~ 80 年代以色列阿拉伯人主要从事行业的变化

单位:%

年份	1954	1964	1966	1974	1984
农业	57.9	39.2	39.1	14.5	9.0
工业/矿业	10.2	15.6	14.9	17.9	21.5
建筑	8.4	21.1	19.6	23.0	20.9

---

① Raja Khalidi, *The Arab Economy in Israel*, pp. 69 – 71.

② Wang Yu, *A National Minority in Ethnic Democracy*, p. 77.

③ Raja Khalidi, *The Arab Economy in Israel*, p. 70.

续表

年份	1954	1964	1966	1974	1984
水/电	0.8	0.7	0.8	0.5	0.6
商业	6.4	7.7	7.4	12.3	13.4
运输	2.6	4.7	6.0	6.9	6.3
金融服务	——	——	——	1.5	3.4
公众服务	13.7	7.7	8.2	16.5	17.5
个人服务	——	3.3	4.0	6.9	7.5

资料来源：以色列中央统计局，引自 Raja Khalidi, The Arab Economy in Israel, p. 116.

　　1967 年之前，由于居住地和工作地距离远（如前所述，阿拉伯人口主要集中在以色列的北部和南部比较边远的地区）以及阿拉伯人自由受限（在军事管制之下阿拉伯人离开居住地到外面工作需要申请行动许可），阿拉伯人口融入以色列工作市场并不轻松。他们的工作机会不仅取决于自身的能力和市场需求，而且也取决于"安全局势"和军事管理当局颁发的许可。军事管理当局颁发的许可数量并不是基于需要工作的阿拉伯人数量，而是按照犹太工作市场需要的数量。换言之，在军事管理时期，阿拉伯劳动力完全是作为犹太主体市场的补充而存在的。[1] 较低的文化程度和专业技术水平使得阿拉伯人在工作市场结构中处于底层（建筑业等），而且甚至在同等条件下，阿拉伯工人的工资也低于其犹太同事。在 1959 年以前阿拉伯工人和犹太工人同工不同酬现象比较普遍，一个原因是因为阿拉伯工人供大于求，为了竞争有限的工作机会，常常会有"自降身价"的情况；另一个原因是阿拉伯工人作为犹太工作市场的补充，一般都是临时性的短工，短工本来就没有固定工人的工资高；还有一个重要原因就是阿拉伯工人没有自己的组织，而且不被允许加入以色列总工会（Histadrut）[2]。1959 年初，

---

① Wang Yu, A National Minority in Ethnic Democracy, p. 83.
② 以色列总工会（Histadrut），不同于一般工会组织。它成立于 1920 年，早于以色列建国。从其建立时起它就具有非常丰富的功能，涉及与工人运动相关的所有方面，包括定居、保卫、行业工会、教育、住房建设、卫生健康、银行金融、合作经营企业、福利以及文化等活动。它既是一个职业工人组织，也拥有产业，是以色列最大的"雇主"，如以色列最大的建筑公司 Solel Bone、最大的医疗机构 Kupat Holim 以及 Koor 工业等都是以色列总工会旗下产业。

《就业服务法》（Employment Service Law）通过，明确规定"同工同酬"。[①]
在同一年，阿拉伯人被允许加入以色列总工会，成为与犹太成员全方位平
等的成员。自此，同工不同酬现象大为减少，但阿犹工资差别依然存在，
大多是不同工作的技术含量不同和级别高低不等造成的。总的来说，在1967
年之前，对以色列阿拉伯人开放的工作机会都集中在较低的职业等级上。

第二节　1967年之后以色列阿拉伯经济发展的概况

1967年是以色列历史上的一个重要分界线，对于以色列阿拉伯人也是
一样。随着第三次中东战争的结束，强加于绝大部分以色列阿拉伯人的军
事管制结束，以色列阿拉伯人成为真正意义上的国家公民。行动自由的恢
复为以色列阿拉伯人全方位融入以色列工作市场提供了必要条件。

一　农业发展

军事管制结束后，征用、侵占阿拉伯人土地的情况变得比过去复杂得
多。而经过近20年的成长，以色列阿拉伯社团从1948年的大劫难中恢复
过来，尤其是在以色列教育体系中成长起来的年轻一代，远比他们的父辈
更能适应以色列的政治和法制情况，开始有意识地运用体制内的合法手段
保护个人及阿拉伯社团的权益。

在20世纪70~80年代，阿拉伯农业从业者人数锐减，农业工作者在
工作人口中的比例，从1966年时的39.1%迅速减到1974年时的14.5%，
再到1984年时的9%。但与1967年之前不同的是，这一时期农业从业者人
口减少与失去土地并没有多大关系，而是与以色列阿拉伯人享受到以色列
农业科技及出口农业的发展红利有关——先进农业技术如灌溉、大棚、优
育等被引进阿拉伯农业，大幅提高了生产效率和作物品质。阿拉伯农业从
业者数量减少与当时以色列农业技术发展及农业人口比例整体下降是同步
的。以色列全国的农业从业人员比例从1954年的18%下降到1964年时的

---

① Jiryis, *The Arabs in Israel*, p. 222.

13%、1974 年时的 6% 和 1984 年时的 5%。[①] 此外，阿拉伯传统农业利润菲薄，这使得很多年轻人主动离开农业去从事其他收入更高的职业。

另外，在 1965～1967 年的经济衰退之后，以色列政府采取各种措施鼓励出口，包括农产品的出口。以色列的农产品能够大量出口的一个客观条件是其国内市场可从被占领土上得到价格更低的农产品。从主要满足国内市场需求转型到出口，以色列的农业，包括以色列阿拉伯人的农业结构发生了变化。更具有经济价值的作物，比如主要面向欧洲市场的芹菜、洋葱、青椒、茄子和水果等，被大面积种植。而且农产品的种植和销售旺季不再是传统的夏季，而变成冬季，因为冬季是以色列蔬菜瓜果销往欧洲的最佳季节。以色列阿拉伯农民搭上了这班"出口农业革命"的车，成为整个以色列农产品出口的组成部分。以草莓出口为例，在 20 世纪 70 年代，以色列出口的草莓中超过一半来自两个阿拉伯村庄——位于三角地区的提拉（Tira）和卡兰萨瓦（Qalansawa）；1971 年仅在提拉村就种植了 10000 杜纳亩的草莓，而 10 年前即 60 年代初的时候在整个村子只有 13 杜纳亩的草莓田。另外三个阿拉伯村庄在 1970 年出口了 9 吨鹅肝，收入超过 10 万美元。[②] 烟草也是阿拉伯农业重要的出口产品，从 1974 年开始，以色列烟草种植和销售联合会的烟草全部供给出口。另外值得一提的是，以色列阿拉伯农户不仅仅依赖于犹太市场运作，部分农户开始尝试建立自己的销售和出口渠道，比如通过在约旦河西岸的合作伙伴向阿拉伯国家出口自己的农产品，如橄榄油等。[③]

二 以色列阿拉伯人在工作市场中地位的变化

随着军事管制的废除和 1967 年战争结束后紧急状态的取消，以色列阿拉伯人能够更自由地进入以色列工作市场。而 1967 年战争以色列的大胜也结束了持续两年（1965～1967 年）的经济衰退，以色列经济进入一个高速发展时期，对劳动力需求量大，更多的阿拉伯工人进入犹太工作市场。但

---

① Raja Khalidi, *The Arab Economy in Israel*, p. 120.

② Stendel Ori, *The Minorities in Israel: Trends in the Development of the Arab and Druze Communities 1948 - 1973*, Jerusalem: The Israel Economist, 1973, p. 61.

③ Aziz Haidar, *On the Margins*, p. 65.

在该时期，他们在就业市场中已经不再是最底层。首先，大批来自被占领土的巴勒斯坦劳动力顶替了以色列阿拉伯人从事底层工作；其次，渐渐普及的教育也让以色列阿拉伯劳动力的平均受教育年限和知识水平有所提高，可以从事就业结构中略为高层的工作。从表4－2可以看到14岁以上以色列阿拉伯人的平均受教育程度发生了明显的变化。在1961年时，受过5～12年教育的人仅占14岁以上人口的约1/3，而到1989年该比例已经上升到70%以上，也就是说以色列阿拉伯劳动力的主流基本上至少是小学或中学毕业生。

表4－2　14岁以上以色列阿拉伯人口受教育年限的变化（1961～1989年）

单位：%

	0～4年	5～8年	9～12年	13～15年	16年及以上
1961	63.4	27.5	7.6	1.5	1.5
1970	49.8	35.1	13.0	1.7	0.4
1980	28.9	33.9	29.5	5.5	2.2
1989	20.9	31.2	39.5	5.8	2.6

资料来源：以色列中央统计局（Israeli Central Bureau of Statistics），*Israel Statistical Abstract*，1990，p.602。

当然以色列阿拉伯劳动力的教育程度与同期犹太劳动力的差距还是很大的，比如1988年时14岁以上的阿拉伯劳动力文盲率仍为14.4%，而犹太劳动力中文盲仅占4.2%。同时，阿拉伯劳动力中受过高等教育的比例远低于犹太人，如在阿拉伯劳动力中仅有8.4%接受超过13年学校教育，而在犹太人中该比例达到27.6%。[1] 在普通教育方面阿拉伯人与犹太人有很大差距，在职业教育上差距更大。阿拉伯人的职业教育起步较晚，以色列官方的解释是由于阿拉伯社会之前有传统，即接受中学或以上教育的人，意味着要从事公众服务类职业，如教师等"白领工作"而不是"蓝领工作"，因此家长和学生对职业教育的兴趣不大。这种说法或许有一定道理，但由于以色列阿拉伯学校系统"满员"无法接纳更多受过普通教育的年轻人，而没有受过职业培训的人又难以找到合适的工作机会，情况慢慢发生

---

[1]　Aziz Haidar, *On the Margins*, pp.100－101。

了变化。在 20 世纪 50 年代后期开始有阿拉伯教育工作者向以色列教育部门呼吁要将阿拉伯中学纳入以色列的整体职业培训系统中去。在 1962/63 学年，职业学习进入了首批四个阿拉伯中学，提供 2～3 年的职业培训。从 80 年代开始，职业教育受到更多重视，更多的阿拉伯学校开设职业培训课程。1985 年一些阿拉伯教育者和阿拉伯地方委员会设立了一个基金接受地方政府和阿拉伯社团及个人的资助，专门用于鼓励和发展对阿拉伯人的职业教育，以色列教育部和总理阿拉伯事务顾问办公室也象征性地拨一些款项作为支持。①

　　阿拉伯人的职业培训方面虽然有了一些发展，但与犹太人的差距仍然很大。在 1948/49 年以色列建国时，在普通中学大约有 20% 的学生学的是"职业技术"类，另外还有 10% 学习农业；而阿拉伯学生没有职业培训。1959/60 年时，阿拉伯学生中只有 1% 的学生学习农业；而在犹太学生中 23.1% 在学习"职业技术"类，另有 13.9% 学习农业。1969/70 年时，阿拉伯学生中 10% 学习"职业技术"类，5% 学习农业；而犹太学生中 42.4% 学习职业技术，6.5% 学习农业。1979/80 年阿拉伯学生中学习"职业技术"类的是 12%，另有 3% 学习农业；而犹太学生中选择"职业技术"类的占到 51%，另有 4% 学习农业。到 1988/89 年阿拉伯学生中选择"职业技术"类的上升到 17%，另有 2% 学农；而犹太人中是 48% 和 3%。② 而且在犹太学校，学生可以选择的先进技术学习范围比较广，而在阿拉伯学校由于设备和资源限制，只有非常有限的科目可供选择。

　　无论如何，职业教育方面的改善为以色列阿拉伯人在就业市场上地位的改变打下一定基础。在 1967 年之后，阿拉伯劳动力的就业结构逐渐发生了变化。之前阿拉伯人从事的工作多是简单、不需要技能的体力劳动，1967 年之后，这些重体力工作被"转交给"来自被占领土的巴勒斯坦人做，而以色列阿拉伯人主要集中在工业、建筑和服务等行业。

　　在 70 年代，建筑业取代农业成为阿拉伯人从事最多的行业，部分原因是 1967 年以后以色列大兴土木，上马了各种建筑项目，而很多犹太工人

---

①　Majid al-Haj, *Education*, *Empowerment and Control*: *The Case of the Arabs in Israel*, Albany NY: State University of New York Press, 1995, pp. 91 - 93.

②　Majid al-Haj, *Education*, *Empowerment and Control*: *The Case of the Arabs in Israel*, p. 93.

"升级"到更高级别的行业去了，留给阿拉伯人更多的从业机会。从 1961
年到 1983 年，以色列阿拉伯人在全国建筑工人中所占比例从 11.7% 一路上
升到 30%，而在第一次因提法达（巴勒斯坦武装大起义，1987～1993 年）
爆发后，由于来自被占领土的巴勒斯坦工人数量减少，以色列阿拉伯工人
在建筑行业从业人员中所占比例更是上升到 36%。①

　　建筑行业的阿拉伯工人数量优势并没有保持多久，在 80 年代工业取代
了建筑业成为最多阿拉伯人赖以为生的行业。1986 年时以色列阿拉伯劳动
力中 26% 是工业工人。而在工业中，又以纺织和制衣（阿拉伯从业者占阿
拉伯工业工人总数的 27%）、食品饮料（16%）、金属制造（15%）、木工
及木制品生产（11%）等行业为主。② 但是，在诸如电子设备制造、交通
工具制造等行业阿拉伯人的比例非常低，因为这些制造行业常常与国防和
军工有关，或者与航空业和船舶业相关，这些领域对于以色列阿拉伯人来
说都是禁区。

三　第三产业的发展及阿拉伯中产阶级的出现

　　第三产业由公众服务、政府雇员（包括教师、公务员等）和私人服务
组成。从事第三产业的阿拉伯劳动力比例从 1960 年的 23% 上升到 1970 年
的 35%，到 1983 年该比例上升到 47%。③ 与在工业和建筑业等行业不同，
从事第三产业的以色列阿拉伯人有很大比例是在为本社团服务。在以色列
整体的公众服务从业者中，阿拉伯雇员比例从 1961 年的 3.4% 上升到 1983
年的 5.3%，远远低于其人口比例。④ 由于阿拉伯地区与犹太聚集区的天然
分化和母语优势，阿拉伯地区的地方政府、学校、医院、诊所、社会福利
部门等接收了大量阿拉伯劳动人员就业。尤其是学校，据统计，1983 年时
在教育系统工作的阿拉伯人占所有阿拉伯公众服务从业者的一半以上。⑤ 能
在公众单位中任职的阿拉伯人一般具有较好的教育背景，这改善了以色列

---

① Aziz Haidar, *On the Margins*, p. 117.
② Aziz Haidar, *On the Margins*, p. 115.
③ Abraham Cohen, *Arabs of Israel: Economical Aspects* ［希伯来语］, Givat Haviva, 1986,
　p. 163, p. 285, p. 336, p. 350.
④ Aziz Haidar, *On the Margins*, p. 118.
⑤ Aziz Haidar, *On the Margins*, p. 118.

阿拉伯人本来以底层职位为主的就业结构，而且这些人的工资待遇也相对较高，提高了以色列阿拉伯人的生活水平。在私人服务业方面，如律师和会计师等高学历、高收入职业，则吸引了那些受过高等教育及专业训练的从业者。

从事第三产业的阿拉伯人，逐渐形成了以色列阿拉伯人中的中产阶级，对以色列阿拉伯传统社会结构的改变起到比较重要的作用。关于阿拉伯社会结构的变化将在下文详细讨论。

第三节 阿拉伯经济发展中存在的问题和改善措施

一 阿拉伯经济对犹太经济的依附性大

以色列总理阿拉伯事务顾问施姆艾勒·托里达诺 1968 年时在当时以色列执政党工党就"1967 年后以色列对阿拉伯少数民族政策"召开的一系列会议上陈述总结时提到以色列对阿拉伯人口在经济方面的成就，是相当自信的："在经济领域，我不认为阿拉伯人会有什么意见。"[1] 他乐观地称，以色列阿拉伯人的生活条件不仅好于周边阿拉伯国家的阿拉伯人，而且在两个"五年计划"以后阿犹人口在经济方面的差距会"几乎消失"，而在供水、供电、教育和公路交通等方面的基本问题也会得到妥善解决。在同一个文件中，托里达诺还自豪地提到以色列政府在"阻止大型阿拉伯经济实体，比如说银行、商会、阿拉伯贸易联合会，以及促进阿拉伯人在经济方面依附于犹太社团"方面取得成功，"我们成功地创造了（阿拉伯人）对犹太经济的依附性"。[2]

可以从托里达诺讲话中概括出两点，一是改善阿拉伯人生活条件、缩小阿犹之间差距，二是创造阿拉伯人在经济上对犹太经济的依附性，这两点可以说是以色列历任政府对阿拉伯经济的基本态度，甚至在时隔半个世

---

① 1968 年托里达诺在工党会议上的这一系列证词（Toledano Testimony）详述了以色列政府对阿拉伯人政策的指导方针，在下文将统一称为"托里达诺 1968 年陈词"，以色列工党档案馆（Labor Party Archive），2 - 7 - 1968 - 117，pp. 1 - 2。

② 托里达诺 1968 年陈词，以色列工党档案馆（Labor Party Archive），2 - 7 - 1968 - 117，pp. 4 - 5。

纪的今天依然如此。

阿拉伯农业的发展很大程度上依靠政府政策扶植（增加水浇地面积等）和资金投入（五年计划和达扬计划等），以及受到犹太农业科技进步的影响。随着土地的大量被剥夺和现代农业的推广，对大部分阿拉伯人口来说最重要的经济来源不再是农业，而阿拉伯社团本身先天不足（在 1948 年战争中商业和城市上层精英阶层消失殆尽），后天又受到以色列政府的刻意压制（如上所述，国家根本就不允许大型阿拉伯经济实体的出现），因此阿拉伯经济在工业和商业方面的发展都很不充分。由于缺乏独立的阿拉伯工业，阿拉伯工人的就业很大程度上依靠的是犹太企业和犹太雇主。大批阿拉伯劳动力进入以色列主体工作市场，但在工作市场结构中处于对知识水平和专业技术要求较低的底层。这些非技术工作是最缺乏稳定性的，遇到经济衰退或者危机，他们是最先受到冲击和最容易受伤的阶层。

随着阿拉伯教育状况的改善，大量阿拉伯人进入政府部门或机构以及学校就职，从事公众服务，但这些人的工作地点大多在阿拉伯地区，工作及服务对象也多是阿拉伯人。虽然阿拉伯地方在雇员和教员的选择上有一定的自主权，但由于地方政府的预算很大部分仍然由国家提供，因此从根本上说从事第三产业的人对国家的依附性更为明显。

二　阿拉伯地区工业化水平低

在以色列建国的前 20 年，以色列政府刻意避免大型阿拉伯经济实体的出现，并取得成功。由于大部分阿拉伯人到外地打工时宁愿每天或每周长途旅行回家住宿也不愿意离开自己的村庄，因此阿拉伯劳动力的"无产阶级化"并没有带来相应的"人口流动"和城市化。[①] 阿拉伯村庄几乎没有什么工业，这一点在托里达诺 1968 年陈词中也有明确表述："我们是否应该在阿拉伯村庄建立工厂？在这方面有巨大压力。我不知道我们还能持续多久将工业仅集中在犹太区域。我不认为我们还能继续。"[②] 在该文件中，托里达诺并没有说明具体受到了什么样的压力要在阿拉伯区域建立工业以

[①]　有关情况将在第七章关于非法建筑的章节中进行详细讨论，在此不做分析。

[②]　托里达诺 1968 年陈词，以色列工党档案馆（Labor Party Archive），2 - 7 - 1968 - 117，p. 5。

及该压力来自谁，但我们仍然可以了解，阿拉伯区缺乏工业发展已经到了政府难以推脱的地步了。1965~1967 年以色列经济衰退，阿拉伯工人大量失业，不得不回到自己的村庄寻求生计。少部分人回归农业，但大部分人一直是失业状态。阿拉伯人自己和以色列政府都"突然"意识到在广大的阿拉伯地区根本没有工作机会，而大规模的失业现象会造成社会不稳，给地区和国家的安全带来威胁。

以色列建国以来，在阿拉伯地区，政府确实没有任何投资兴办工业，只有一些当地人小规模个人投资。到 20 世纪 60 年代中期，在全以色列的阿拉伯村庄共有 1200 个作坊，这些作坊大多是简单劳动，对基础设施没有什么特殊要求，每间作坊平均雇佣 3 个工作人员，只能解决以色列国内阿拉伯劳动力总量的 1.8%。[1] 在这种情况下，60 年代末，阿拉伯村庄的工业化首次被提上政府的议事日程。首先是以色列总工会的阿拉伯部门为旗下公司设定了 5 年之内（即从 1971 年到 1975 年）在阿拉伯地区要建立 4 个工厂的目标；[2] 1974 年工党在年度工作计划中也称：约 5 万阿拉伯工人每天从自己的村子到犹太地区去工作，饱受无法融入（主流市场）之苦，经济动荡时他们是最早被解雇的，对阿犹关系带来负面后果。在以色列境内全部阿拉伯地区，仅在 16 个村庄存在着某种形式的工厂，主要雇佣的是女工。出于解决实际问题和维护社会安定的需求，以色列当局必须鼓励阿拉伯本地投资并加大对阿拉伯青年的职业培训。[3]

最初进入阿拉伯村庄的工业是犹太资本投资的纺织业、制衣和皮业等。据以色列商贸部在 1972 年的统计，在共计 104 个阿拉伯村庄（总人口为 38.6 万，劳动力人口为 9.75 万）中，雇佣 20 名及以上员工的企业一共有 48 家，其中 19 个在德鲁兹村庄，14 个在穆斯林村庄，14 个在基督徒村庄，还有 1 个在切尔克斯人村庄。除了纺织工业外，还有 2 家从事金属冶炼行业、1 个钻石加工工厂、1 个化工厂和 1 个钢铁厂。所有这些企业几乎都是犹太人做老板，或是犹太企业的分支，或是阿犹老板的合作企业，单独属

---

① Aziz Haidar, *On the Margins*, pp. 75 - 76.

② Histadrut Arab Department, "Proposed Plan for Activities in the Arab Sector", 1971 - 1975, IV - 217 - 2 - 781, p. 25, Histadrut Archives.

③ Labor Party, Proposal 1974 - Main Problems, GL: 17075/17, p. 7, item 14, State Archives.

于阿拉伯人的极少。除了工业之外，在阿拉伯村庄还存在着主要服务于本地居民的手工业和小商业。手工业方面的企业规模要小得多，一共有 2300家，总雇佣人数约 1 万人，平均每家 3~4 名员工。另外还有 2500 家小商业，提供大约 6000 个工作机会，平均每家 2~3 名员工。① 七八十年代在阿拉伯村庄大兴土木"建房潮"的影响下（详见关于非法建筑章节的讨论），一些新型中小企业在阿拉伯地区兴起，主要是砖厂、木工厂以及铝产业。

1976 年"土地日"之后，当局为缓和矛盾、改变阿拉伯居民对"犹太化加利利"的极端抵触情绪，就必须让他们能够享受到"犹太化加利利"项目带来的福利。1976 年 9 月总理阿拉伯事务办公室提交给政府的报告中对阿拉伯村庄工业化的现状进行了总结并提出加速方法。报告指出在传统阿拉伯社会没有工业投资的意识，但情况逐渐发生改变。报告还指出犹太投资者与阿拉伯村庄的联系增加了，不再单纯依靠政府来推动二者之间的合作。报告敦促政府在加利利地区划拨土地建立工厂和作坊，吸收阿拉伯人就业，并指出要在阿拉伯村庄建立工业园区以加速其工业化。②

从 20 世纪五六十年代处心积虑提防阿拉伯人拥有独立的经济实体，到推动、鼓励阿拉伯村庄的工业化，甚至国有机构和组织（如以色列总工会）完成任务式地在阿拉伯地区设厂并鼓励犹太资本对阿拉伯村庄进行工业投入，这一政策性的转变对于阿拉伯地区的经济发展有重要意义。也许是因为在建国的前 20 年间，由以色列政府一手促成的阿拉伯经济对主体犹太经济的依附，太成功而且太彻底，而到了 70 年代末和 80 年代，以色列国家已经有足够自信，不再忧虑阿拉伯经济会壮大到对犹太经济产生威胁，因此试图改善阿拉伯人的经济状况，以缓和民族矛盾，缩小阿犹差距。在这种情况下，随着七八十年代以色列整体经济的迅速发展，以色列阿拉伯人的经济状况也水涨船高地有了一定的改善。到 80 年代阿拉伯资本产业有所发展，阿拉伯社团在经济尤其是在工业方面表现出一定的潜力。但总的来说，阿拉伯社团的经济状况与过去相比虽有改善，但与犹太社团的差距仍然巨大（甚至越来越大）。以色列阿拉伯人在资源和经济发展政策方面并没

① 该文件发布于 1972 年，但数据基于 1971 年 Haim Bar-Lev（Minister of Commerce and Industry），以色列国家档案馆（State Archives），GL：17084/1。

② Yossef Ginat, "Arab Population in Galilee", GL 17091/21, pp. 3-7, State Archives.

有享受到跟犹太人平等的待遇，如在经济开发、建立工业园区、设立税收优惠地带等方面。按道理，阿拉伯地区的发展远远落后于犹太地区，本来应该得到更大的优惠和扶植，但事实上却正好相反，阿拉伯地区得不到政策扶持，于是劣势不断累加，差距越来越大。

从收入看，阿拉伯人的收入普遍低于犹太人。2008 年时阿拉伯人平均月入 5419 谢克尔（1465 美元），比犹太人月入 7949 谢克尔（2150 美元）要低近 1/3。[1] 2009 年据以色列国民保险局的统计，在以色列全国的贫穷家庭中有 53% 是阿拉伯家庭，阿拉伯人在总贫困人口中比例高达 44.5%，远高于其 20.5% 的人口比例。尤其是在贝都因人中，贫困家庭比例达到 67.2%。[2] 以色列将全国的地方委员会按社会经济富裕发达程度分为 10 级，全部 75 个阿拉伯地方大都分布在最低的几个级别中，在最低的三个级别中阿拉伯地方所占比例高达 87%，而在最高的三级中没有任何一个阿拉伯城镇地方入选。[3] 贫穷几乎成为阿拉伯城镇和居民的标志。

第四节 21 世纪阿拉伯经济发展的机遇与挑战

一 国内及国际形势促使以色列国家对阿经济政策进一步改善

2000 年发生了以色列阿拉伯人历史上继"土地日"之后的又一个里程碑式事件——以色列阿拉伯人大规模示威游行，抗议以色列政府对巴勒斯坦的政策，示威者与警方发生冲突，13 名示威者身亡，其中 12 人是以色列阿拉伯人，另有一名来自巴勒斯坦地区。这应该是以色列建国以来当局与示威者最为严重的流血冲突，在以色列国内产生巨大反响，政府成立了奥尔委员会（Or Commission）对事件本身及其深层根源进行彻查。2003 年 9 月奥尔委员会公布报告称，以色列阿拉伯公民长期遭受歧视，正是这种因为长期受到歧视而产生的沮丧感导致了 2000 年 10 月危机的爆发。报告公

---

[1] ADALAH, *The Inequality Report: The Palestinian Arab Minority in Israel*, Haifa, 2011, p. 19.
[2] National Insurance Institute, *Poverty and Social Gaps*, Annual Report 2009, ［希伯来语］, pp. 5, 11, 80, 83.
[3] ADALAH, *The Inequality Report: The Palestinian Arab Minority in Israel*, p. 20.

布后，以色列政府因不公正、不平等地对待阿拉伯公民而受到诟病，因此政府出台一系列发展阿拉伯社团的计划，以减少其在各方面与犹太社团的差距。在这样背景下，在 2006 年以色列政府终于将所有阿拉伯地区全部规划为 A 类发展地区，享受税收优惠，以促进阿拉伯村庄工业、商业和旅游业的发展。① 以色列阿拉伯地区的首个购物中心阿贝德艾勒拉提夫（Abed al-Latif）购物中心于 2006 年 7 月在乌姆艾勒法赫姆（Umm al-Fahm）落户，营业面积达 1.3 万平方米（共 5 层楼），业主是阿拉伯裔；② 以色列总理办公室主管拉阿南·迪诺尔（Raanan Dinur）在 2006 年 12 月宣布以色列政府将推行一个金额高达 1.6 亿谢克尔的私募股权基金，用于支持阿拉伯企业发展。由阿拉伯人创办的公司可以申请最高四百万谢克尔的基金，这样在未来 10 年大概有 80 家阿拉伯企业可以得到发展资金。③

21 世纪世界经济发展的全球化趋势也对以色列和以色列阿拉伯社团的经济发展产生影响。2010 年以色列加入经济合作与发展组织（Organization for Economic Cooperation and Development，OECD），不得不进一步采取措施改善以色列阿拉伯人的状况，因为 OECD 的报告称，以色列阿拉伯人正在遭受严重的歧视，并把以色列彻底改变其对阿拉伯人政策作为接受以色列作为 OECD 成员的条件。以色列答应 OECD 的条件，一方面是因为它确实需要加入 OECD 以享受其在全球市场上带来的战略性好处；另一方面也出于其自身经济可持续增长的需要，因为逐渐增加的阿拉伯人口（和极端正统派犹太教徒人口）在教育、就业和经济方面的滞后会拖累以色列的整体水平。按照当前的人口发展趋势，预计在 2059 年，阿拉伯人口和极端正统派犹太教徒人口将达到以色列总人口的一半，而数量如此庞大的发展滞后人口会将以色列拖入发展中国家的行列。④ 另一个担忧是随着国际和中东形

---

① Itamat Eichner, "Financial Benefits for Arab Communities", *Ynet News*, 10 July 2006, http://www.ynetnews.com/articles/0,7340,L-3273263,00.html.

② Yehudit Yahav, "First Mall in Arab Town Opens", *Ynet News*, 07 July 2006, http://www.ynetnews.com/articles/0,7340,L-3272304,00.html.

③ IEICI, "State to Raise NIS 160mn for Arab Businesses", *Ynet News*, 12 Dec.2006, http://www.ynetnews.com/articles/0,7340,L-3338907,00.html.

④ Hila Weissberg, "Till 2059 Ultra Orthodox and Arab Population will Raise to 50% of Israeli Over-all Population", *The Marker*, 31 Oct.2013, http://www.themarker.com/career/1.2153691.

势的发展，以色列阿拉伯人如果在经济上长期落后、在社会生活中长期受到歧视，会比较容易产生不稳定因素，导致类似 2000 年事件的重演，这无疑会危害到以色列国内安全稳定和经济发展，因此为了安抚甚至解除这一"定时炸弹"，最快捷的道路就是从经济和教育入手。

二　以色列政府促进阿拉伯社团经济和教育发展的举措

从 2007 年开始，以色列总理每年召开专门的"总理少数民族大会"（Prime Minister's Conference on Minorities），参加者包括总理，政府主要部长如财政部长、经贸部长和教育部长，以及国家银行的代表，阿拉伯方面的领导人或代表等。大会首先为国家领导人提供了一个平台，可以展现对阿拉伯少数民族的重视及改善少数民族处境的决心，大会也为发言者提供了一个讨论如何促进阿拉伯人在政治和经济方面融入、发挥阿拉伯社团的经济潜力的机会。会议议题主要包括加强阿拉伯高等教育、促进阿拉伯人就业、解决阿拉伯人住房问题及规划阿拉伯经济发展等。以 2013 年的总理少数民族大会为例，会议上提到近年来政府为促进阿拉伯地区经济发展而采取的一些措施，具体包括：新开办的就业指导中心里约一半都位于阿拉伯城镇、政府采取措施提高阿拉伯妇女就业率、政府已特别拨款用于发展阿拉伯大城市中的公共交通、已投入 4 亿谢克尔（约 1.1 亿美元）的专项拨款用于发展阿拉伯地区工业地带的建设，以及以色列高等教育委员会将在拿撒勒建立一所用阿拉伯语教学的大学（在以色列高等教育史上首次）等。

尽管在总理少数民族大会上，几乎所有的发言人，不管其政治背景和政治主张如何，都表现出饱满的热情和极大的决心，国家也确实有些实际的投入，但仍因有"作秀"之嫌而受到诟病。主要的指责包括：参加这种会议的人不管是犹太人还是阿拉伯人都来自社会经济阶层的中上层，与主流大众的生活脱节，真实情况是在广大的阿拉伯城镇贫穷和艰难比比皆是，能够明显地感受到阿犹之间在经济、收入和教育水平的差距；不仅仅是右派明目张胆地进行反阿拉伯人的煽动，而且由于以色列社会上普遍存在的怀疑、不信任和歧视情绪，往往使得总理大会上的发言和各种美好承诺沦为空谈；在以色列国家的基本性质和特征被定义为"犹太国家"的情况下，阿拉伯人口根本无法受到公正和平等的待遇；为了解决阿拉伯社区存在的诸多问题，工业和商贸发展需要建设公有建筑和住宅，需要加大教育和社会保障投入，需要改善基础设施——所有这些都需要资金，而政府并不愿意投入那么多，而其他那些小打小闹的投入难以从根本上改善阿拉伯社团的经济、教育和生活条件……批评者还以阿拉伯"公务员"的数量为例证明政府的"无效性"，称政府从 20 世纪 60 年代就试图增加在政府和公众服务部门任职的阿拉伯工作人员的数量，但收效并不好，政府设定的目标是增加政府及其他国家公务人员中的阿拉伯雇员占到总雇员数的 10%，但直到 2012 年也只到了 8.5% 。①

有分析人士认为，以色列政府无力在短时间内投入太多并在没有群众基础的情况下彻底改变阿拉伯社团的落后现状，因此把努力集中在向中上阶层阿拉伯人（中产阶级）提供更多的发展和融入机会。这些人一般都受过高等教育，愿意通过自己的努力进入适合于自己的工作市场，而以色列政府愿意培养这些新兴的阿拉伯经济上层人士，让他们成长起来更加强大后去挑战现有的阿拉伯领导力量。

客观看以色列当局在改善阿拉伯大学生就业等方面的尝试，并非是当局没有主观愿望，但对于犹太主体而言，比如犹太公司，特别是高科技公司，雇佣阿拉伯人并不是一蹴而就的，需要经历一个观念改变的过程。②

三　阿拉伯人融入以色列的高科技工作市场

20 世纪 90 年代时，以色列高科技产业初露头角，当时在高科技领域从业人员占全国劳动人口的 1%。之后以色列的高科技行业高歌猛进，成为以色列经济的"助推器"。以信息与通信技术产业（ICT）为例，2012 年以色列的信息与通信技术产业产值占 GDP 的 17.1%，相关产业的产品出口占总出口额的 30.3%，提供总就业数量的 8.5%，对以色列经济和社会的发展起到重要的作用。③

以色列政府非常重视对高科技产业的投入。以色列教育投入占 GDP 比

---

① Assaf Adiv，"Equality for Israel's Arab Citizens？Don't Hold Your Breath！"，15 Nov，2013，http：//en. daam. org. il/？p = 478，最后访问日期：2017 年 7 月 16 日。

② Assaf Adiv，"Equality for Israel's Arab Citizens？Don't Hold Your Breath！"，15 Nov，2013，http：//en. daam. org. il/？p = 478.

③ 中华人民共和国商务部：《以色列科技创新的基本情况及特点》，2014 年 9 月 2 日，http：//www. mofcom. gov. cn/article/i/dxfw/gzzd/201409/20140900718778. shtml.

重长期保持在 10% 左右，而在高科技方面的投入达到 GDP 的 4.3%。① 但是以色列阿拉伯人并没有能够参与到这一重大变革中去。2013 年 "总理少数民族大会" 上，时任以色列经贸部长纳夫塔利·贝内特（Naftali Bennett）称要破除偏见，吸收有高等学历的阿拉伯毕业生到以色列的工业，尤其是高科技产业中去，他甚至对在信息与通信技术中心的培训班中只有 2% 的阿拉伯学生表示惊讶："我们追求的人才不仅仅局限在某一个民族或宗教信仰人群中，而是无处不在。我们必须放宽我们的眼界，抓住每一个机会。"② 贝内特部长的演讲很动听，尽管在场的每一个人都很了解其所在政党（犹太之家——极端右翼犹太民族主义政党，支持者以被占领土上的犹太定居事业支持者为主）的主张和政治倾向。但贝内特所说的并非完全是空话，因为占以色列人口比例超过 20% 的阿拉伯人如果不能参加这一盛会，不仅会让以色列受到国际压力（如 OECD 的指责），对以色列国家和经济本身而言也是重大损失。

　　除了国家的鼓励之外，阿拉伯社团和 NGO 组织也为以色列阿拉伯人参与到高科技行业中出谋划策。2008 年在拿撒勒成立了一个非营利性机构——索芬（Tsofen），旨在促进阿拉伯社团融入高科技产业，增加以色列高科技产业中的阿拉伯软件工程师数量，帮助并引导各有关机构和组织促进阿拉伯地区高科技工业的发展。从 2008 年到 2014 年，索芬已经促成近 2000 名阿拉伯软件工程师进入以色列高科技企业工作，帮助他们克服文化障碍，并在加利利地区的阿拉伯地方建立高科技企业。据索芬统计，近 10 年来从以色列各大学毕业的相关专业的阿拉伯大学生达到 2500 人，而在高科技行业就业的阿拉伯大学毕业生从 2008 年的 300 人增加到 2014 年的 2000 人；近 10 年来从以色列各大学毕业的相关专业的犹太大学生约为 4 万人，而在高科技行业就业的犹太毕业生人数则达到 10 万人。在这一求大于供的新兴产业中阿拉伯人应该有更多的参与机会。③

---

① 沈旭辉：《以色列真创新科技》，《信报财经新闻》，2016 年 3 月 9 日，http://beltandroad. hktdc. com/tc/market-analyses/news-details. aspx? news_ id =747。

② Assaf Adiv，"Equality for Israel's Arab Citizens? Don't Hold Your Breath!"，15 Nov. 2013，http://en. daam. org. il/? p =478. 关于拿撒勒阿语大学，实际上是海法大学的分支学院。在本书 "以色列阿拉伯人与高等教育" 一章有详细讨论。

③ Tsofen Website，"About Us" and "Background"，http://tsofen. org/en/about/.

总　结

以色列阿拉伯人的经济从落后的小农经济向现代化农业和工业发展，但一直受到以色列国家的刻意压制和管控，以防止独立的阿拉伯经济的发展会威胁到以色列主体经济。然而，随着阿拉伯经济对犹太经济依附性完全形成，以及国内、国际环境的改变，以色列阿拉伯人的经济开始获得更温和的政策和更多的发展空间。

以色列阿拉伯少数民族发展的历史中几次重大的事件，如军事管制的废除、"土地日"的爆发、2000 年流血冲突等，都促使以色列政府重新审视并调整自己的少数民族政策。在 21 世纪，以色列政府加大了对阿拉伯社团的投入，旨在缩小阿犹差距、改善阿拉伯人的经济条件、缓和国内矛盾。政府尤其重视受过高等教育的阿拉伯人融入以色列工作市场，一方面为了满足以色列高科技产业对人才的需要；另一方面可以改善以色列的国际形象，同时缓和国内的阿犹关系，促进阿犹关系的改善，最直观的影响就是双方有更多的机会在一起工作，互相了解并相处。但这种融合也带来新的问题。之前阿拉伯人居住生活在自己的村庄，与犹太人在职业结构方面不尽相同，接触并不全面，而现在更多的阿拉伯个体散布在犹太人群中，相应加大了他们与部分极端的犹太民族主义者接触和遇袭的可能性。近年来，针对阿拉伯人的暴力事件时有发生，并在特定地区（如耶路撒冷）呈现一定的上升趋势。这不再是阿拉伯少数民族整体与以色列当局（军队、警察等）的对立，而是个体阿拉伯人与个体犹太人之间的冲突，前者受到政府控制，可以通过政策的调整进行缓和，后者则更难预测和控制。

目前的政治和社会条件决定着以色列阿拉伯人所期盼的真正的平等难以在短期内实现，以色列阿拉伯人的诉求应该更集中在经济权利方面，因为这是目前的以色列能够或者说正在尝试给予的。[1] 可以预见，以色列阿拉伯人在个体及社团经济发展方面会得到改善，阿犹差距会有一定程度上的缩小，但受大环境所限，差距在短期内无法根本消除。

---

[1]　Meirav Arlosoroff, "Despite Tensions, Israeli Arabs Narrowing the Economic Gap with Jews", *Haaretz*, 18 Oct. 2015, http：//www. haaretz. com/israel-news/business/. premium-1. 680715.

第五章 以色列阿拉伯人的基础教育情况

在以色列有关教育的法律包括《义务教育法》（1949 年）、《教育法》（1953 年）和《义务中等教育法》（1978 年），根据这些法律，以色列国家的免费义务教育适用于所有居住在以色列的适龄儿童（含外国儿童），从其5 岁开始一直到读完高中，涵盖学龄前教育、初级教育和中级教育。适龄儿童可以在四种被国家承认的教育体系中任选其一接受义务教育。这四个教育体系分别是国立（State）教育、国立宗教（State-Religious）教育、独立的极端正统派犹太教（Ultra-Oxthodox Judaism）教育和阿拉伯教育。[1] 阿拉伯教育作为国立教育的一个分支，从幼儿园到小学及中学，都以阿拉伯语为教学语言，除数理化、生物、历史、宗教、政治、电脑、英语、地理、体育等各类基础课程之外，还专门开设阿拉伯历史、宗教和文化等方面的课程。但在以色列没有独立的阿拉伯高等教育，因此阿拉伯学生要跟犹太学生一起在以色列以希伯来语为教学语言的高等教育机构学习。截至 2012 年底，以色列 74.4% 的学生为犹太人，23.4% 为阿拉伯人，另有 2.2% 是德鲁兹人及其他。[2]

---

[1]　Ministry of Foreign Affairs, "Education: Primary and Secondary", http://mfa. gov. il/MFA/AboutIsrael/Education/Pages/default. aspx.

[2]　Ministry of Education, "Facts and Figures in the Education System 2013", 2013, p. 10, http://meyda. education. gov. il/files/minhalcalcala/facts. pdf.

　　以色列是联合国教科文组织《取缔教育歧视公约》①的缔约国，对境内公民实行比较公平的教育政策。但在实际上，尽管以色列国家承诺消除基于种族、肤色、性别、语言、宗教、政治或其他见解、国籍或社会出身、经济条件或出身的歧视（区别、排斥、限制或特惠），并有义务促进人人在教育上的机会平等和待遇平等，但以色列教育发展并不均衡，如阿拉伯人口和犹太人口在教育程度、教育成就等方面存在着较大差距。

　　客观来说，以色列阿拉伯人的教育在建国后得到比较大的发展，如在20世纪50年代中期拥有高中毕业证书的阿拉伯学生仅数十人，而在20世纪末以色列建国50周年时，每年高中毕业的阿拉伯学生达到近万人。1960年15岁以上的阿拉伯人中有53.4%受过不到4年的学校教育，而在1996年该比例下降到13.5%；在1960年仅有1.5%的阿拉伯人接受过13年以上教育，而到1996年该比例上升到15.3%。②从1961年到1996年，阿拉伯人平均受教育年限从1.2年增加到10.4年。③尽管取得了很大成就，但阿拉伯教育与犹太教育差距比较大，而且其内部不同社团的教育发展情况也很不平衡。

　　本章中我们将按时间顺序介绍以色列的阿拉伯教育的情况和特点，并对不同阶段以色列阿拉伯教育的目标、成就及存在问题进行分析。但在开始之前，为了更好地了解以色列阿拉伯教育发展情况，还是要先简要介绍一下以色列建国之前英国委任统治时期巴勒斯坦地的阿拉伯教育情况，以了解以色列阿拉伯教育的初始状况和背景。在英国委任统治时期，巴勒斯坦阿拉伯人的教育在由政府开办的公立学校和私立学校进行。委任统治末期，在巴勒斯坦约1/3的学龄儿童接受教育，大概15万登记注册的阿拉伯学生，绝大多数是初级学校的学生，其中2/3在公立学校，1/3在各种宗教机构和组织建立的私立学校。当时小学教育正式为7年学制，实际一般上

①　《取缔教育歧视公约》由联合国教科文组织于1960年12月14日颁布，旨在消除教育歧视，维护公民受教育权利。以色列1961年加入该公约后，该公约在以色列具有法律地位。

②　Zvi Zameret, "Fifty Years of Education in the State of Israel", Ministry of Foreign Affairs, 14 July 1998, http：//www. mfa. gov. il/mfa/aboutisrael/israelat50/pages/fifty％20years％20of％20education％20in％20the％20state％20of％20israel. aspx.

③　Ministry of Foreign Affairs, "Arab Israelis", 20 Aug. 2001, http：//www. mfa. gov. il/MFA/MFA-Archive/2001/Pages/Arab％20Israelis. aspx，最后访问日期：2017年7月20日。

为 5~6 年，中学学制 4 年。以色列独立战争爆发前，在巴勒斯坦共有 10 所阿拉伯中学，其中两所女校，另有 3 所师范类学校，没有任何高等教育机构。① 一个值得注意的现象是在当时的巴勒斯坦，尽管穆斯林人口占绝大多数（据 1945 年的统计巴勒斯坦地基督徒人口约 135550，而穆斯林人口为1061270②），但基督教私立学校的数量、教师数量和学生人数都超过穆斯林私立学校，尤其是教师数量以及师生数量比，基督教学校与穆斯林学校和公立学校相比具有明显的优势。

表 5-1　1946 年英国委任统治时期巴勒斯坦阿拉伯学校及教师和学生数量

学校类型	学校数量	教师人数	学生人数
公立	478	1872	81662
私立（穆斯林）	135	432	14169
私立（基督徒）	182	1468	22504
总　数	795	3772	118335

资料来源：Sami Khalil Mar'i, *Arab Education in Israel*, New York: Syracuse University Press, 1978, p. 14.

基督教家庭的子女一般都在基督教学校就读，但基督教学校中的学生并不都是基督徒的孩子，因为有不少穆斯林家长愿意把自己的孩子送到这些基督教学校去读书，以享受更好的学习条件，而且还可以学习外语，尤其是英语——委任统治当局及其雇员所使用的官方语言。

以色列建国后，从 1948 年到 1967 年第三次中东战争结束，是以色列阿拉伯教育发展的第一阶段。这一时间段的选择是因为当时以色列阿拉伯社团刚刚经历了 1948 年的打击，人口骤减，教育情况也跟该社团其他方面一样，都处于逐渐复苏阶段，而且当时绝大部分阿拉伯人口被置于严格的军事管制之下，以色列当局对阿拉伯教育的控制非常严格，从教师选拔到

---

① Zvi Zameret, "Fifty Years of Education in the State of Israel", Ministry of Foreign Affairs, 14 July 1998, http://www.mfa.gov.il/mfa/aboutisrael/israelat50/pages/fifty% 20years% 20of% 20 education% 20in% 20the% 20state% 20of% 20israel. aspx.

② J. V. W. Shaw (Ed.), *A Survey of Palestine: Prepared in December 1945 and January 1946 for the Information of the Anglo-American Committee of Inquiry*, Beirut: Institute for Palestine Studies, 1991, pp. 12-13.

教学内容制定以及校风甚至节假日的庆祝都受到当局的直接影响。1967 年
到 1991 年（奥斯陆协议）是第二个历史阶段，这一时期可以被称为一体化
时期，即以色列官方逐渐认识到阿拉伯教育与犹太教育之间的差距，试图
采取措施缩小差距。第三个历史阶段是 1992 年至今，在巴以和谈取得重
大进展的新环境下，以色列阿拉伯教育的发展机遇和遇到的挑战都与过
去不同。

第一节　以色列建国初期（1948～1967 年）
阿拉伯教育概况

　　以色列独立战争结束后，以色列政府迅速作出两个对于重建阿拉伯教
育至关重要的决定，一个决定是在以色列阿拉伯教育将与犹太教育并行，
1949 年通过的《义务教育法》适用于所有以色列的居民，包括阿拉伯人；
另一个决定是阿拉伯教育将以阿拉伯语进行。[①] 在世界上诸多移民国家或
多民族国家中以少数民族语言进行公立教育并不是一件自然而然的事情，
比如在美国、法国等国家，国家致力于孕育统一的语言、文化及身份认
同，因此采用统一的教育体系，全体国家公民都要接受这种教育，个别
社团的特别教育（比如用本民族语言进行教育）受到允许但并不受鼓励；
与以色列类似将少数民族语言教育纳入正式国立教育系统的有瑞士、比
利时等协和式民主国家，在这些国家，每个族群可以使用自己的语言接
受教育，都受到国家的支持。[②] 以色列承认阿拉伯少数民族的独特性，并
以阿拉伯语言作为国立教育语言，可以说是赋予了阿拉伯少数民族文化
自治的可能性，但以色列并没有放手给予阿拉伯人教育自治权，阿拉伯
教育的内容仍然由以色列方面决定，而其教育的目标也要符合以色列国
家的利益。

---

① 　Zvi Zameret, "Fifty Years of Education in the State of Israel", Ministry of Foreign Affairs, 14 July 1998,
　　http：//www. mfa. gov. il/mfa/aboutisrael/israelat50/pages/fifty% 20years% 20of% 20education% 20in%
　　20the% 20state%20of% 20israel. aspx，最后访问日期：2017 年 7 月 16 日。
② 　见 Sammy Smooha：《民族民主的模式：以色列作为一个犹太的民主国家》，《北京大学以色
　　列研讨会文集——中西文化交流学报主题专刊》，第 79 页。

一 阿拉伯学校教学目标的缺乏和教学内容的设置

在以色列，阿拉伯基础教育跟犹太小学一样是 8 年（1968 年改为 6 年），与之前英国委任统治时期不同的是男女学生不再分校，而是一起读书。学校的课程由以色列教育部统一安排，增加了之前没有的体育、科学、艺术和音乐等课程；取消了之前阿拉伯学校常见的体罚，已婚阿拉伯妇女不能担任学校教师的规定也被取消。

在以色列阿拉伯学校教育的目标却与犹太教育有明显不同。1953 年通过的《国家教育法》（State Education Law）中规定以色列教育的目标是教授"犹太文化的价值观和科学成就、热爱祖国、对国家和犹太民族忠诚、教授农业和手工业实践知识、开荒训练、为建立一个自由、平等、包容、互助、爱人类的社会而奋斗"。[1] 显然，这一目标并不合适于以色列的阿拉伯教育。事实上，以色列的阿拉伯教育在很长时间内一直没有明确的教育目标。如以色列著名的教育家约瑟夫·S. 本特维奇（Joseph S. Bentwitch）在 1963 年指出的："阿拉伯教育面临的最难的问题大概就是定义教育的目标和内容了。涉及行政问题时，比如说校舍、课本、教师培训，都会有计划，但对于教育目标，甚至连个规划都没有。实际上，只要阿拉伯国家与以色列仍然处于战争状态，作为后果以色列的阿拉伯人口就是被区别对待的对象，很难提出教学的目标，比如说要忠于以色列国家或去建立一个自由平等的社会，因为阿拉伯年轻人都认为自己被剥夺了自由和平等权利。"[2]

在课程设置方面，阿拉伯学校和犹太学校的课程规划都是由以色列教育部设定的。自然科学和数学方面，阿犹学校基本上是一样的，但涉及语言、历史、文学、宗教等承载文化传统的课程，阿犹学校在学习内容和课时分布方面截然不同。以历史课为例，以色列阿拉伯学者萨米哈利利·马瑞（Sami Khalil Mar'i）曾总结过犹太学校和阿拉伯学校历史课教学的不同目的（见表 5 - 2）。

---

① Aharon Kleinberger, *Society, Schools and Progress in Israel*, London：Pergamon, 1969, p. 123.

② JoSepth S. Bentwitch, "Arab Education in Israel", *New Outlook* 6（6）, July-August 1963, 19 - 23.

表 5 - 2　犹太学校和阿拉伯学校历史教学的目的

犹太学校	阿拉伯学校
让学生认识到人类文化是犹太民族和其他民族共同创造的，认识到本民族在这一事业中的作用和贡献，以及其他民族的贡献，加强合作意识，共同为全世界各国间和平和善意而努力	让学生认识到人类文化是世界各族人民共同创造的，认识犹太民族和阿拉伯民族及其他民族在这一事业中所起到的作用，加强合作意识，共同为全世界各国间和平和善意而努力
培养学生的民族觉悟，加强共同的犹太身份认同，热爱犹太民族，不管其生活在以色列还是在国外，加强犹太民族一体精神	缺失
加强学生对以色列国家对于犹太民族续存的重要性，培养学生投身以色列国的巩固和发展事业并随时随刻为祖国服务的愿望	让学生认识到以色列国家在历史上对于犹太民族的重要性，让学生认识到犹太人和阿拉伯人这两个民族在过去和现在的共同命运，以培养学生对国家的使命感，及随时随刻为祖国服务的愿望
培养学生以犹太民族和世界杰出人物为榜样	培养学生以世界杰出人物的言行为榜样，尤其是犹太人和阿拉伯人中的伟大人物
培养学生在面对社会问题时谨慎、独立进行思考并解决问题的能力	一样

资料来源：Sami Khalil Mar'i, *Arab Education in Israel*, pp. 71 - 72.

从表 5 - 2 对比可以看出，犹太学校的历史教学强调的是犹太民族觉悟和身份认同，而阿拉伯学校的历史教育则旨在模糊阿拉伯民族觉悟和身份认同。在阿拉伯学校中，历史课程分为三部分：世界史、犹太史和阿拉伯史。在阿拉伯中学一共 216 学时的历史课中，阿拉伯史仅占 10 课时，犹太史 70 课时，其他是世界史；在高中，阿拉伯历史则课时稍多于犹太史课时，但其中绝大部分课时讲授的是中世纪的阿拉伯历史，而近现代阿拉伯历史，尤其是有关阿拉伯民族主义觉醒阶段的历史则被忽略，甚至在中世纪阿拉伯历史的教学中也是生活在阿拉伯地区的犹太社团或个人的生平和文化方面的贡献被突出强调。[1] 任何与阿拉伯及巴勒斯坦民族主义运动有关的事件和人物在阿拉伯学校的历史教学中都被刻意回避，如 1956 年海法东

[1] Mahmood Me'ari, *A Comparative Survey of School Curricula in the Arab Sector in Israel* [希伯来语], A Supplementary Report to the Final Report of the Committee for the Planning of Arab Education for the 1980s, Jerusalem, 1975, p. 34.

正教中学校长艾力亚斯·达拉拉（Elias Dalal）在写给以色列教育和文化部长的信中所抱怨的那样：阿拉伯历史的学习时间太少，而且有关阿拉伯反抗奥斯曼土耳其统治的整章内容都被从课本中抹掉了。[1]

　　阿拉伯语语言和文学课程虽然是阿拉伯中学的必修课程，但作为母语的阿拉伯语语言和文学课课时却少于作为"外语"的希伯来语语言和文学课。在阿拉伯学校中，希伯来语语言和文学是必修课，其教学目标是让阿拉伯学生了解"希伯来文化及其价值观"，其重要程度甚至超过阿拉伯学生对其母语语言和文学的学习。在20世纪60年代的课程设置中，阿拉伯语语言和文学总课时为824个（其中语言404个，文学420个），而希伯来语语言和文学课共计512学时（其中语言课172学时，文学课340学时）；[2]但在1973年教学改革后，阿拉伯学校9～12年级的学生学习阿拉伯语语言及文学的总课时为732学时（其中语言与文学课时平分秋色），同一时期希伯来语语言和文学课时则涨到768学时（其中语言课占30%，希伯来文学课占70%）。也就是说在阿拉伯学校，学生学习阿拉伯文学的时间要远少于他们学习希伯来文学的时间，而且在希伯来文学学习中还包括了对犹太宗教文献的学习，如希伯来圣经、密西拿（MISHNA）等；而对伊斯兰宗教文献，则仅仅作为"阿拉伯文学史"的一个部分进行简要介绍。[3]

　　阿拉伯文学课，不仅从课时上要少于希伯来文学，而且在选取教学素材方面也掣肘颇多。著名诗人、作家法乌兹·艾勒阿斯玛尔（Fouzi El-Asmar，1937～2013）曾这样描述阿拉伯文学教育："在文学教学素材的选择上格外小心翼翼，避免燃起民族主义热情。而且巴勒斯坦作者被集体忽视，好像不存在一样。每天我们都体会着所学的希伯来文学作品和阿以冲突之间的紧密联系，而犹太作品广为传播，唤起读者的共鸣，我们所学习的阿拉伯作品则全然与民族主义情感无关，都是对大自然的描述或抒情。诸如《亚历山大港的夜晚》《诗人的房间》《秋》《春》《蝴蝶》《1908年袭击意大利小镇墨西拿的那场地震》……我不是说这些诗歌不好，但由于爱国主

①　Ian Lustick, *Arabs in the Jewish State*: *Israel's Control of a National Minority*, Austin and London: University of Texas Press, 1980, p. 135.

②　Sami Khalil Mar'i, *Arab Education in Israel*, p. 84.

③　Majid al-Haj, *Education*, *Empowerment*, *and Control*, pp. 135 & 139.

义、民族主义的诗篇完全缺席，让我们确实感觉被剥夺了权利，尤其是在犹太文学中这些因素比比皆是。巴勒斯坦作者整体被排除在外更让我们觉得受伤，除了要压制我们的民族情感之外，无法解释（以色列当局）这种做法。"[1] 阿拉伯学校所学习的希伯来文学作品中充斥着大量强调犹太复国主义及其理念、犹太国家存在的必要性、犹太民族对于巴勒斯坦土地拥有的历史权利及精神联系等内容。

二 以色列建国初期阿拉伯教育成果和存在问题

从以色列建国到 20 世纪 70 年代之前，阿拉伯学校教育得到一定发展，学校数量和阿拉伯学龄儿童入学率都有大幅提高。1949 年底以色列有 69 所阿拉伯学校，共计 250 名阿拉伯教师，以色列教育和文化部担心有些阿拉伯教师对以色列持敌对态度，因此为其中一些学校雇佣了新的教师和校长，包括犹太教师和校长。1958 年已有 150 所阿拉伯学校，其中 15 所中学；到 1968 年有 250 所，其中 30 所中学；1978 年有 370 所阿拉伯学校，其中 60 所中学；[2] 1990 年有 502 所阿拉伯学校，其中 74 所初中，90 所高中。[3] 与委任统治时期仅为 30% 的阿拉伯学龄儿童入学率相比，以色列建国后阿拉伯学龄儿童上学比例有了显著提高，但仍落后于犹太儿童。1973 年时阿拉伯儿童入学率为 82%（其中男孩 85%，女孩 78%），高于同期阿拉伯世界学龄儿童平均 65% 的入学率，但同期以色列犹太儿童的入学率则达到 99%。[4] 阿拉伯人口中女生入学率更低，这与阿拉伯社会传统有关。在英国委任统治时期，女生入学率最高时仅为 23%，[5] 而在以色列这一比例有明显提高。

早期阿拉伯教育中存在的问题有以下几个。

---

① Fouzi el-Asmar, *To Be an Arab in Israel*, London: Frances Pinter, 1975, pp. 48 – 50.

② Zvi Zameret, "Fifty Years of Education in the State of Israel", *Ministry of Foreign Affairs*, 14 July 1998, http://www.mfa.gov.il/mfa/aboutisrael/israelat50/pages/fifty%20years%20of%20education%20in%20the%20state%20of%20israel.aspx.

③ Majid al-Haj, *Education, Empowerment, and Control*, p. 79.

④ 数据引自 Sami Khalil Mar'i, *Arab Education in Israel*, p. 20。

⑤ 最高数据来自 1945 年，1946 年到 1948 年女生入学率更低因为很多学校因阿犹冲突而被关闭。引自 Sami Khalil Mar'i, *Arab Education in Israel*, p. 21。

1.《义务教育法》并未得到完全贯彻

《义务教育法》于 1949 年 9 月 12 日在国会通过，是以色列最早的法律之一。按照《义务教育法》的规定，以色列国家和地方政府共同为所有居住在以色列的孩子提供 9 年义务教育（1 年幼儿园＋8 年学校），从 5 岁到 13 岁的儿童及其他未接受过基础教育的青少年都可以受到免费教育。[①] 幼儿园和小学教师一般由教育部直接雇用，更高年级的教师则由地方政府雇用，地方政府按本地学校学生人数从教育部获得相应的资金。但对于那些尚未建立地方政府的地区（当时仅有三个阿拉伯地区有正式的地方政府），《义务教育法》中有一个补充条款：教育部长在与内务部长商议之后，可通过政府公报发布任命，任命某人或一个委员会为该地方的教育长官，并赋予其向本地区居民征收地方政府履行《义务教育法》中所规定义务所需费用的权利。[②]

《义务教育法》的这一条款本应对国内所有地区一视同仁，但在实际上并非如此。在犹太地区，国家将其所承担的那部分教师工资款直接划拨给地方政府，地方政府再添上其应该承担的份额之后一起支付给教师。但在阿拉伯地区，国家所承担的部分工资直接支付给教师，本应由地方政府承担的部分则通过向阿拉伯村民征税的形式筹集。这项税款由两部分组成，首先每个年满 18 岁的公民每年要缴纳人头税，此外那些按一定标准需要缴纳财产税的人额外再缴纳相当于人头税的"教育税"。1950 年时阿拉伯村民缴纳的人头税是每年 31 磅，这些税收用于支付教师工资的 25% 及阿拉伯学校所需的所有维护费用；之后人头税有所增加，1953 年时阿拉伯教育税收支付教师工资的 44%，1954 年为 45%。值得注意的是在犹太地区，地方政府需要承担的教师工资份额在 1953 年就已经被取消了，但在阿拉伯村庄仍然保留了这一部分。[③]

相对沉重的教育经费负担让一些阿拉伯地方根本不愿意开办学校。以色列教育部阿拉伯事务部的报告中称 1955 年时在多个阿拉伯村庄至少数十所幼儿园关闭，因为当地无法负担相关费用；还有很多地方的阿拉伯领导

---

① 《义务教育法》（1949 年），2A 及 4A 条款。

② 引自 Majid al-Haj, *Education, Empowerment, and Control*, pp. 62 – 63。

③ Majid al-Haj, *Education, Empowerment, and Control*, p. 63.

人（族长和村长等）与以色列教育部门讨价还价，试图以减少教师数量及其工作时间的方式降低税费……①由于阿拉伯地方无力支持校舍建设，很多学校不得不租借教室作为教学场所，教师们在位于不同地点的各个教室间疲于奔波，有些阿拉伯地方因为教室和设备无法满足要求，学生们不得不被分班轮流上课。②

阿拉伯人需要支付的特殊教育税，以人头税的形式无区别征收，这对贫穷的阿拉伯家庭是一项沉重的负担。因为付不起税，很多贫穷家庭的父母不送孩子上学。这不仅使得《义务教育法》在相当长的时间内无法真正得以贯彻实施，也加深了阿拉伯民众对政府的不满。经费不足、办学条件恶劣、师资水平低等因素的综合作用使得阿拉伯社团的教育远远落后于同期的犹太教育。

2. 阿拉伯教育缺乏有效管理结构

1947 年 11 月《巴勒斯坦分治决议》在联合国通过之后，犹太社团就成立了一个特殊的委员会来研究将来归于犹太国家内的阿拉伯人口的教育问题，但随后而来的战争使得留在以色列境内的阿拉伯人口锐减。到 1948 年 8 月，以建国前就在犹太社团负责教育事务的布罗姆（Y. Blom）为首的、由少数民族部（Ministry of Minorities）代表组成的委员会组建起来，专门负责管理以色列领土上阿拉伯人的教育事务，并形成由犹太官员管理阿拉伯教育相关事务的模式。③

在以色列教育和文化部中，成立了阿拉伯部门，主管阿拉伯公民的教育事务，包括行政事务、课程制定及人事聘用等，但该部门人手短缺，难以顾及所有的阿拉伯学校。在 1948/49 学年，教育部仅有一名主管和一名秘书负责全国所有的阿拉伯学校；1949/50 学年增加了三名主管，其中包括一名阿拉伯裔主管。除了这个袖珍的阿拉伯部门之外，1952 年还成立过一个阿拉伯教育委员会，由犹太和阿拉伯公众人物与教育工作者组成，专门就阿拉伯教育有关事宜向教育部长提建议，但并没有任何实权。

除了人手不足以外，教育部的阿拉伯部门连管理目标和管辖范围也非

---

① 以色列国家档案馆（State Archives），file no. 1351/1616/GL。

② Sami Khalil Mar'i, *Arab Education in Israel*, p. 18.

③ Majid al-Haj, *Education*, *Empowerment*, *and Control*, p. 61.

常模糊，直到以色列建国十年后（1958年）才正式出台了阿拉伯教育部门的工作目标：

    a. 向5~14岁的少数民族孩子提供初级教育；

    b. 为初级和中级学校设置课程和准备教学课本；

    c. 对不同科目的教学进行监管；

    d. 对小学教师进行培训；

    e. 组织升学考试并向中级教育提供薪金；

    f. 考察阿拉伯人居住区的文化活动组织；

    g. 与地方政府就教育事务进行持续联系。[①]

3. 师资力量薄弱、教育水平低

以色列建国初期，阿拉伯学校师资匮乏，尤其是女教师。1956年时为解燃眉之急，教育部特别推出一项培养阿拉伯女教师的培训项目，招收了40名仅接受过基础教育的阿拉伯妇女，在培训两年后分到各阿拉伯学校任教。

阿拉伯师资不仅数量有限，质量也颇为堪忧。据1953年的统计，共计780名阿拉伯教师中，仅有9%的教师合格，有38%的教师甚至没有初中毕业证。而同期的犹太教师共计13000人，其中受过10年以上教育的比例为73%。[②] 以色列教育部意识到缺乏合格师资会严重影响阿拉伯教学质量，也力图改善。1953年教育部在雅法（Jaffa）开办了阿拉伯师范学院（Arab Seminary for Teachers），每年可培养40~45名教师。针对教师培训，教育部在1950年就开设了阿拉伯教师强化培训课程，但这种为期3~6个月的培训课程却让阿拉伯学校进退两难，因为招募不到其他人代替这些受训者，所以受训者的工作不得不由其他同事义务承担，而这对于本已满负荷或超负荷工作的阿拉伯学校教师无异于雪上加霜。因此阿拉伯学校教师能够参加教学培训的比例并不高。

---

① Government of Israel, *Government Year Book 1959/60*［希伯来语］, Jerusalem：HaMadpis HaMesmshalti, 1960, p. 215.

② Majid al-Haj, *Education, Empowerment, and Control*, pp. 83, 153 – 154.

表 5 - 3　以色列建国初到 20 世纪 90 年代初期参加教师培训及在
师范学校进修的阿犹教师比例

年份	阿拉伯受训者		犹太受训者		总数	
	数量	占比（%）	数量	占比（%）	数量	占比（%）
1949			713	100	713	100
1957	42	1.6	2600	98.4	2642	100
1965	118	2.3	5048	97.7	5166	100
1974	587	6.4	8656	93.6	9243	100
1991	664	4.5	14206	95.5	14870	100

从表 5 - 3 可以看出阿拉伯教师培训跟不上，使得阿拉伯学校的教师配置比例（即教师和学生数量比）失调，教学水平也难以跟犹太学校相比。

4. 以色列国家机器（如军事管制当局、国内安全总局沙巴克等）对教育的干涉

由于大部分阿拉伯地区到 1967 年之前一直处于军事管制之下，军管当局对阿拉伯人口实行全方位的管控，在教育方面更是谨慎。无论是对阿拉伯教师的选拔和聘用，还是对学校领导的任命甚至地区教育委员会成员的任免等都受到国家机器的干预。对政府不满或拒绝与军管当局合作的人都上了"黑名单"，而黑名单上的人是不能从事教育工作的。[①]

阿拉伯学校的教师，不论是由国家出资聘用还是由地方政府出资，其任免都受到管控。以色列教育部总司长（Director General）有权要求学校解聘某教师，如果该教师有涉及煽动、不忠诚或不道德等犯罪行为。[②] 学校教师及校长的"政治表现"会直接影响其职业前途。如以色列著名阿裔演员穆罕默德·巴克瑞（Muhammad Bakri）回忆自己小学时最喜欢的是以色列独立日（国庆节），不用上课还有很多好吃的，而且他第一次在音乐伴奏之下登台表演，就是背诵了一篇由副校长写就的为以色列歌功颂德并赞扬其对阿拉伯少数民族实施仁政的演讲。而据他回忆，当时校长没有出席庆典，

[①]　Ian Lustick, *Arabs in the Jewish State*, p. 193.

[②]　Majid al-Haj, *Education, Empowerment, and Control*, p. 163.

很快就遭到撤职，而写演讲稿的副校长取而代之成为校长。[1]

除直接干涉之外，军管当局还利用其所掌管的"旅行许可"来对非本地教师进行"筛选"。比如1957年10月拿撒勒一位中学教师伊利亚斯·穆阿玛尔（Ilias Muamar）就因为军管当局吊销其旅行许可而不得不从学校辞职。伊利亚斯是当时非常难得的毕业于耶路撒冷希伯来大学的教师，而且被公认是一位非常优秀的阿拉伯教师，其被迫辞职引起学生及家长的抗议。有消息称伊利亚斯的旅行许可被吊销是因为他参加了反对克法尔卡森姆屠杀事件的抗议活动。不仅是教师，阿拉伯中学生也常因为参加政治活动而被开除。如1955年拿撒勒的5名中学生因参与"威胁国家安全"的活动而被学校除名，之后在拿撒勒市政府的干预下他们才得以重返校园，据阿拉伯方面消息则称他们实际上是因为与班里其他被以色列秘密警察招募的学生发生冲突而被除名的；1957年克法尔雅瑟夫（Kfar Yassif）的中学也有3名学生被开除，因为他们参加了克法尔卡森姆屠杀事件一周年的纪念游行，学校当局表示校方只是在执行教育部的指示而已。[2]

从另一个角度来看，由于要"政治上过关"才能在学校任职，本应得到尊重的教师在阿拉伯社团的地位反而下降。家长和公众都认为教师是为当局服务的。因此教师们被置于一个两难境地："真要疯了……当我教育学生要忠于国家的时候，我被认为是背叛者；当我强调学生的民族性并试图培养其民族自豪感的时候，我又被称为背叛者。"[3]

5. 当局对犹太复国主义及以色列国家的"兜售"用力过猛

尽管阿拉伯学校及教师必须回避任何有可能唤醒或加强学生阿拉伯及巴勒斯坦民族主义情绪的活动或教学内容，但这并不意味着阿拉伯学校的"去政治化"，相反，阿拉伯学校"政治教育"这方面的职能比犹太学校更甚。一个突出的例子就是每年对以色列国庆日的庆祝。每年以色列国庆，在以色列的阿拉伯学校，阿拉伯师生都要举行盛大的庆祝仪式。"每年阿拉伯学校提前一个多月的时间就开始准备庆典，教室和操场被装点一新，学

---

[1]　Ilan Pappe, *The Forgotten Palestinians: A History of the Palestinians in Isreal*, New Heren and Ladon: Yale University Press, 2011, p. 61.

[2]　Majid al-Haj, *Education, Empowerment, and Control*, pp. 167 – 168.

[3]　Sami Khalil Mar'i, *Arab Education in Israel*, pp. 37 – 38.

生们排演节目宣扬犹太民族独立的重要性和以色列建国后阿拉伯人取得的成就及对国家的忠诚。"①

国庆日庆典一般会包括升旗仪式、校长讲话、学生以阿拉伯语和希伯来语双语发言、独立日歌曲、做游戏等。阿拉伯教育工作者在类似仪式上常常感到屈辱，不仅是因为这种"庆祝"是被迫的，更是因为这一纪念日"是以色列独立的日子，也是阿拉伯民族惨败的日子，无数人从此流离失所丧失了自由。这是犹太民族的独立日，却不是我们的。当我们的土地大量被剥夺，我们却要赞扬进步和成就，我们口里说着独立带来尊严，却经历着羞辱"。②

阿拉伯学校对国庆日的夸张庆祝，直到20世纪70年代才有所改变。关于70年代以后以色列阿拉伯教育中发生的变化我们将在下一节详细讨论。除国庆日庆典之外，以色列阿拉伯学校中还被要求长期悬挂着犹太复国主义之父西奥多·赫茨尔（Theodor Herzl）的画像，直到1961～1962学年，以色列教育部才通告阿拉伯学校不必须在显著位置悬挂赫茨尔画像。③

当局对犹太复国主义及以色列国家用力过猛的"兜售"，适得其反地引起阿拉伯师生的反感，并引发愤怒和沮丧情绪。

第二节 1967年以后的阿拉伯教育：一体化和缩小差距的尝试

在以色列建国的前20年，来自世界各地的、迥然不同的流散地犹太文化汇聚在以色列，经历了"文化大熔炉"般的一体化时期。大多数在建国后才来到以色列的东方犹太人，在社会、教育和经济上都与占主导地位的阿什肯纳齐（西方）犹太人有一定差距，这种差距逐渐成为以色列公众讨论的焦点。为缩小东西方犹太人之间的差距，首先要从教育方面入手，消除差距。为打破优劣学生和学校之间的藩篱，以色列国会通过学制改革，取消之前的综合性学校，建立并普及中学教育。学制改革的起因和对象可

① Majid al-Haj, *Education, Empowerment, and Control*, pp. 179–180.
② Majid al-Haj, *Education, Empowerment, and Control*, p. 180.
③ Devorah Kalekin-Fishman, *Ideology, Policy, and Practice: Education for Immigrants and Minorities in Israel Today*, New York: Kluwer Academic Publishers, 2004, p. 186.

以说与阿拉伯少数民族并没有直接关系，但作为与犹太教育体系并行的阿拉伯教育体系，也被一起改革。

一　学制改革使得义务教育覆盖范围加大

1968 年以色列实行学制改革，由初级教育 8 年加中级教育 4 年改为小学 6 年、初中 3 年、高中 3 年。[①] 1978 年《义务教育法》修正案规定义务教育年限为 11 年，从幼儿园开始到高一都被纳入义务教育范围；2011 年该法再次被修改，义务教育延伸到高二和高三，覆盖所有大学前教育。[②]

1. 阿拉伯教育融入普通教育体系的过程

取消差别对待、跟犹太公民一样接受公共机构的直接服务而不是到特别的阿拉伯部门接受对待，是 20 世纪 70 年代阿拉伯公民争取与犹太公民平权的一项重要内容。1970 年伊格尔·阿龙（Yigal Alon）就任教育部长后，为推进阿拉伯教育与普通教育的一体化，分解了专门的阿拉伯教育部门。从此以色列教育部下辖的六个大区，之前只处理犹太教育事务，现在同时要处理自己辖区内的阿拉伯学校教育事务。而有关整体阿拉伯教育的事务，如课程设定、课本选定等则由教育部的专业部门来处理。阿龙部长的本意是要促进阿拉伯教育与普通教育的融合，缩小阿拉伯学校与犹太学校之间的差距，但在当时的环境下却显得超前了，并造成负责阿拉伯教育事务的各部门之间责权不清楚。六大区直到 10 年后才取消了特别的阿拉伯教育部门，而教育部的阿拉伯教育部门在其最后一任主管伊曼努埃勒·库皮列维奇（Emanuel Kupilievitch）于 1987 年退休后被取消。但这也不意味着阿拉伯教育彻底融入了普通教育体系，而是进一步降级为教育部教学秘书处下辖的一个单位。该单位负责处理与阿拉伯文化、传统和宗教有关的独特教学内容，而其他课程设置、教学指导、教师培训、规则制定及行政管理方面的事务，则基于平等原则统一由教学秘书处下设的各单位处理。[③]

---

① Government of Israel, *Government Year Book 1969/70* ［希伯来语］, Jerusalem: HaMadpis Ha-Mesmshalti, 1970, pp. 35 – 36.

② Israeli Ministry of Education and Culture, "Educational Legislation and the Structure of the Education System", pp. 24 – 25, http://cms. education. gov. il/NR/rdonlyres/80371F5E – 6AFC – 445A – 81A5 – 2DB9EAFC6184/130303/sectionA. pdf. 最后访问日期：2017 年 7 月 16 日。

③ Majid al-Haj, *Education, Empowerment, and Control*, pp. 66 – 67.

1987 年以色列教育部首次任命一位阿拉伯人阿里·海达尔（Ali Hei-dar）担任教学秘书处下辖阿拉伯教育单位的负责人，之前在教育部负责阿拉伯教育事务的都是犹太的阿拉伯专家（Arabist），但其主要职责也只是课程制定和课本选用，甚至在这些方面其职权也是有限的，要受制于教学秘书、课程设置部、教育部总司长，当然上面还有教育部长及地区教育专员。1992 年 6 月，萨拉曼·法拉（Salman Falah）被任命为以色列教育部第一个阿拉伯副司长，教学秘书处也首次有了一名阿拉伯成员。①

2. 阿拉伯教育目标逐渐明确

以色列自建国后一直没有明确国内阿拉伯教育的目标，直到 1972 年，以教育部副部长阿哈龙·亚德林（Aharon Yadlin）为首的教育部特别委员会对以色列的阿拉伯教育目标首次进行了明确。在亚德林报告中称以色列的阿拉伯教育的目标为：

　　a. 讲授和平的价值观；

　　b. 忠于国家，重点强调公民的共同利益和以色列阿拉伯人的独特性；

　　c. 促进以色列阿拉伯人在经济方面和社会方面能更容易被吸纳；

　　d. 教育妇女自立并提高妇女地位。

在之后的详细说明中，亚德林报告补充称：教育体系应该教学生认同以色列社会广为接受的价值观（即民主和社会伦理）和人际关系（即个人与朋友的关系、个体家庭内部关系、个体与社会的关系）。② 亚德林报告第一次明确提出阿拉伯教育的独特性，这一点还是值得肯定的，但其所设定的教育目标中完全没有涉及民族身份教育，而是提出要通过政府管控的教育体系来引导阿拉伯学生认同犹太主体社会所接受的社会伦理、家庭观念和价值观。亚德林报告因"企图创造与其真实的民族和文化根源相割裂的以色列阿拉伯人"而受到阿拉伯社团的批评。③

---

① Majid al-Haj, *Education, Empowerment, and Control*, p. 71.

② Sami Khalil Mar'i, *Arab Education in Israel*, p. 52.

③ Sami Khalil Mar'i, *Arab Education in Israel*, p. 53.

1973 年以色列教育部总司长委任马蒂·裴雷德（Matty Peled）为首、由 7 名阿拉伯人和 7 名犹太人组成的委员会，为阿拉伯少数民族教育制定旨在减小差距的民族和文化教育基本框架，并为 80 年代阿拉伯教育提出建议和计划。该委员会称亚德林报告中提出的教育目标不符合以色列阿拉伯公民因以色列的政治现实而面临的矛盾处境——他们有阿拉伯民族身份认同，同时又希望能和平地生活在以色列国；对忠诚的呼吁不可能成为学校教育的基础；而对某些社会问题（如妇女的教育）的强调也不能代替对阿拉伯人生活在以色列这个犹太国家所需要面对的基本问题的讨论。[①] 1975 年该委员会提议以色列教育部采取的阿拉伯教育的目标为：以色列的阿拉伯教育应基于阿拉伯文化、科学成就、以色列国与其邻居和平的期望、对全体公民共同拥有的国家的热爱、对以色列国的忠诚，通过强调公民共同利益和以色列阿拉伯人的独特性，了解犹太文化，尊重创造性工作，追求建立自由、平等、互助和爱人类的社会。[②]

裴雷德委员会比之前的亚德林委员会要"民主"一些，有人数相同的阿拉伯与犹太专家参加，另外裴雷德委员会首次提出阿拉伯文化精华应作为阿拉伯教育的基础，此前官方一直避免承认这一点。而委员会强调的以色列公民教育，不仅可以让阿拉伯人更加了解以色列犹太主体社会，也有助于把以色列阿拉伯人与被占领土上的巴勒斯坦人区分开来。

二 以色列阿拉伯教育的分裂：德鲁兹人和切尔克斯人教育的独立

如前文指出，以色列境内的阿拉伯社团不是一个整体，其按照信仰、生活方式、居住地被区分为不同团体。为了配合"分而治之"的政策，针对阿拉伯教育，从以色列建国伊始就有呼声要"分而教之"。以色列宗教部穆斯林部门的主管希尔施伯格博士（Dr. Hirschberg）曾在写给教育部长的文件中称："我们应该重新考虑阿拉伯少数民族的定义，我们应该把他们看

[①] Israeli Ministry of Education and Culture, *Report of the Committee on Arab Education for the Eighties*, Jerusalem, 1975, p. 13.

[②] Israeli Ministry of Education and Culture, *Report of the Committee on Arab Education for the Eighties*, p. 14.

作具有不同宗教信仰和民族属性的以色列公民，比如穆斯林、基督徒，及其内部不同派别，如德鲁兹人、切尔克斯人、希腊人、亚美尼亚人，而不统称为阿拉伯人。用阿拉伯语教学也不应该是一件自然而然的事情……我们没有一个阿拉伯问题，而是有分属于不同种族和民族的多个族群的问题，需要我们一个个去单独解决，要强调和发展不同族群之间的矛盾，并尽可能地缩小其阿拉伯特性。只有这样他们才能忘记他们是阿拉伯人，而是不同类型的以色列人。"①

由于条件所限，这一呼吁在以色列建国初期并没有被实际执行。但从20世纪70年代开始，德鲁兹学校终于被从阿拉伯学校中分离出去。早在1956年，由于德鲁兹社团领导请缨将义务兵役制适用于本社团的适龄男青年，作为"回报"，以色列政府帮助德鲁兹社团实现几百年来的诉求——从穆斯林社团中"独立"，不再受穆斯林宗教法庭的管辖。以色列不遗余力地支持德鲁兹社团建设有别于穆斯林的独立"身份认同"，而教育则是完成这一建设最重要的环节。1974年9月政府着手准备德鲁兹教学计划，同年12月31日德鲁兹教育和文化委员会成立，1975年由德鲁兹人和犹太人共同组成的团队开始具体设置教学计划和科目；1976年德鲁兹教育和文化委员会决定从1977～1978年度开始试讲新的课程，主要内容是德鲁兹传统、德鲁兹历史和德鲁兹文化。② 1977年以色列教育部正式将德鲁兹人和切尔克斯人的教育从"阿拉伯教育部门"独立出去，成立了"德鲁兹和切尔克斯教育和文化事务处"。这标志着从教育方面德鲁兹人和其他阿拉伯人彻底分离。

"德鲁兹和切尔克斯教育和文化事务处"负责有关德鲁兹人和切尔克斯人学校教育的行政和教学事务。在其管理下，新的学校建立起来，现有的学校也得到扩建和装修；旨在保护和弘扬德鲁兹文化遗产的新课程被设立、新课本被编写，师资力量也有所加强，持证上岗的教师人数也增加了。

1992年德鲁兹和切尔克斯学校被纳入六大区中的"海法及北部区"，"德鲁兹和切尔克斯教育和文化事务处"也从此归属于海法教育局。1992年随着政府颁布了两项旨在消除德鲁兹村庄和犹太城镇资源配给方面的差

---

① Khalid Arar, "Israeli Education Policy since 1948 and the State of Arab Education in Israel", *Italian Journal of Sociology of Education*, 2012 (1), p. 125.

② Kais Firro, *The Druzes in the Jewish State: A Brief History*, Leiden: Brill Press, 1999, p. 231.

别的决定，以色列教育部出台了五年计划专项支持德鲁兹教育的发展，使其跟上整体教育体系的发展水平。专项计划的扶持有一定成效，德鲁兹学生高考成功率有所提高，但跟其他族群相比仍然落后。

三　争取教育平等成为阿拉伯社团的重中之重

20 世纪 70 年代末到 80 年代，以色列阿拉伯社团的领导层发生了变更。一批受过教育的阿拉伯年轻人，取代了之前的传统领袖（族长等）成为阿拉伯社团的领导。这些年轻人不仅有文化而且了解以色列的政治与社会，能够合理合法地为自己的村庄和社团争取权益。70 年代阿拉伯地方政府首脑全国委员会（National Committee of Heads of Arab Local Council）成立之后，最重要的活动之一就是关注阿拉伯教育。1980 年 5 月第一届阿拉伯教育大会在拿撒勒召开，大会的中心议题是解决阿拉伯学校校舍紧缺问题和课程制定。在大会精神影响下，一系列要求政府采取改善阿拉伯教育条件的抗议活动展开了，包括 1980 年 5 月 20 日阿拉伯地方政府的罢工、5 月 27 日阿拉伯学校的总罢课，以及 6 月 3 日在以色列国会前举行的游行等。在压力之下，以色列教育部成立了一个特别的委员会，包括教育部官员、阿拉伯地方政府的代表和以色列地方政府联合会的代表。该委员会提出报告称要在十年之内解决阿拉伯学校校舍问题、给校舍特别紧缺的地方政府特别投资以及扩大阿拉伯职业教育。①

阿拉伯教育跟进委员会（Follow Up Committee on Arab Education）于 1984 年成立，属于阿拉伯最高跟进委员会的分支机构。阿拉伯最高跟进委员会是一个议会外总括性组织，代表全体阿拉伯公民普遍关注的事务，并做出有社团约束力的决定。尽管它享有事实上以色列国家的承认，但缺乏在官方或法律上的确认，阿拉伯地方政府首脑全国委员会是最高跟进委员会的主体组成部分。自成立之日起，教育跟进委员会就致力于敦促以色列政府消除阿拉伯教育与犹太教育之间的差距。

阿拉伯教育体系在此期间有所完善，除了正常学校教育之外，针对特殊儿童的教育于 1974 年首次得到以色列教育部的确认。25 个特殊儿童班在

---

① Majid al-Haj, *Education*, *Empowerment*, *and Control*, pp. 105 – 106.

全国的阿拉伯学校中成立，身体或精神有残疾的孩子可以接受特殊教育。教育部阿拉伯部门专门指定了一名主管负责此事。到 1990 年，以色列全国已有 25 所阿拉伯学校专门从事特殊教育。

第三节　20 世纪 90 年代以后的阿拉伯教育：自治还是受制？

一　阿拉伯教育自治的可能性

此前提到过，解决阿拉伯问题从来不是以色列这个国家变革的首要动力，但阿拉伯教育在 90 年代等来了机会。全球化市场经济的规则迫使以色列精简其政府机构和包括教育预算在内的支出，但为保持以色列在高科技方面的优势地位，国家又不得不投入巨大资源。在这种矛盾中，与七八十年代以色列致力进行的学校体系一体化不同，90 年代见证了私立教育机构的蓬勃发展，包括所谓的"进步的""开放的"学校（即学生有更大自主权可以决定课程设置和水平）。有钱的家长资助类似学校的建立，家教产业也得到发展。这些举措使得一小部分人得到进步，但大多数却滞留在后。在 20 世纪 90 年代以色列教育体系"陷入严重危机"——学生之间存在巨大的差距，表现在学习成绩、辍学率和大学入学考试成功率等方面。这一危机会威胁到以色列社会和经济未来，为就以色列教育体系中存在的问题提出解决方案，时任教育部长利莫尔·利夫纳特（Limor Livnat）委任 18 位专家组成德福拉特（Dovrat）委员会。2004 年德福拉特委员会公布报告称以色列学校教育成就在国际排名中不尽如人意，但学生之间存在的巨大差距却名列世界前茅。这些差距基于社会经济背景、民族背景、来源（东方还是西方犹太人）、抵达以色列的时间（新移民和原住民）以及居住地（富有城镇和贫穷乡镇）等。为改善这些问题，德福拉特报告建议应该向国民提供均等的教育机会。

针对以色列阿拉伯人，德福拉特报告称因其"独特语言和民族性，以及截然不同的生活方式"，建议在以色列教育体系之内形成一个"法律承认的、单独的教育支系"的存在。[①] 报告称尽管（巴以）存在冲突，但阿拉伯教育应该既注重独立的阿拉伯文化遗产也要对以色列国家完全忠诚。[②] 报告认为阿拉伯公共教育的目的应该与以色列国家教育目标保持一致，但需要补充：发展并形成个体及整体的阿拉伯身份认同，塑造阿拉伯公民完全融入以色列社会及融入作为犹太和民主国家的以色列的精神，了解阿拉伯文化、阿拉伯语言及巴勒斯坦民族的历史。[③] 报告还建议以色列教育部任命阿拉伯代表和顾问，甚至建立常设的顾问委员会为教育部的日常运作提供咨询。[④]

对于德福拉特委员会提出的建议，阿拉伯教育跟进委员会表示欢迎其对阿犹教育之间差距的承认和缩小差距的愿望，但认为其并未提出明确的计划如何减少阿拉伯教育与犹太教育之间存在的投入和成就的差距，也没有明确长期以来阿拉伯教育在教育投入和内容远离民族情绪方面受到的歧视。阿拉伯教育跟进委员会认为德福拉特委员会提出的只是形式化的建议，并不能改变以色列国家对阿拉伯少数民族以"控制"为基调的政策。阿拉伯教育跟进委员会提出阿犹冲突仍然决定着以色列对阿拉伯人的教育政策，即以色列阿拉伯人被认为属于敌对民族，不得不持续证明其对国家的忠诚度。[⑤] 同时由于德福拉特报告否定阿拉伯教育应该进行自治管理，[⑥] 而阿拉伯教育跟进委员会则认为教育在建设以色列阿拉伯人独特的民族文化身份方面具有重要作用，因此对阿拉伯教育自治的呼声越来越高涨，他们认为阿拉伯人应该参与到改善阿拉伯教育的进程中去并对自

---

① Khalid Arar, "Israeli Education Policy since 1948 and the State of Arab Education in Israel", p. 134.

② The National Task Force for the Advancement of Education in Israel, *Dovrat Report*, Jan. 2005, p. 28, https://www.knesset.gov.il/docs/eng/dovrat_report_eng.doc, 最后访问日期：2017年7月16日。

③ Khalid Arar, "Israeli Education Policy since 1948 and the State of Arab Education in Israel", p. 135.

④ Yossi Dahan & Yossi Yona, "The Dovrat Report, Equality of Opportunity and Israeli Reality" [希伯来语], *Theory and Critique*, 2006, 23, pp. 11 – 38

⑤ Khalid Arar, "Israeli Education Policy since 1948 and the State of Arab Education in Israel", p. 136.

⑥ Khalid Arar, "Israeli Education Policy since 1948 and the State of Arab Education in Israel", p. 134.

己的教育负起责任。

2004 年阿拉伯跟进委员会及其与以色列教育部成立的联合委员会提出增加阿拉伯学校校舍、加强阿拉伯语和数学学习，并建立更有效的教学机构等措施。以色列教育部部分采纳了其建议：把改善阿拉伯语言教学作为首要目标，并致力于改善阿拉伯学校的数学教学和成绩。[①] 为了从国家管控的教育之中"逃离"，阿拉伯教育跟进委员会提出一些培养阿拉伯学生文化和民族身份认同的措施，并提出成立专业的教学委员会来主管阿拉伯教育，由该教学委员会来决定教学内容并改建教育体系，形成独特的教学政策和课程设置，但该建议被教育部搁置。2010 年 7 月 12 日阿拉伯地方政府首脑会议及阿拉伯教育跟进委员会宣布成立由 30 位阿拉伯学者及教育专业人士组成的阿拉伯教学理事会，[②] 该理事会一直试图得到以色列的官方承认，但并未成功。阿拉伯教学理事会于 2011 年提出"以色列巴勒斯坦少数民族的教育和教学的目标"（The Aims of Education and Teaching of the Palestinian Minority in Israel），报告称为了实现阿拉伯教育的双重职责，即"一方面与以色列国家的歧视及其后果进行斗争，另一方面与某些思想与行动中的暴力及阿拉伯社会中存在的一些弊端进行斗争"，因而需要发展一个独立的阿拉伯巴勒斯坦教育和文化体系，实现教育的目标："加深作为民族身份认同的阿拉伯 - 巴勒斯坦身份认同，为其文化而自豪，与其阿拉伯和伊斯兰根源保持持续有效的联系。这一身份认同将基于巴勒斯坦人民的团结、巴勒斯坦记忆与叙事的加强、坚定主张巴勒斯坦人民历史和政治的权利及文化、宗教和社会多元化；灌输与以色列犹太方面进行对话的价值观以奠定在同一个国家共同生活的基础，而不是由某一方凌驾于另一方之上或处于统治地位。"[③] 以色列教育部对此提议的回应是：不可能贯彻。

---

① Khalid Arar, "Israeli Education Policy since 1948 and the State of Arab Education in Israel", p. 137.

② Dirasat Arab Center for Law and Policy, "Establishment of an Arab Pedagogic Council", 12 July 2010, http：//www. dirasat-aclp. org/index. asp? i =671，最后访问日期：2017 年 7 月 16 日。

③ Talila Nesher, "Arab Schools Watchdog Draws Up Educational Plan for 'Palestinian Minority' in Israel", *Haaretz*, 28 Oct. 2011, http：//www. haaretz. com/arab-schools-watchdog-draws-up-educational-plan-for-palestinian-minority-in-israel-1. 392362.

尽管在教育自治方面以色列国家坚决而鲜明地反对，但在缩小阿犹教育差距方面，以色列政府的投入确实有所增加。

二　以色列阿拉伯教育仍然面临的问题及政府的应对

从 20 世纪 70 年代开始以色列官方就承认阿拉伯教育远远落后于以色列整体教育情况，也采取一些措施缩小差距，包括增加对阿拉伯教育的投入等。但直到目前，阿拉伯教育与犹太教育之间的差距仍然广为人所诟病。下面我们将详细了解这些差距的具体表现。

1. 阿拉伯学校受到预算方面的歧视，师资、资金、校舍等基础设施明显缺乏

校舍一般由地方政府提供，但由于前文提到过的阿拉伯地方政府的预算问题以及高居不下的阿拉伯人口的增长率，无疑加剧了校舍缺乏问题，阿拉伯学校每年需要净增加 100 ~ 115 间新教室才能满足需求。[1] 基于这些情况，以色列政府改善校舍情况的承诺（如 1980 年教育部委员会提出的 10 年之内解决校舍问题等），并没有完全实现。据统计，在 1980 到 1989 年间，共计 1473 间被交付阿拉伯学校使用，[2] 但到 1989 年仍缺乏 1231 间教室，占总数的 20%。1980 ~ 1984 年教育部每年拨其年度建房预算（Building Budget）的 16% ~ 18% 给阿拉伯学校，基本上与阿拉伯人口在全国人口中所占比例相符，但由于校舍缺乏现象在阿拉伯学校更为突出，因此这样"公正"的投入对于阿拉伯学校而言并不够。而 1984 年以后，教育部在建房预算方面给阿拉伯社团的投入开始逐渐减少，更无法满足需要。[3]

阿拉伯教育跟进委员会称 2005 年阿拉伯教育机构缺少近 5000 间教室，其中阿拉伯学校缺 2000 间（教育部承认的缺乏为 1650 间），阿拉伯幼儿园缺 2000 间，另外 900 多间教室的缺乏是在南部未被确认的贝都因村庄。而 2005 年以色列教育部和政府计划为阿拉伯学校修建 180 间教室，2000 年以来，每年约 200 间新教室被修建，但这种建设速度不仅无法补足之前的缺

---

① Majid al-Haj, Education, *Empowerment*, and *Control*, p. 107.

② Majid al-Haj, *Education*, *Empowerment*, and *Control*, p. 106, Table 5. 1, "Number of Classrooms Delivered to Arab Schools and Percentage Shortage (1978 – 1989)".

③ Majid al-Haj, *Education*, *Empowerment*, and *Control*, pp. 106 – 107.

乏，甚至还跟不上阿拉伯人口自然增长率。[1] 2012 年阿拉伯教育跟进委员会发布阿拉伯学校缺乏的教室达到 6100 间，缺乏教师 4000 名。[2]

因校舍缺乏，很多阿拉伯学校不得不租用教室，而每间教室租金为每年近 3 万谢克尔，但教育部只拨款 8600 谢克尔，也就是说阿拉伯地方政府不得不从自己的教育预算中补贴每间租用教室约 2 万谢克尔。而且在很多阿拉伯学校部分租用教室或常规教室的状况都令人担忧，2005 年据阿拉伯教育跟进委员估计，在阿拉伯学校中约有 2000 间因安全或健康原因不适合进行教学活动的教室。[3]

校舍以外，在其他办学条件和设施方面阿拉伯学校与犹太学校的差距就更大了，比如实验室、工作室、运动场地和设施等方面，而且很多在犹太学校司空见惯的服务在阿拉伯学校则完全不存在，比如说心理咨询（在85.6% 的犹太学校都有，但仅有不到 10% 的阿拉伯学生享受这个服务），旷课情况调查员（在 1988 年阿拉伯学校一共只有 10 名旷课情况调查员，而 74.4% 的犹太学校学生享有这个服务），社会工作和牙科及护理服务等（在绝大多数的犹太学校都有，但绝大多数阿拉伯学校则没有），丰富多彩的文化、社会和课外教育活动（犹太学校学生享有所有这些服务，但阿拉伯学校学生则只进行课程设置内的活动），夏令营等活动（犹太学校学生享受附加教育活动，而阿拉伯学校的活动都在学期内进行），等等。[4]

阿拉伯教育受到的歧视也表现在特殊教育方面。2009 年希伯来大学教育学院的索瑞勒·卡汉（Sorel Cahan）教授的调查显示，以色列教育部对来自社会经济底层的中学生的特别资助（共计 1.5 亿谢克尔），但阿拉伯中学生平均得到的特别预算仅为犹太学生的 20%。特别资助先按照阿犹学生比例被分配给阿拉伯学校和犹太学校，但由于阿拉伯学校的学生符合特别

① The Follow-Up Committee on Arab Education, "A Snapshot of the Arab Education System in Israel", 2005, p. 1, http://www. adalah. org/uploads/oldfiles/newsletter/eng/Sept05/comi2. pdf, 最后访问日期：2017 年 7 月 16 日。

② Jack Khoury, "Arab Schools Short of Teachers, Classrooms, Committee Finds", *Haaretz*, 23 Aug. 2012, http://www. haaretz. com/israel-news/arab-schools-short-of-teachers-classrooms-committee-finds-1. 460134.

③ The Follow-up Committee on Arab Education, "A Snapshot of the Arab Education System in Israel", p. 1, http://www. adalah. org/uploads/oldfiles/newsletter/eng/Sept05/comi2. pdf.

④ Majid al-Haj, *Education*, *Empowerment*, *and Control*, pp. 108 – 110.

资助条件（来自低收入家庭、来自多子女家庭、父亲文化程度低三个条件）的数量大，但学生总数却少于犹太学生，因此每个有特殊需要的阿拉伯孩子得到的资助实际上远少于同样条件的犹太学生。卡汉教授称此举破坏了特殊资助的本意。①

在对特困家庭孩子的补贴方面也存在着不平等，根据以色列教育部2013 年的报告《教育体系中的事实和数字》，2012 年阿拉伯高中来自社会经济底层的学生人均得到 18200 谢克尔的教育部投入，比犹太高中同样社会经济背景的学生人均资金（31900 谢克尔）少 42%；来自稳定收入家庭的阿拉伯高中生人均得到 14800 谢克尔的教育部投入，比同等犹太学生得到的人均投入（20500）谢克尔少 27%。②

2. 师资水平不高，教学质量差，辍学率高

阿拉伯学校的教师以及校长，往往在同样岗位上工作很多年，收入低和缺乏进步空间让很多阿拉伯大学毕业生因为没有其他更好的选择，出于无奈才选择了这份教师工作。根据以色列教育部 2013 年报告，2007/08 学年在阿拉伯小学中拥有硕士或更高学位的教师仅为 7%，在犹太学校为 20%；在阿拉伯初中拥有硕士或更高学位的教师为 16%，犹太学校为 36%；在阿拉伯高中拥有硕士或更高学位的教师为 16%，犹太学校为 39%。在 2011/12 学年，阿拉伯小学中拥有硕士或更高学位的教师为 12%，在犹太学校为 25%；在阿拉伯初中拥有硕士或更高学位的教师为 21%，在犹太学校为 41%；在阿拉伯高中拥有硕士或更高学位的教师为 21%，在犹太学校为 43%。③ 可以看出，尽管纵向比较，阿拉伯学校教师的教育背景有所改善，但横向比较与犹太学校的教师仍有较大差距。师资水平低、教学质量差导致以色列阿拉伯学生的成就比犹太学生要低很多，其中一个重要体现就是能够在高中毕业考试及大学入学考试中成功的阿拉伯学生比例远低于犹太学生，这一问题将在下一章中详细介绍。

① Or Kashti, "Israel Aids its Needy Jewish Students more Than Arab Counterparts", *Haaretz*, 12 Aug. 2009, http://www.haaretz.com/israel-aids-its-needy-jewish-students-more-than-arab-counterparts-1.281830.

② Ministry of Education, *Facts and Figures in the Education System 2013*, 2013, p.47, http://meyda.education.gov.il/files/minhalcalcala/facts.pdf.

③ Ministry of Education, *Facts and Figures in the Education System 2013*, p.65.

阿拉伯学生辍学率高于犹太学生，在 1989/90 学年，14~17 岁的阿拉伯学生上学率仅为 62.2%，同期犹太学生上学率为 90.5%；2010/11 年度，14~17 岁的阿拉伯学生上学率有了大幅提高，达到 89.9%，但仍低于同期犹太学生的上学率 96.7%。[①] 阿拉伯高中学生辍学率比较高，达到 12%，是犹太学生的两倍（6%）。阿拉伯人中辍学率最高的是贝都因人，在 1996 年仅有 20% 的贝都因学生完成 12 年学校教育。[②]

3. 以色列政府加大对阿拉伯教育的投入

以色列当局不得不重视改善阿拉伯教育情况，缩小其与犹太教育之间的差距，不仅是为了改善以色列教育在国际上尤其是在经合组织中的不公平印象，也是出于维护以色列社会稳定和安全的需要。

根据 1993 年以色列和巴勒斯坦达成的奥斯陆协议，1994 年巴勒斯坦民族权力机构在部分被占领土实现自治。巴勒斯坦民族诉求得以部分实现，这对以色列境内阿拉伯公民的状况及以色列政府对阿拉伯政策有一定影响。巴勒斯坦问题一旦能得到解决，阻碍阿拉伯人成为完全平等的国家公民的最大障碍就会消除，因此和平的临近让很多人燃起希望，认为以色列阿拉伯人受歧视、被区别对待的状况可以被终结。但在 20 世纪 90 年代中后期和平进程受阻，以色列同时作为一个犹太国家和一个民主国家这两个国家基本性质之间的矛盾也无法解决，以色列阿拉伯人及部分犹太开明人士提出的以"全体公民的国家"取代"犹太国家"这一理想，但这在大部分犹太公众中并没有得到响应。理想与现实之间的落差使得很多以色列阿拉伯人的失望和沮丧情绪累加，少数民族与国家之间的矛盾被激化，与国家机器的冲突也就在所难免了。2000 年第二次巴勒斯坦武装大起义爆发，10 月阿拉伯示威者与以色列警方发生冲突，造成 13 名以色列阿拉伯示威者身亡。以色列政府成立奥尔委员会（Or Commission）对事件进行调查。2003 年 9 月奥尔委员会报告称以色列阿拉伯公民长期以来遭受歧视，批评政府

[①] Ministry of Education, *Facts and Figures in the Education System 2013*, pp. 57 - 58。需要注意的是 2000 年之前的数据中只包括教育部下属学校的学生统计，2000 年之后数据包括了其他部委下属学校的学生，如工贸部下属职业学校等。

[②] Zvi Zameret, "Fifty Years of Education in the State of Israel", Ministry of Foreign Affairs, 14 July. 1998, http://www.mfa.gov.il/mfa/aboutisrael/israelat50/pages/fifty%20years%20of%20 education%20in%20the%20state%20of%20israel. aspx，最后访问时间：2017 年 7 月 16 日。

没有公正平等地对待阿拉伯公民，而这种因受到歧视而产生的沮丧感导致了 2000 年 10 月的危机，土地资源分配、教育发展落后（包括基础设施和师资方面）等都是阿拉伯受歧视感的主要来源，教育方面的表现如阿拉伯教育预算少于犹太教育、缺乏校舍（1500 间）、阿拉伯学生辍学率高于犹太学校 1 倍、阿拉伯学生大学升学率低下等。① 以色列政府出台了一些综合计划，用以发展阿拉伯社团，减少其在各方面与犹太社团的差距，教育方面的投入是其中重点。

根据以色列教育部官方 2013 年公布的报告，犹太国立宗教学校的学生人均收到教育部 15391 谢克尔的投入，极端正统犹太教的"圣经教育之泉"和"独立教育"学校的学生收到 14013 谢克尔的投入，在国立阿拉伯学校为 13864 谢克尔，而国立世俗犹太学校最少，为 13196 谢克尔。② 从这一数据可以看出，阿犹学校在预算投入方面基本平等了，但考虑到阿拉伯教育本身落后于犹太教育，同样的投入最好的结果是差距不被继续拉大，但并不足以填补原来就存在的差距。

2015 年 12 月 30 日以色列政府批准一项 40 亿美元的 5 年升级计划（Upgrade Plan），专门用于改善阿拉伯人口（穆斯林、基督徒、德鲁兹人、切尔克斯人）的住房和教育情况。以色列总统鲁文·里夫林（Reuven Rivlin）对这一决定大加赞扬，称这是一个勇敢而重要的决定，是缩小存在多年的差距的至关重要的一步，是一项史无前例的建立信任的措施。社会平等部长（Social Equality Minister）吉拉·佳木里埃尔（Gila Gamliel）也称这是历史性的重要举措，目的是缩小差距和促进以色列的社会平等。"以色列政府首次改变了其政府部门的资源分配体制，让以色列阿拉伯公民有机会得到他们在政府预算中应得的那部分。"③

---

① Khalid Arar, "Israeli Education Policy since 1948 and the State of Arab Education in Israel", p. 133.

② Lior Dattel, "Israel's Religious Jews Get More School Funds than Other Sectors, Ministry Confirms", *Haaretz*, 08 Dec. 2014, http://www.haaretz.com/israel-news/business/.premium-1.630529.

③ Stuart Winer, "Israel Okays $4 Billion Upgrade Plan for Arab Communities", *Times of Israel*, 30 Dec. 2015, http://www.timesofisrael.com/government-okays-nis-15b-upgrade-plan-for-arab-communities/.

三 "非正式承认": 阿拉伯私立教育在以色列所面对的危机

如本章开头所述, 在英国委任统治后期巴勒斯坦的阿拉伯教育中有大量的私立学校, 约占阿拉伯学校总数将近40%, 其中基督教学校又占了私立学校的57%。在以色列建国后, 私立学校大规模减少, 穆斯林私立学校不复存在, 这是因为以色列取消了穆斯林 Waqf 自治机构地位, 没收了教产。西方国家宗教机构支持的基督教私立学校仍然存在, 并在以色列建国初期因其独立运作、不受以色列教育当局的影响, 而成为不愿意把孩子送到以色列学校去的家长以及持"异见"的教师的"避风港"。[1]

起初以色列政府对这些私立学校态度模糊, 到 1950 年中期教育部的官员在不同场合表示: 不反对基督教学校体系的恢复, 但条件是这些学校要符合以色列教育部的要求, 不能涉及颠覆性政治活动, 而且要教育学生们忠于以色列国家。[2] 直到 1957 年私立的基督教学校都没有得到国家的承认, 实际上甚至父母将自己孩子送到这些学校去读书都应该算是违法行为, 但国家并没有就此事采取任何行动。[3] 犹太宗教社团就基督教学校事宜对教育部施加了强大压力, 因为他们担心这些学校会吸引犹太学生改信基督教。1957 年 8 月, 时任教育部副总司长建议对基督教学校采取更为明确的政策, 即财政支持这些学校以谋求将这些学校置于教育部的全面监督之下。为了"换取承认", 以色列政府部分资助天主教、东正教和新教的学校, 这也就意味着教育部可以管控课程设定、课本和教师的任命。换言之, 在以色列治下, 私立学校不再享有奥斯曼土耳其时期和英国委任统治下所享有的完全自治地位。[4]

由于国立阿拉伯学校的师资、校舍和教学条件都不理想, 因此很多父母把孩子送到私立学校读书。但是, 从表 5 - 4 数据中可以清楚看到私立学

---

[1] Sami Khalil Mar'i, *Arab Education in Israel*, p. 61.

[2] 以色列国家档案馆 (State Archives) 145/1292/GL, 转引自 Majid al-Haj, *Education, Empowerment, and Control*, pp. 94 – 95。

[3] 以色列国家档案馆 (State Archives) 145/1292/GL, 转引自 Majid al-Haj, *Education, Empowerment, and Control*, p. 96。

[4] 以色列国家档案馆 (State Archives) 145/1292/GL, 转引自 Majid al-Haj, *Education, Empowerment, and Control*, p. 95。

校学生在全部阿拉伯学生总数中所占比例逐渐降低，到 1989/90 年时在私立学校学习的阿拉伯孩子仅占总数的 7.5%，而在委任统治时期的 1945/46 年约 35% 的阿拉伯学生都在私立学校学习。这一比例的降低与以色列阿拉伯基督徒在以色列阿拉伯人口中的比例不断下降有关，也与公立学校的逐渐发展和改善有关。

表 5 - 4　阿拉伯学生在公立和私立学校学习的人数比较（1945/46 ～ 1989/90 学年）

学年	公立		私立	
	学生数量	百分比（%）	学生数量	百分比（%）
1945/46	81042	64.9	43885	35.1
1948/49	7501	66.8	3712	33.2
1956/57	29244	75.6	9438	24.4
1965/66	59459	82.4	12638	17.6
1973/74	125091	88.8	15628	11.2
1989/90	212936	92.5	17352	7.5

资料来源：Majid al-Haj, Education, Empowerment, and Control, p. 96.

在私立学校中，基督徒学生的比例高于穆斯林学生，因为这些私立学校毕竟是受西方宗教（基督教）的影响，保守一些的穆斯林并不愿意把自己的孩子送到基督教学校去接受教育。以 1991/92 学年拿撒勒市的私立学校为例，基督教学生在小学中比例为 72.5%，在初中占 64.3%，在高中占 59.3%，而穆斯林学生在这些私立小学、初中和高中则分别占 27.5%、35.7% 和 40.7%。[1] 截至 2015 年，在以色列共有 47 所基督教私立学校，有约 3000 名教师，3.3 万学生在这些学校读书，其中绝大多数是阿拉伯学生，占全以色列阿拉伯学生总数（45 万）的 7.3%。[2]

从 20 世纪 50 年代末以来，这些基督教私立学校在以色列地位比较特

---

[1]　Majid al-Haj, *Education, Empowerment, and Control*, p. 101.

[2]　Times of Israel Staff, "Arab State School Students Join Christian Schools' Strike", *Times of Israel*, 7 Sept. 2015, http://www.timesofisrael.com/arab-state-school-students-join-christian-schools-strike/.

殊，属于"半私立"，得到国家的"非正式承认"（unofficially recog-
nized）①，从教育部得到相当于其他以色列学校约 75% 的预算，教授普通以
色列学校教育中所要求的 75% 的学时，但对 25% 的其他课程有设置方面的
自主权。这些学校不是全免费，每年要向每个学生征收约 1000 美元的学费。

　　几年前政府开始削减给这些学校的拨款，并对这些学校能够向学生征
收的学费设了上限（约 2500 谢克尔，相当于 650 美元）。一方面削减预算，
另一方面限制收费，两方面导致这些基督教学校面临着严重的生存危机，
引发大规模的抗议潮，到 2015 年 9 月初发展成全以色列阿拉伯学生的总罢
课。② 以色列天主教会领导人称政府削减预算是要迫使这些学校妥协，加入
国家教育体系。抗议者称以色列此举是在破坏以色列的教育，因为基督教
学校是公认的教育水平很高的学校，据以色列中央统计局的数据，基督教
学校的成就是以色列最高的，约 69% 的学生可以得到高中毕业证书，而犹
太学校 61% 的学生得到高中毕业证书，国立阿拉伯学校仅为 50%。③ 而且
据以色列教育部的官方评价，12 所基督教学校被列为"领先学校"，学生
成绩高于全国平均水平，这些基督教学校 95% 的学生可获得高中毕业证书，
93% 获得大学入学资格，而在犹太教育的好学校中取得高中毕业证书和大
学入学资格的比例分别是 90% 和 86.3%。④ 在以色列从事高科技工作的阿
拉伯人中，87% 毕业于基督教学校。⑤

　　以色列教育部则坚称基督教学校应跟以色列其他"非正式承认"的学
校一样，依照相关法律所设立的参数得到国家预算。而且教育部向基督教
学校提出多项建议，比如暂时维持"非正式承认"学校的地位等候教育部

①　Yarden Skop & Jack Khoury, "Christian School Students in Israel Protest for More Funding", *Haaretz*, 29 May 2015, http://www.haaretz.com/israel-news/. premium-1. 658600.

②　Times of Israel Staff, "Arab State School Students Join Christian Schools' Strike", *Times of Israel*, 7 Sept. 2015, http://www.timesofisrael.com/arab-state-school-students-join-christian-schools-strike/.

③　Ariel Ben Solomon & Jeremy Sharon, "Arab Schools Strike in Solidarity with Christian Schools Protesting Lack of Funds", *The Jerusalem Post*, 06 Sept. 2015, http://www.jpost.com/Israel-News/Demonstrators-demand-equality-as-Christian-schools-in-Israel-remain-shut-415402.

④　Yarden Skop & Jack Khoury, "Christian School Students in Israel Protest for More Funding", *Haaretz*, 29 May 2015, http://www.haaretz.com/israel-news/. premium-1. 658600.

⑤　"Arab State School Students Join Christian Schools' Strike", *Times of Israel*, 7 Sept. 2015, http://www.timesofisrael.com/arab-state-school-students-join-christian-schools-strike/.

考察是否可能将之归类于"特殊"学校（Special Schools），然后按照国家对其他"特殊学校"的标准对待；或加入公众教育体系，这样就可以得到100%的预算支持，还能保持学校的特色，但这些建议均被否决。

学校方面则指责表面上教育部给基督教学校75%的预算，实际上这些学校仅得到29%的预算，[①] 因为教育部逐年在减少其规定的基督教学校应该得到国家补贴的课时数，从2003/04学年的每个学生平均1.1小时下降到2015年的平均0.66小时，这种算法使得教育部可以声称基督教学校仍然得到75%的预算，但在实际上存在着巨大的缩减；而教育部提出的建议都不可行，因为根据第一条建议，把基督教学校列为"特殊"学校，意味着学校可以向学生家长征收最高7000谢克尔（约1750美元）的学费，但这一费用并不合理，因为很多孩子来自社会经济底层家庭，即使每年只收4000谢克尔（约1000美元）都已经很困难，根本无法负担几乎增加一倍的学费；第二条建议是全面加入公众教育体系，则意味着国家从教会"剥夺"这些学校，包括教育内容的自主权。更让基督教学校"愤怒"的是，同样具有"非正式承认"地位的哈瑞第（Haredi）正统派犹太教教育体系[隶属于沙斯党的"圣经教育之泉"（Maayan Hinuch Torani）和隶属于以色列旗帜党的"独立教育"]，却可以得到国家100%的预算支持。[②] 而且，任何削减这些犹太宗教学校预算的企图都会带来严重后果，甚至导致政府垮台，但对于基督教学校，因为基督教社团在政治上的弱势，他们的诉求无人理会。[③]

最终在2015年9月底基督教学校秘书处与以色列教育部达成协议，基督教学校将一次性从国家得到五千万谢克尔的资助，而教育部为2013/14学年规定的基督教学校应该得到国家补贴的课时数在2015/16学年仍然有效。

① 另一说是得到公众学校预算的34%，见 Jeremy Sharon, "Christian Schools, Education Ministry Reach Agreement to End Strike", *The Jerusalem Post*, 27 Sept. 2015, http://www.jpost.com/Israel-News/Christian-schools-Education-Ministry-reach-agreement-to-end-strike-419250。

② Ariel Ben Solomon & Jeremy Sharon, "Arab Schools Strike in Solidarity with Christian Schools Protesting Lack of Funds", *The Jerusalem Post*, 06 Sept. 2015, http://www.jpost.com/Israel-News/Demonstrators-demand-equality-as-Christian-schools-in-Israel-remain-shut-415402.

③ Yarden Skop & Jack Khoury, "Christian School Students in Israel Protest for More Funding", *Haaretz*, 29 May 2015, http://www.haaretz.com/israel-news/.premium-1.658600.

总　结

以色列教育体系是一个并行体系，阿拉伯学校、犹太学校、世俗学校和宗教学校，各自分离，各行其是。理论上家长可以自行决定把孩子送到任何学校，但实际上很少阿拉伯人会把孩子送到犹太学校用希伯来语接受教育，而几乎没有犹太人会把孩子送到阿拉伯学校去接受阿拉伯语教育。这种分离的教育制度实际上加剧了不同民族、不同信仰、不同母语的人口之间的隔阂。从 20 世纪 80 年代中后期开始，在以色列出现了一批旨在通过教育来促进阿犹民族互相了解、强调和平和自由民主价值观的学校。这些学校一般招收阿犹双民族学生。

这些学校也属于私立学校体系，比较著名的有"民主学校"（Democratic Schools）、"和平绿洲"（Oasis for Peace）、"手拉手"（Hand in Hand）等双语学校。以色列最早一所位于海德拉（Hadera）的民主学校建于 1987 年，1992 年得到国家承认并被纳入教育体系。现在以色列全国已经有超过 25 个民主学校。民主学校属私立学校，学生的社会经济背景多为中层或中上层的世俗家庭，每年学费约 1200 美元。"和平绿洲"学校是以色列最早的阿犹双族双语学校，建立于 1984 年，后得到国家承认并收到部分预算资助，学生人数约 250 人。最早的两个"手拉手"双语学校，在 1998 年由两位教育家（一位犹太人和一位阿拉伯人）共同创办，目前在以色列全国共有 5 个手拉手学校。在手拉手学校，希伯来语和阿拉伯语被赋予同样的重要地位，执行双语教育课程和教育方法，招收犹太孩子和阿拉伯孩子在一起学习，师资方面既有犹太教师也有阿拉伯教师。"手拉手"双语学校也得到教育部的承认，并从教育部收到主要的预算支持。

近年来由于以色列社会右倾，犹太宗教民族主义情绪高涨，这些双语学校的存在引起一些极端分子的不满和仇恨。2014 年 11 月位于耶路撒冷的双语学校被犹太宗教极端分子放火焚烧，2015 年 7 月三名纵火犯被判处两年到两年半的监禁，宣判后纵火犯在被警察带走时毫不在乎地当众高喊：

"值了！"①

　　总的来说，以色列教育不像美国的国立教育那样旨在创造一个具有共性的美国公民，而具有隔离性，这一隔离性虽然不是强制的，但客观上加强了不同民族、不同宗教背景之间的学生的隔阂和疏远。阿拉伯教育落后于犹太教育，这与阿拉伯人口自然增长迅速、师资和教学条件跟不上有关，但更重要的是阿拉伯教育得到的国家资源远少于犹太世俗教育和犹太宗教教育。教育资源的不平衡导致学校教学质量有差距，除了阿拉伯基督徒之外，穆斯林、德鲁兹人的教育成就普遍低于犹太学校及全国平均水平。很多阿拉伯学生无法进入高等学府接受教育。关于高等教育我们在下面一章有详细讨论。

---

① Nir Hason, "About Two Years in Prison for the Bilingual School Librarians: It was Worth It" [希伯来语], *Haaretz*, 22 July 2015, http://www.haaretz.co.il/news/law/1.2689883.

第六章　以色列阿拉伯人与高等教育

以色列的高等教育机构主要分为大学（university）、学院（colleges）和开放大学（open university）。大学有以色列理工学院（Technion-Israel Institute of Technology，始建于 1924 年）、耶路撒冷希伯来大学（1925 年）、魏兹曼科学院（1934 年）、巴伊兰大学（1955 年）、特拉维夫大学（1956 年）、海法大学（1963 年）、本 – 古里安大学（1967 年）7 所。① 20 世纪 90 年代以色列的高等教育发生了一个重大变化，即大学以外的学院大量建立。1995 年《高等教育委员会法》确立了四类高等教育机构都可以授予高教委承认的学位，这四类机构是大学、公共学院（国家预算内）、私人学院（国家预算外）和外国高等教育机构在以色列的分支。该法对以色列的高等教育影响深远。在 1989/90 学年以色列有 21 所可以授予本科及以上学位的教育机构，在校生总数为 88800 人；到 2011/12 学年以色列共有 67 所高等教育机构，在校生达到 306600 人。其中包括上述 7 所研究型大学，以及开放大学、36 所学院（其中 15 所私立学院）和 23 所师范学院。② 在 1969/70 学年

---

① 阿瑞埃勒（Ariel）大学是以色列的第八所大学，由于位于被占领土，受到来自以色列国内国外的抵制。其前身是巴伊兰大学的地区分校，2004~2005 学年独立，2012 年 7 月不顾"以色列高等教育委员会"的反对，由"犹大及撒玛利亚高等教育委员会"投票决定其具有大学地位。在以色列中央统计局的数据中，阿瑞埃勒大学的数据仍被归为学院类，本书中涉及的大学，如无特指，均不包括阿瑞埃勒大学。

② Nohad Ali（ed.），*Representation of Arab Citizens in the Institutions of Higher Education in Israel*，Haifa-Jerusalem：Sikkuy，2013，pp. 18 – 19.

在以色列仅有 5000 人从大学得到学位（包括本科、硕士和博士学位）；到 2010/11 学年得到学位者人数达到 64000 人，40 年间增长了十余倍。[①]

对于少数民族而言，高等教育不仅是争取社会和政治权利的重要因素，也是获得更多经济资源的途径。接受高等教育者在人口中的比例，受诸多因素的影响，比如中小学的入学率及教学效果、高等教育的投入与产生的经济效益比、大学毕业生的社会政治重要性，以及大学教育相关政策及入学程序是否恰当。

第一节　以色列阿拉伯人的高等教育基本发展情况

以色列阿拉伯人的高等教育起点很低，这是因为在 1948 年战争后以色列阿拉伯人多居住在边远山区从事农业，城市上层几乎消失。根据以色列档案资料显示，1956/57 学年在以色列仅有 45 名阿拉伯大学生，全部在希伯来大学就读。从宗教信仰来源看，其中 28 名是穆斯林学生，12 名基督徒学生，5 名德鲁兹学生。而所有的阿拉伯学生中仅有 1 名女生。[②] 从以色列建国至 2007 年，以色列阿拉伯人的教育情况有了很大改善，如表 6 - 1 所示。

表 6 - 1　以色列建国后阿拉伯人教育情况的改善

单位:% ，年

年份		1961	1975	1985	1994	2000	2007
受教育年数		教育类型					
0	文盲	49.5	22.9	13.4	10.0	6.5	6.2
1 ~ 8	小学中学	41.4	50.9	39.7	31.0	23.7	21.3
9 ~ 12	高中	7.6	21.7	38.5	46.2	48.7	53.3
13 +	大学及以上	1.5	4.5	8.4	12.7	21.1	19.3
平均受教育年数		1.2	6.5	8.6	10.0	11.1	11.3

资料来源：本表数据来源以色列中央统计局，部分引自 Khalid Arar，"Israeli Education Policy since 1948 and the State of Arab Education in Israel"，*Italian Journal of Sociology of Education* 1，2012，pp. 113 - 145。

[①] Ministry of Education, *Facts and Figures in the Education System 2013*, 2013, pp. 61 - 62, http：//meyda. education. gov. il/files/MinhalCalcala/Facts. pdf。

[②] 以色列国家档案馆（State Archives），file no. 145/1292/GL。

以色列建国后到 20 世纪 70 年代初这段时间内，以色列阿拉伯人中大学生的比例很低，不仅远低于同期的犹太学生，甚至遥遥落后于当时在约旦控制下的他们的巴勒斯坦同胞。1972～1973 年的调查报告显示在以色列 10 万阿拉伯人中大学生人数不超过 300，而在西岸 10 万阿拉伯人中大学生人数为 3000 人。为了对以色列境内阿拉伯人和西岸阿拉伯人的高等教育情况进行对比，萨米哈利利·马瑞（Sami Khalil Mar'i）博士对在 1948 年被以色列和约旦边境线人为一分为二的三个阿拉伯村庄做了调查研究，这三个村庄的居民都是穆斯林农业人口，到 1967 年"统一"到以色列治下。在以色列一边的三个村庄每 10 万人中的大学生人数为 472 人，而在西岸每 10 万人中的大学生人数为 2796 人。[①]

造成以色列阿拉伯人中大学生人数少的原因是多方面的，既有客观条件——阿拉伯中学办学条件差教学质量不高、以色列当局对阿拉伯人口采取的军事管制包括人身、行动自由等方面的限制也一定程度上阻碍了阿拉伯人的求学之路，但也有一定的主观原因——在当时的以色列，阿拉伯大学毕业生就业范围小，大部分只能当中小学教师，收入很低。据统计，大学毕业生的工资仅比没有上过大学的同辈人高 9%；而在西岸，大学毕业生的工资比没上过大学的同辈人高出 285%。[②] 在西岸上过大学的人可以轻松进入社会的更高等级，可以从事很多政府部门工作及其他待遇优厚的工作，而在以色列阿拉伯大学毕业生的就业形势颇为严峻（下文将详细记述）。

到 70 年代初，阿拉伯大学生数量有了一定增长。1964/65 学年阿拉伯大学生 239 人（主要集中在希伯来大学），仅占全以色列在校大学生总数的 1.3%；1970/71 学年增加到 607 人，占在校大学生的 1.7%；到 70 年代中后期，阿拉伯大学生人数增长更为明显，从 1974/75 学年的 1281 人（占以色列全国在校生的 2.9%），1979/80 学年 1634 人（占以色列全国在校生的 3%），到 1984～1985 学年的 3999 人（占全国大学生总数的 6.5%）。[③]

① Sami Khalil Mar'i, *Arab Education in Israel*, New York：Syracuse University Press, 1978, pp. 109－110.

② Sami Khalil Mar'i, *Arab Education in Israel*, p. 116.

③ Majid al-Haj, *Education, Empowerment, and Control*, Albany NY：State University of New York Press, 1995, p. 193.

　　这一时期，阿拉伯大学生数量的增加一方面与强加于大部分阿拉伯人口之上的军事管制被废除（由于 1967 年战争军事管制实际上是 1967 年才结束的）有关，阿拉伯学生可以自由行动，到外求学的方便性有所提高；另一方面则与上一章提到的阿拉伯基础教育得到改善有关，更多的阿拉伯学生在高中毕业后能够进入大学学习；还有一个因素是以色列阿拉伯人口逐渐接受了自己生活在以色列这个国家的现实，想要更快更好地融入以色列社会，接受高等教育是提高个人及社团地位的必经之路。另外，1968 年海法大学的建立，为阿拉伯人口相对集中的北部地区的学生求学提供了巨大的便利，尤其是对阿拉伯女生而言，高等学府的距离远近决定着她们是否可以避免在外住宿而不用住宿舍或者在外租房，这让许多保守家庭能够打消顾虑同意送女孩去上大学。①

　　80 年代后期阿拉伯大学生比例曾有短时期下降，1989/90 学年阿拉伯大学生人数为 3966 人，占全国大学生总数的 5.4%，低于 1984/85 学年的 6.5%。导致下降的主要原因是阿拉伯大学生就业遇到困难（下文详细讨论）。在 90 年代之后，阿拉伯大学生人数持续增加。从 1990 年到 2001 年 10 年间，在高等教育机构（包括大学、学院和师范学校）的阿拉伯学生比例增加了 220%，高于同期大学生整体 125% 的增长。促成阿拉伯学生人数增加的其中一个原因是前文提到过的学院（College）教育在以色列的兴起，其他则与阿拉伯中学教育水平有所提高，更多的学生达到以色列高等学校的入学要求有关。比如，阿拉伯学生在高中毕业考试中成功的比例从 90 年代中期的 22% 上升到 2000 年的 38%，因而在高中毕业两年内被大学录取的阿拉伯学生比例也从 1991 年 10.7% 上升到 2001 年的 19.2%。② 根据以色列国家统计总局的数据，从 1999/2000 学年到 2003/04 学年阿拉伯学生在以色列全国本科生中所占比例维持在 9.8%～10.7% 之间，从 2004/05 学年到 2011/12 学年则一直在 11.8%～10.7% 之间，2012/13 学年为 12.4%，2013/14 学年

① Majid al-Haj, *Education*, *Empowerment*, *and Control*, p. 194.
② Nohad Ali（ed.）, *Representation of Arab Citizens in the Institutions of Higher Education in Israel*, pp. 28 & 25.

为 13.1%，2014/15 学年则上升到 14.1%，① 2015/16 学年达到 14.4%。② 在硕士研究生中，阿拉伯学生的比例从 1999/2000 学年的 3.6% 上升到 2015/16 学年的 10.5%；博士研究生中，阿拉伯学生的比例从 1999/2000 学年的 2.8% 上升到 2015/16 学年的 5.9%。③

目前，以色列阿拉伯学生广泛分布在 7 所大学及多所学院中。其中海法大学因其优越的地理位置和海法市本身阿犹混居的风格迅速成为很多阿拉伯学生求学的最佳选择。20 世纪 90 年代以来，在海法大学学习的阿拉伯学生占到以色列全部阿拉伯大学生总数的 1/3 以上，而海法大学也是以色列各大学中阿拉伯学生比例最高的。据统计，2011 年海法大学的阿拉伯学生比例占全体学生的 32.5%，其次是以色列理工大学的阿拉伯学生比例为 16.9%，希伯来大学 11.6%，特拉维夫大学 9.8%，本－古里安大学 4.4%，与犹太教关系紧密的巴伊兰大学的阿拉伯学生最少，仅占全校学生总数的 3.5%。④

阿拉伯大学生的数量增加的同时，学习范围和专业也变得多样化。耶路撒冷希伯来大学提供的数据显示，在 1960～1971 年间毕业于该校的阿拉伯学生，超过 90% 是文科学生（包括人文和社会科学），仅有 7% 是自然科学学生，而这一比例在 1987 学年上升到 40%，学习人文和社会科学的学生比例下降为 57%。⑤

在阿拉伯人内部不同宗教社团的大学生比例也不同。以 1983 年的数据为例，当时基督徒占以色列全国阿拉伯人口的 13.6%，但在阿拉伯大学生中基督徒占 39.1%，在阿拉伯硕士和博士生中基督徒的比例占到 57.6%；穆斯林占阿拉伯人口总数的 76.8%，在阿拉伯大学生中占 57%，在阿拉伯

① Council for Higher Education (CHE), "Undergraduate Arab students in Institutions of Higher Education by Type of Institution 1999/2000 – 2014/15", 2014, http://che. org. il/wp-content/uploads/2012/05/Table – 14. xls, 最后访问日期：2017 年 7 月 16 日。

② Yarden Skop, "More Arab Students in Israel Attending University in New Academic Year", *Haaretz*, 15 Oct. 2015, http://www. haaretz. com/israel-news/. premium-1. 680454.

③ Yarden Skop, "More Arab Students in Israel Attending University in New Academic Year", *Haaretz*, 15 Oct. 2015, http://www. haaretz. com/israel-news/. premium-1. 680454.

④ Avivit Hai, *Higher Education for Arab Citizens of Israel: Realities, Challenges and New Opportunities*, Israel: Inter-Agency Task Force on Israeli Arab Issues, 2012, pp. 7 – 8, http://iataskforce. org/sites/default/files/resource/resource – 1054. pdf, 最后访问日期：2017 年 7 月 20 日。

⑤ Majid al-Haj, *Education, Empowerment, and Control*, p. 197.

硕士和博士生中只占 39.9%；比例最低的是德鲁兹人，他们在全国阿拉伯人口中占 9.6%，但在大学生中只占 3.9%，而在阿拉伯硕士和博士生中只占 2.5%。[①]

阿拉伯男女大学生比例在以色列建国以来也发生了重大变化。前文提到 1956/57 学年在以色列仅有的 45 名阿拉伯大学生中只有 1 名女生，但到了 1992 年在海法大学的 1300 名阿拉伯学生中女生超过半数占到 53%。[②] 到 2000 年，阿拉伯大学生中 61.7% 是女生，而 2011 年在全以色列阿拉伯大学生中约 67% 是女生，男生只占 33%。[③] 2015 年女生比例保持在 67.2%。而在阿拉伯硕士研究生中女生的比例从 2000 的 40.9% 跃升到 2015 年的 71%；博士研究生中女生比例则从 2000 年的 18.3% 上升到 55.4%。[④] 换言之，现在以色列的大学中不管在阿拉伯本科生还是硕士及博士研究生中，阿拉伯女生比例全面超过男生。

第二节　作为"少数民族代表"的以色列阿拉伯大学生及其就业困境

由于以色列的中小学教育中阿拉伯教育、犹太世俗教育以及宗教教育体系各自独立，因此大学实际上成为阿拉伯和犹太不同民族的学生第一次正式接触并生活学习在一起的场所。在大学，阿拉伯学生生活在犹太学生之间，而且拥有相当平等的地位。阿拉伯学生认为自己在犹太人尤其是犹太大学生面前代表着阿拉伯民族，比较有民族责任感。尤其是在早期，阿拉伯社团的领袖一般都是与当局关系密切的族长，在年轻的阿拉伯大学生心目中这些族长或领袖都是政府扶持的，根本不能代表阿拉伯人的利益，而他们自己才是真正为阿拉伯民族利益着想的代表者。对于犹太学生来说，他们在进入大学之前确实很少有机会可以近距离地跟同龄的阿拉伯人接触，

---

① Majid al-Haj, *Education, Empowerment, and Control*, pp. 197 – 198.

② Majid al-Haj, *Education, Empowerment, and Control*, p. 194.

③ Avivit Hai, *Higher Education for Arab Citizens of Israel: Realities, Challenges and New Opportunities*, p. 8.

④ Yarden Skop, "More Arab Students in Israel Attending University in New Academic Year", *Haaretz*, 15 Oct. 2015, http://www.haaretz.com/israel-news/.premium-1.680454.

因此在大学他们认识的阿拉伯同学确实代表着阿拉伯民族，这从另一个角度加强了阿拉伯学生的自我民族代表性。阿拉伯学生的政治和社会活动参与高于其他学生社团，他们对任何与阿拉伯少数民族的平等权利和公正相关的事件都很敏感，反应也迅速。

一　以色列阿拉伯大学生的政治活动

阿拉伯学生的政治活动按照其不同目标可以分为三个时期。从以色列建国到 1967 年是争取公民权利的斗争时期。到 60 年代中期，阿拉伯大学生数量已经有了一定规模（1964/65 学年有 239 名阿拉伯大学生），集中在耶路撒冷。阿拉伯大学生们在政治上非常活跃，而他们的活动也得到以色列左派和开明学生的支持。他们通过有组织的政治活动对几乎所有与以色列阿拉伯人有关的事务做出反应，尤其是跟政府政策有关的，不管是政治的、司法的、经济的还是教育等方面的政策。如学者雅各布·兰岛（Jacob Landau）所列出的，这一时期阿拉伯大学生政治活动主要与下列主题有关：取消当局对阿拉伯人口的军事管制、取消各种就业歧视争取平等的工作机会、争取言论自由——取消当局针对自由表达政治主张的阿拉伯人所列的"黑名单"、阿拉伯村庄的开发、取消剥夺阿拉伯人土地的法律法规、改善阿拉伯教育条件并重视课程中的历史及民族教育等。[①]

第二个时期是从 1967 年第三次中东战争结束到 90 年代奥斯陆协议签署及实施之后，尤其 70 年代中期到 90 年代中后期是以色列阿拉伯学生的政治活动最为活跃的时期，主要是争取巴勒斯坦民族权利和实现政治认同。第三次中东战争之后，之前分别在三个不同政体辖下的巴勒斯坦人（以色列阿拉伯人、约旦辖下的约旦河西岸巴勒斯坦人和埃及管辖下的加沙巴勒斯坦人）在实际上被"统一"到以色列治下，但西岸和加沙的巴勒斯坦人的法律地位与以色列阿拉伯人截然不同，被占领的痛苦加速了巴勒斯坦民族主义的兴起。而以色列的占领使得原本与巴勒斯坦同胞们隔绝往来的以色列阿拉伯人能够跟同胞们"重聚"，一开始是文化和历史方面的交流，进

---

① Jacob M. Landau, *The Arabs in Israel：Political Studies*［希伯来语］, Tel-Aviv：Ma'arachout, 1971, p. 66.

而发展到政治和思想方面的影响，这使得他们能够在以色列社会受到潜移默化"以色列化"的同时也在"巴勒斯坦化"。1973 年十月战争（即赎罪日战争）之后随着巴解组织的逐渐活跃并成为巴勒斯坦民族的代表，以色列阿拉伯人的认同也受到明显的影响。① 在这段时期，尽管争取人权和公民权的斗争从未停止，但以色列阿拉伯大学生也参与了民族斗争，当然基本上是在当时以色列法律允许的框架内进行活动，比如举行游行示威、组织罢课、用希伯来语和阿拉伯语双语进行宣讲等。他们批评以色列政府对被占领土的政策，敦促以色列归还被占领土、停止对境内阿拉伯人土地的征用和占用、释放政治囚犯等。他们的最终目标是在以色列旁边建立一个巴勒斯坦国。阿拉伯学生与左翼犹太学生共同参与的"大学生社会和政治参与团体"（Groups for Social and Political Student Involvement，CAMPUS）于 1974 年首先在耶路撒冷希伯来大学成立后迅速发展到其他大学，并在学生会选举中对右翼学生团体的主导地位发起挑战。CAMPUS 的基本政治诉求包括：在以色列退出 1967 年所占领土、巴勒斯坦人民得到民族自决权包括建立独立国家、以色列与巴勒斯坦人民的代表包括巴解组织进行谈判的基础上实现阿犹民族的全面和平尤其是巴以和平；保持学生的生活水平，争取合理的学生薪酬，减少学费；保护大学生尤其是阿拉伯学生的民主权利；促进学术系统的民主化及加强大学的社会参与度等。② 80 年代初期到中期以色列的阿拉伯及左派大学生成立了"比尔宰特大学（Bir Zeit University，位于约旦河西岸城市拉马拉）团结委员会"，反对以色列当局关闭比尔宰特大学的决定，以色列大学生组织游行声援比尔宰特大学、冲破以色列方面对该大学的封闭等。③

在这一时期，对阿拉伯大学生政治活动领导权的争夺也发生了变化。在第一时期领导权的争夺主要是在以色列共产党与支持犹太主流政党的阿

---

① Lecture of Eli Rekhess, quoted from Sami Khalil Mar'i, *Arab Education in Israel*, p. 126.

② "C. A. M. P. U. S and Radical Student and Youth Movements", Israeli Left Archive（以色列左派档案），由以色列左派活动家瑞乌文·凯米纳尔（Reuven Kaminer）收集整理，现由 IISH（International Institute for Social History）运营，https://search.socialhistory.org/Record/COLL00308 # A64f575ba3b。

③ "Committee for Solidarity with Bir Zeit University", Israeli Left Archive（以色列左派档案），https://search.socialhistory.org/Record/COLL00308。

拉伯附属党之间进行，由于阿拉伯附属党先天不足，而犹太政党在争取阿拉伯社团的支持时主要使用的"胡萝卜大棒并举政策"对于正在接受高等教育的阿拉伯学生而言，无论是"恐吓"还是"好处"都不是那么有效，正如学者艾里·埃赫斯（Elie Rekhess）指出的，"在校园里，阿拉伯学生享受几乎无限的自由和不受任何限制的政治活动……大学像一个内闱（禁区），学生在这里可以免受当局的报复。"① 因此，在校园中以色列共产党的优势一直比较明显，而阿拉伯学生运动也被打上了比全国阿拉伯人政治活动更"极端"的印记。但到了第二时期，跟共产党在阿拉伯社团整体领导权所面临的挑战一样，阿拉伯学生运动的领导权争夺也渐渐挪到以色列共产党和新兴的民族主义派别之间，前期代表是"乡村之子"（Abna'al-Balad，Sons of the Village），后期则是"伊斯兰运动"。共产党和"乡村之子"的矛盾不仅体现在对待巴勒斯坦问题上（如"乡村之子"的支持者认为共产党不应该接受联合国 242 号和 238 号决议，而应该坚持更有利于巴勒斯坦人民的 1947 年《分治决议》，即以色列无权拥有所有战争中获得的土地包括 1948 年独立战争和 1967 年六日战争获得的土地），也体现在切实的学生生活及职责中（比如 1975 年以色列大学曾经要求学生加入守卫的行列以防被"外人"——指以色列境外的巴勒斯坦人渗透或袭击）。② 矛盾激烈时，希伯来大学的阿拉伯学生委员会甚至在"乡村之子"的煽动下驱逐了共产党成员。但在校园之外，"乡村之子"的激进立场从来没有很大的影响。

第三个时期是 90 年代中后期至今。在奥斯陆协议签署之后，巴解组织在约旦河西岸部分领土和加沙实现自治，巴勒斯坦民族解放运动初具成果。绝大多数以色列阿拉伯人并没有移民到未来的巴勒斯坦国的打算，因此政治诉求再次由巴勒斯坦民族解放问题转向以色列内部问题，即争取阿拉伯人作为平等的以色列国家公民所应得的权利。此时以色列阿拉伯学生内部也随着阿拉伯社团的政治倾向变化而分为不同阵营，民族主义党派的影响力上升。2000 年之后以色列阿拉伯大学生的政治活动的主题，既有反对以色列对被占领土政策的（如 2008 年反对以色列对加沙的军事行动——铸铅

---

① Elie Rekhess, "Israeli Arab Intelligentsia", *Jerusalem Quarterly*, 1979, 51 – 69.

② Wang, Yu, *A National Minority in Ethnic Democracy: Arabs in Israel in the Decade of Transition 1967—1977*, Saarbrücken: Lambert Academic Publishing, 2010, pp. 199 – 200.

行动），也有反对以色列警方对巴勒斯坦人实行"行政拘留"[1] 的，也有抗议学校当局对参加游行示威活动的阿拉伯学生进行清算的，也加入了更宽泛的社会抗议，比如抗议以色列政府对阿拉伯公民的住房政策等。[2]

近年来阿拉伯学生的政治性抗议活动相比 80～90 年代有所减少，作者采访了一些阿拉伯师生，总结起来有以下几个原因：之前在组织大学生政治活动方面极为活跃的共产党的影响力日趋下降；很多学生忙于学业对政治活动兴趣不大；[3] 女生比例大；以色列主体社会右倾，犹太极端分子暴力倾向加剧，大学当局批准的合法游行和示威活动也常常受到右翼团体和学生的骚扰甚至引发肢体冲突。[4]

总的来说，阿拉伯大学生的政治活动是很丰富的，往往超越自身相关利益，而是着眼于以色列阿拉伯社团的利益以及整个巴勒斯坦民族的利益。阿拉伯大学生在大学这一"象牙塔"中与犹太学生几乎完全平等，享受着几乎无限的政治自由度，不管是当局还是他们的家族都无法左右他们的政治主张和政治活动。大学期间的政治活动为这些学生之后参加并领导阿拉伯社团的政治生活，以及参与到以色列国家的政治生活提供了宝贵实践和经验教训。但大学政治活动也是有局限性的，因为一旦离开了大学这片"净土"，绝大多数阿拉伯学生都会回到自己的村庄，"面对各种限制和冷静的现实，他们要谋生，要社会交际，对家庭负有责任，而这些都会让他们不再那么激进，并形成更平衡更温和的世界观"。[5]

二 以色列阿拉伯大学生的就业问题

阿拉伯大学生的就业问题在以色列是老生常谈，很多工作或多或少因

[1] 行政拘留（Administrative detention），以色列警方不经审判对巴勒斯坦人进行无限期关押的措施。Asma' Jawabreh, "Arab Students in Israel Say Their Voices are Muffled", *al-Fanar*, 07 Aug. 2015, http://www.al-fanarmedia.org/2015/08/arab-students-in-israel-say-their-voices-are-muffled/.

[2] Jack Khoury, "Thousands Protest Arab Housing Crisis in Tel Aviv Rally", *Haaretz*, 28 April 2015, http://www.haaretz.com/israel-news/.premium-1.654000.

[3] 不仅是阿拉伯大学生参政兴趣有所下降，整个阿拉伯社团对以色列政治的信任度和参与度都在下降，这可以从以色列大选阿拉伯公民持续低迷的投票率看出来。详细内容见本书第三章。

[4] Asma' Jawabreh, "Arab Students in Israel Say Their Voices are Muffled".

[5] Elie Rekhess, "Israeli Arab Intelligentsia", *Jerusalem Quarterly*, 1979, 51–69.

与军队有关或与普遍意义上的"安全因素"有关而把阿拉伯人拒之门外,[1]
加上在公共机关及私企存在的对阿拉伯人或明或暗的歧视,因此阿拉伯大
学生就业一直都很受限制。在阿拉伯大学生人数尚且非常有限的 50 年代,
该问题就因其社会影响力而受到广泛关注,包括以色列政府的关注。1959
年 4 月 7 日以色列国会就阿拉伯知识分子问题举行了特别讨论,时任总理
本-古里安称其已经向政府各部门要求他们吸收阿拉伯大学毕业生,因为
"以色列国应该照顾这些阿拉伯知识分子,让他们顺利融入以色列的工作市
场,在公共机关及私人企业中有就业机会,(我们这样做)不是因为'这
会带来和平'这类天真的想法,而是因为他们是以色列公民,理应享有跟
其他公民平等的权利"。[2] 但是这场讨论甚至总理的要求都没有带来实际的
改变,政府各部门并没有采取实际措施吸收阿拉伯大学毕业生。1959 年在
耶路撒冷希伯来大学的阿拉伯学生成立了旨在促进阿拉伯人接受高等教育
的委员会,其中一项工作就是促进阿拉伯毕业生就业。70 年代以后,类似
的委员会也在其他以色列高校建立。1972 年各高校的委员会合并在一起成
立了以色列阿拉伯学生会。阿拉伯学生会的奋斗目标之一就是改善阿拉伯
毕业生的就业情况,促进阿拉伯学生拥有平等的工作机会。

　　以色列政府方面对阿拉伯毕业生就业面临的困境一直有所关注。1972
年时任总理阿拉伯事务顾问托里达诺主持了一项特别调查,调查结果显示
从 1961 年到 1971 年接近一半(47.3%)的阿拉伯大学毕业生都在当教师,
其中相当多的人当教师是因为别无选择,而各公共及私人的犹太机构和企
业实际上都对阿拉伯毕业生关闭着大门。这些受过高等教育的阿拉伯学生
迫不得已选择教师职业,客观上在一定程度上改善了阿拉伯基础教育的师
资状况,因为他们的加入取代了之前那些水平不够的阿拉伯教师,但由于
这些人的职业满意度极低,在求职受挫的过程中遇到的歧视加深了这些阿
拉伯毕业生对以色列和犹太社团的疏离感与沮丧感,给少数民族和国家关

①　Adnan Abed Elrazik, Riyad Amin, Hasan Amun, Uri Davis, "The Destiny of Arab Students in In-
stitutions of Higher Education in Israel", in Amun, H., Davis, U., San'allah, Nasr Dakhlallah,
Abed Elrazik, Adnan, Amin, Riyad & Davis, Uri, *Palestinian Arabs in Israel: Two Case Stud-
ies*, London: Ithaca Press, 1977, pp. 28 – 43; See also Majid al-Haj, *Education, Empowerment,
and Control*, p. 204.

②　Majid al-Haj, *Education, Empowerment, and Control*, pp. 211 – 212.

系以及以色列社会稳定带来一定的负面影响。此次调查之后，以色列政府各部门的总司长组成一个联合委员会，旨在制订吸纳阿拉伯毕业生的计划。委员会决定在内务部、法律部、教育和文化部以及总理办公室共计增设 44 个新职位招聘阿拉伯毕业生，但直到 15 年后，参与了 1972 年调查的学者艾里·埃赫斯（Eli Rekhess）本人在 1987 年进行追访时发现，这些专门为阿拉伯学生设定的职位从来没有实际招聘过，也就是说政府基本上没有针对改善阿拉伯学生的就业情况采取任何行之有效的措施。[①]

80 年代以色列阿拉伯大学生的人数有明显增长，毕业生数量增大而合适的工作机会则更为稀缺。由于犹太工作市场对于阿拉伯劳动力的需求一般是建筑业、服务业等蓝领职业，而阿拉伯经济在以色列国民经济中所占比例又不足以消化工程和自然科学专业的阿拉伯毕业生，因此阿拉伯大学毕业生很少能在大城市或者犹太地区找到工作，他们一般只能回到自己的村庄，为本社团服务；阿拉伯地方政府和公众服务部门也无法接纳数量庞大的人文和社会科学领域的阿拉伯毕业生，因此中小学教师继续成为很多大学毕业生的无奈选择。[②] 1989 年海法大学社会学教授马基德·艾勒哈吉（Majid al-Haj）主持的调查显示，从 1982 年到 1987 年海法大学的毕业生中 42% 的人处于失业或半失业状态，另有 30% 的人在从事根本与其所学专业无关的工作。[③]

阿拉伯大学生在犹太私人企业求职常常遇到"歧视"，因其民族身份而得不到工作甚至连面试机会都没有。2011 年以色列经济发展管理局（Authority for Economic Development）做的调查显示，80% 的犹太雇主认同阿拉伯公民找工作的重要性，但 22% 的人承认确实存在对阿拉伯应聘者的歧视，53% 的人不认为这是"歧视"而是"客观"条件使得阿拉伯人不适合犹太劳动力市场。有趣的是，甚至那些愿意雇佣阿拉伯人的雇主都对"阿拉伯雇员"有特定认知——建筑工人，却很难想象会有阿拉伯工程师或者阿拉伯心

①　Eli Rekhess, "Socio-Political Implications of the Employment of Arab University Graduates", in Majid al-Haj（ed.）, *The Employment distress of Arab University Graduates in Israel*, Haifa: Jewish-Arab Center, University of Haifa, 1988, 49 – 55.

②　Nohad Ali（ed.）, *Representation of Arab Citizens in the Institutions of Higher Education In Israel*, pp. 26 – 27.

③　Majid al-Haj, *Education, Empowerment, and Control*, p. 209.

理学家。很多雇主对阿拉伯人的能力及可能带给他们的生意机会毫无概念。①

甚至在相对开明和公平的以色列大学中，阿拉伯教职员工的比例也非常低。据"公民平等促进协会"（Association for the Advancement of Civic Equality-Sikkuy）所做的调查显示，2011/12 学年以色列大学中共有 4665 名高级讲师（Senior Lecturers，包括有终身制的高级讲师、副教授和教授等），其中阿拉伯人仅 82 人，比例约为 1.75%（远低于以色列高等教育委员会估计的 2.7%）。根据 1999 年所做的调查，当时在以色列大学中仅有 64 名阿拉伯高级（及以上）教师，比例为 1%，2006/07 学年阿拉伯教师占全部高级（及以上）教师的 1.4%。② 以上数据反映出，进入 21 世纪阿拉伯教师的比例有一点儿上升，但完全无法与阿拉伯人口在以色列人口总数中所占比例相匹配。在各大学中担任学院院长及以上领导职位的阿拉伯人更是凤毛麟角，在 2011 年所有大学共计 67 个学院院长中，只有海法大学研究院院长马基德·艾勒哈吉教授是阿拉伯裔，而海法大学也是拥有最多阿拉伯高级（及以上）讲师的大学，一共 23 位，占海法大学高级（及以上）讲师的 3.9%。耶路撒冷希伯来大学在 1000 名高级讲师中只有 10 名阿拉伯人，比例不到 1%，而在具有犹太宗教背景的巴伊兰大学仅有 2 位阿拉伯高级（及以上）讲师，在全校高级讲师中比例为 0.3%。③

在大学行政人员中阿拉伯人所占比例也并没有比高级讲师的比例高。根据"公民平等促进协会"（Sikkuy）的调查，在所有大学共计 8141 名行政人员中，阿拉伯人仅有 72 名，比例为 0.9%。而在大学各学院院长助理或系主任助理这类比较重要的职位上，没有一个阿拉伯人。海法大学仍然是阿拉伯行政工作人员比例最高的大学，共有 24 名，比例为 3%；希伯来大学和巴伊兰大学都有超过 1000 名行政人员，但其中都仅有一名阿拉伯行政人员。④

---

① Avivit Hai, *Arab Citizen Employment in Israel*: *Critical Concern and Great Potential*, p. 17.
② Nohad Ali（ed.）, *Representation of Arab Citizens in the Institutions of Higher Education in Israel*, p. 38.
③ Nohad Ali（ed.）, *Representation of Arab Citizens in the Institutions of Higher Education in Israel*, p. 39.
④ Nohad Ali（ed.）, *Representation of Arab Citizens in the Institutions of Higher Education in Israel*, p. 40.

　　值得注意的是在以色列中央统计局和高等教育委员会公布的数据以及媒体的报道中，2006/07 学年共有 8558 行政人员，其中 23 位阿拉伯人（0.26%），而在 2011 年 1.6% 的行政人员是阿拉伯人。这一数据比 Sikkuy 在 2011 年数据（0.9%）要高，但 Sikkuy 称该区别应该是源自对"行政人员"的定义有轻微差别。[1]

　　从以上例子可以看出，即使在高等教育机构本身，阿拉伯人的从业率也远低于其人口比例。当然造成这一现象的原因是多方面的，如前文中所指出的，随着教育程度的提高，阿拉伯学生的比例逐渐下降，本科生中阿拉伯学生比例相对较高，而博士生的比例相对较低。阿拉伯候选人的数量和质量都会影响到大学的招聘结果。但很显然，以色列高等教育机构具有鲜明的"犹太性"——教学语言、教学方式和内容，而阿拉伯人作为母语非希伯来语者，且来自不同文化环境，具有先天不足的劣势，后天又没有补上。

第三节　阿拉伯学生高等教育面临的问题及政府改善措施

　　2000 年 10 月流血冲突之后，以色列政府委任奥尔委员会（Or Committee）对事件的起因进行调查并提出改善方案。奥尔委员会 2003 年公布的报告认为事件源自以色列阿拉伯人长期以来受到歧视的现实：处理阿拉伯事务的政府部门对阿拉伯人具有基本的忽视和歧视，没有足够重视阿拉伯人口的需求，也没有采取足够的行动，没有以平等的方式来分配国家资源，因此以色列国家要规划资金并采取有效措施发展阿拉伯社团的教育、住房、工业发展、就业和服务等方面，缩小其与犹太社团的差距。[2] 这是以色列政府旨在全面提升阿拉伯社团的"四十亿谢克尔计划"出台的背景。[3] 以色列政府采取一些措施促进以色列阿拉伯人的就业并改善其经济发展状况，而增加阿拉伯人接受高等教育的机会是帮助他们进入以色列就业市场的重

---

[1]　Nohad Ali (ed.), *Representation of Arab Citizens in the Institutions of Higher Education in Israel*, p. 41.

[2]　"Israeli Arabs: The Official Summation of the Or Commission Report", 02 Sept. 2003, http://www.jewishvirtuallibrary.org/jsource/Society_&_Culture/OrCommissionReport.html.

[3]　Khalid Arar, "Israeli Education Policy since 1948 and the State of Arab Education in Israel", *Italian Journal of Sociology of Education*, 2012 (1), pp. 113 – 145.

要一环。

一　阿拉伯学生在以色列高等教育中的常见问题

1. 中学教育的不足使得阿拉伯大学生跟犹太同学不是站在同一起跑线上

相对较低的教学质量和不足够的教学设备使得阿拉伯学生常常在英语、数学、科学等方面基础不如犹太学生；在学术方法上阿拉伯学生也缺乏训练。比如艾里·埃赫斯指出："阿拉伯社会传统中重视对权威的尊重，孩子不许与权威争辩，也不许质疑或批评，因此很多阿拉伯中学的学习方式不是分析而是背诵。而大学则不同，从进入大学的第一天开始，学生们就被期待着去挑战，去质疑，去分析。"[1] 由于学习困难，只有36%的阿拉伯学生能够在三年内完成本科学业，比例远低于犹太同学（53%）。[2]

2. 语言障碍

以色列高等教育全部以希伯来语作为教学语言，这对于很多毕业于以阿拉伯语为教学语言的阿拉伯中学的同学而言是一个不小的挑战。学生需要一个适应的过程，甚至需要读一年预科，提高其希伯来语、英语水平才能正式进入大学开始学习。

3. 一年级辍学率较高

阿拉伯学生由于不必服兵役因此从高中毕业后直接进入大学，他们的年纪一般比犹太同学要小2~3岁。很多阿拉伯大学生是第一次离开家开始独立生活，包括住在宿舍、自己做饭等。生活压力和学业压力在一起，使得阿拉伯大学生的第一年成为大学生涯中最困难的一个阶段，辍学率远高于犹太同学。2011年阿拉伯学生一年级辍学率为15.4%，同期犹太学生的辍学率为10.8%。尤其是在一些公认比较难的学科，比如说在工程学院，阿拉伯学生的辍学率达到25%，而犹太学生的辍学率为14%。[3]

---

[1]　Elie Rekhess, "Israeli Arab Intelligentsia", *Jerusalem Quarterly* 11, 1979, pp. 51 – 69.

[2]　Talila Nesher, "Israel to Launch Campaign to Attract More Arab Students to Universities", *Haaretz*, 21 Oct. 2012, http://www.haaretz.com/israel-news/israel-to-launch-campaign-to-attract-more-arab-students-to-universities.premium-1.471184.

[3]　Avivit Hai, *Higher Education for Arab Citizens of Israel: Realities, Challenges and New Opportunities*, p. 8

4. 学习科目相对集中

由于学习基础薄弱以及就业限制，阿拉伯学生学习的科目相对集中，导致一些职业供大于求，比如说人文和社会科学类专业相关的职业；而另外一些比较容易找工作的职业，如计算机工程和金融等相关的职业，阿拉伯毕业生却供不应求。能自主创业的职业如律师、会计师等专业格外受到阿拉伯学生的欢迎，因为就业相对受限小。医学、护理学等因为就业方便也受到青睐。2011 年在以色列大学的药学专业，42% 的学生是阿拉伯人，护理学 36% 是阿拉伯学生，教育学为 23%；而在工程建筑学专业，阿拉伯学生仅占 6%，在企业管理学中阿拉伯学生比例低至 5%。[①]

二 以色列高等教育委员会（CHE）推出的"六年计划"

2011 年以色列高等教育委员会（Council of Higher Education）的"规划和预算委员会"（Planning and Budgeting Committee）与以色列财政部签署协议，根据该协议以色列政府将出资 3.05 亿谢克尔，用于发展并推行一项旨在促进阿拉伯年轻人接受高等教育的长期的战略计划。[②] 基于这笔资金，高教委出台了促进阿拉伯学生完成高等教育的六年计划（Six Year Plan），覆盖范围从高中到大学（包括硕士生、博士生阶段）直到就业。具体内容如下。

1. 高中阶段

高教委的"规划和预算委员会"在阿拉伯社区建立咨询中心，为阿拉伯高中学生提供多样服务，包括集体及个人辅导咨询、资助高考补习班、英语和希伯来语强化班、领袖能力培养以及组织工作招聘会等。

2. 预科

预科学习（包括提高希伯来语和英语水平），能够极大地帮助阿拉伯学生适应之后的大学学习，但高昂的收费让大多数有此需要的阿拉伯学生望而却步。六年计划中的一部分资金将用于鼓励阿拉伯学生参加预科学习。参加预科学习并进入大学的阿拉伯学生中 20% 可以得到奖学金；其他多种

---

① Avivit Hai, *Higher Education for Arab Citizens of Israel: Realities, Challenges and New Opportunities*, p. 7.

② Avivit Hai, *Higher Education for Arab Citizens of Israel: Realities, Challenges and New Opportunities*, p. 4.

支持项目包括但不限于高考补习班免学费、个人辅导、返还交通和宿舍费用等；另外将规划专门资金用于宣传预科学习的重要性和必要性。

3. 提高阿拉伯学生在大学第一年的成功率

在开学之前一个月阿拉伯学生都可以参加免费的强化准备课程，学生在这一个月中可以得到基本学习技巧的培训，包括希伯来语写作等。阿拉伯学生还将受到特别辅导，以减轻其从阿拉伯教育体系初到高等学府的不适应感和心理压力。在第一学年内，阿拉伯学生将接受一系列校园服务，包括学术和文化讲座、集体及个人指导、希伯来语及学术写作技巧培训等。

4. 就业及毕业后跟踪服务

各所高校都将得到预算，为大学二年级和三年级的阿拉伯学生开办就业前指导课程，包括培训个人简历的写作、面试技巧，并举办招聘会。对于特别优秀的阿拉伯学生，"规划和预算委员会"设立专项奖学金鼓励他们继续深造。每年25个为期两年的硕士全额奖学金，14个为期三年的博士奖学金，以及25个一年期的博士后奖学金。为了鼓励高校吸收阿拉伯教学科研工作者，以色列高教委与卡汉诺夫基金会（Kahanoff Foundation）合作设立了7个为期三年的特别奖教金，也就是说至少三年内大学可以免费雇佣这些阿拉伯教职员。

5. 补贴情况

高教委的"规划和预算委员会"为所有国立大学和学院的学生提供补贴，2011年时专门为阿拉伯学生增设了900个补贴名额。到目前为止以色列大学和学院仍然可以在原有名额范围内吸收阿拉伯学生，这一举措大大增加了将来让更多阿拉伯学生进入大学的可能性。

以色列高教委的上述举措从2012/13学年开始正式实施，现在讨论其效果为时尚早，但阿拉伯学生在以色列高等教育机构全体本科生中所占比例从2012/13学年12.4%上升到2013/14学年的13.1%，再到2014/15学年的14.1%，表明至少从阿拉伯大学生的数量上看六年计划是有积极效果的。①

---

① Council for Higher Education，"Undergraduate Arab students in Institutions of Higher Education by Type of Institution 1999/2000 – 2014/15"．

值得一提的是以色列高教委采取的这些措施绝大多数并非高教委的原创，之前已有先例，多数由各大学或其他机构及组织发起并实行。比如从2006 年以色列理工大学（Technion）实行的 NAAM（"杰出阿拉伯年轻人"，Excelling Arab Youth）项目，旨在支持和鼓励优秀的阿拉伯学生报考理工大学的工程和科学专业；由兰达基金会（Landa Family Fund）支持的"首年计划"——在大学第一学年开始之前向阿拉伯学生提供为期五周的预热课程，教授希伯来语、英语和数学等科目，这一项目成功使得理工大学阿拉伯学生第一年退学率从 2001 年的 28% 下降到 2011 年的 12%；2008 年希伯来大学开始实行"阿拉伯学生平等项目"（Arab Students' Equality Program）；海法大学也在第一年开始之前为阿拉伯学生提供为期 5 天的集训课程，主要是向学生介绍学术意识和学习方法；本－古里安大学的"沙漠花苞"计划由卡汉诺夫基金会资助，在已经实行了 15 年之久的"沙漠医学花苞"计划的基础上，2012～2013 年度增加了"沙漠人文科学花苞"和"沙漠自然科学花苞"项目，让那些高考成绩达不到入学标准的贝都因学生能够进入特定的学术路径开始大一的学习，在这一年中他们会得到各种培训和帮助，在一年结束时如果能达到一定要求（平均分达到 75 分以上）则可以继续开始第二年的学习。以色列高教委的六年计划将上述这些非政府主导的努力官方化了，涉及更广泛，影响力也更大。

三 其他促进以色列阿拉伯人高等教育改善的措施

2011 年夏以色列爆发大规模的社会抗议（包括阿拉伯公民的抗议），抗议高物价低收入和社会不公等。之后，特拉赫腾伯格委员会（Trajtenberg Committee）成立，就民众所抗议的事务进行调查并提出建议。政府采纳的委员会建议包括出资 7.5 亿谢克尔增加就业及职业教育。其中很大一部分资金将用于清除阻碍阿拉伯妇女（及极端正统派犹太教徒）进入工作市场的障碍，比如向读书 10～12 年的阿拉伯妇女提供就业培训并建设日托中心等。①

① Trajtenberg Committee，"Creating a More Just Israeli Society"，Report Summary in English by Yad Hanadiv，http：//www. yadhanadiv. org. il/sites/default/files/downloads/resources/Trajtenberg% 20Report% 20Summary% 20－% 20English. pdf，最后访问日期：2017 年 7 月 16 日。

第四节   以色列阿拉伯人高等教育的国际化和 "约旦化"

在以色列建国前，巴勒斯坦的阿拉伯青年就有到周边国家和地区 "游学" 的传统，人数不多，仅限于富裕家庭，比如到贝鲁特大学或者开罗的艾孜哈尔大学学习等。以色列建国后，因为政治原因，以色列阿拉伯学生很少能到周边阿拉伯国家学习，没有被以色列大学接受的学生出国留学的对象国，主要是东欧社会主义国家。以色列共产党每年有 50~60 个奖学金名额给以色列青年（以阿拉伯青年为主）到东欧和苏联进行长期或短期的学习交流。1986~1996 年期间共有 1096 名以色列阿拉伯学生在上述社会主义国家接受了高等教育，其中 60% 学医，20% 学工程，其他的学政治学、经济和法学等专业。[1] 以色列应用社会研究阿拉伯中心（Mada al-Carmel, Arab Center for Applied Social Research）2004 年进行的调查显示，以色列阿拉伯大学毕业生中约 15% 拿的是国外高等教育机构的文凭。[2]

自以色列与约旦于 1994 年正式建立外交关系以后，尤其是近十年来，以色列阿拉伯年轻人到约旦求学的现象明显增多。约旦因文化近似、位置毗邻、交通往来方便而成为以色列阿拉伯学生出国读书的首选目的国。1998 年时约有 100 名以色列阿拉伯学生在约旦求学，但不到 10 年后该数字增长了 50 倍，据统计 2006/07 学年约有 5400 名以色列阿拉伯人在约旦读大学，占约旦全部外国留学生总数的 20%。[3] 到 2011 年据估计在约旦大学读书的以色列阿拉伯人已突破 10000 人。[4]

以色列阿拉伯学生到约旦学习的主要科目是制药学和其他医学相关专业。据哈勒德·阿拉尔（Khaled Arar）和库塞·哈吉耶西亚（Kussai Haj

---

[1] Majid al-Haj, *Education among the Arabs in Israel: Control and Social Change* ［希伯来语］, Jerusalem: Magnes Press, Hebrew University, 1996, p. 172.

[2] Khalid Arar and Kussai Haj Yehia, *Jordanization of Higher Education Among Arabs in Israel* ［希伯来语］, Jerusalem: The Institute of Urban and Regional Studies, 2011, p. 36.

[3] 5400 名以色列阿拉伯学生，不包括来自约旦河西岸和加沙地带的巴勒斯坦学生。数据引自 Khalid Arar and Kussai Haj Yehia, "Emigration for Higher Education: The Case of Palestinians Living in Israel Studying in Jordan", *Journal of Higher Education Policy*, 2010, 23: 358 – 380.

[4] Khalid Arar and Kussai Haj Yehia, *Jordanization of Higher Education Among Arabs in Israel* ［希伯来语］, p. 39.

Yehia）在 2008 年对留学约旦的 460 名以色列阿拉伯学生进行的抽象调查显示，与以色列境内高校中阿拉伯女生多于男生正好相反，在约旦求学的阿拉伯男生比例远远高于女生，男生约占 3/4，而女生约占 1/4。这些学生中将近一半（46.5%）学药剂学，言语治疗专业的学生占 17.4%，物理治疗和职业治疗专业占 9.34%，护理专业占 6.5%，医药学占 5.4%，牙科专业占 4.56%，医疗技术员专业占 2.6%，其他所有学科（包括伊斯兰学等）一共是 7% 左右。[①]

在约旦学习这些科目的学费和生活费都比在以色列要高，但以色列阿拉伯学生仍然乐此不疲，主要是因为大多数有志于此类专业的阿拉伯学生无法顺利进入以色列的大学学习这些对高考成绩和希伯来语水平要求都很高而且竞争激励的科目。对于阿拉伯学生来说，为了进入以色列各所大学的这些"热门"科目，首先要通过高考和面试（用希伯来语进行）。由于阿拉伯学生的母语教育背景，他们的希伯来语水平一般低于犹太学生，而且英语水平也不够，因为对于大部分犹太学生而言英语是第二语言，而对于阿拉伯学生而言英语是第三语言（排于阿拉伯语、希伯来语之后）。另一个对阿拉伯学生的主要障碍是年龄。有些学院和专业，比如医学和护理学等，录取要求学生年龄不低于 20 岁。[②] 这对于普遍在高中毕业后要先去以色列军队服 2～3 年义务兵役的犹太学生而言是正好，但以色列阿拉伯人并不服兵役，高中毕业一般都只有 18 岁，等到 20 岁意味着要浪费两年的时间。

以色列阿拉伯学生高等教育的"约旦化"具有一定的积极意义，因为相当数量的阿拉伯学生可以到约旦去学习自己喜欢或者有利于之后就业的专业，但也存在着弊端。首先，高校对于以色列的阿拉伯学生而言本来是广泛接触以色列主流社会的平台以及初步融入以色列社会的跳板，而这个过程的缺失对于想要回到以色列长期生活的阿拉伯学生而言是一个很大的损失；其次，约旦的大学不够优秀，其文凭也并不被以色列的工作市场所认可和看好；而学生们在约旦受到的社会和政治影响会进一步为他们融入

---

① Khalid Arar and Kussai Haj Yehia, "Emigration for Higher Education: The Case of Palestinians Living in Israel Studying in Jordan", p. 363.

② Khalid Arar and Kussai Haj Yehia, "Emigration for Higher Education: The Case of Palestinians Living in Israel Studying in Jordan", p. 361.

以色列主流经济和社会设置障碍；在阿拉伯语环境中学习和生活不利于提高这些学生的希伯来语水平，但毕业后他们回到以色列求职时希伯来语是必备的语言能力。[1]

总　结

以色列阿拉伯人的高等教育在建国以来取得了显著进步，但以色列的高等教育基本上全部用希伯来语进行（个别师范学校除外），而由于绝大多数阿拉伯学生在中小学都是在阿拉伯学校用阿语进行学习，因而阿拉伯学生不管是在进入大学还是在大学学习期间都要克服比犹太学生难得多的语言障碍。由于政治原因，阿拉伯公民希望建立以阿拉伯语为教学语言的高等教育机构的要求一直没有实现。近年来在这方面有一些进展，比如 2010年，私立学院"拿撒勒学术机构"（Nazareth Academic Institute，NAI）经过近十年的争取终于得到以色列高等教育委员会的认可，成为全以色列第一个以阿拉伯语为教学语言的高等教育机构，在第一年设立了两个为期两年的本科专业，招收了 38 名学生，其中 20 名学生学习化学，18 名学生是通信专业；[2] 2014 年高等教育委员会决定将在拿撒勒建立一所公立学院，这一学院隶属于海法大学，教学语言虽然还是希伯来语，但有阿拉伯语和英语的课程[3]。这是以色列第一所位于阿拉伯城市的公立高等教育机构。成立阿拉伯语教学的大学或学院仍然任重而道远。

除了语言之外，阿拉伯中学教学质量和成就普遍低于犹太中学，造成以色列阿拉伯学生入学率低于犹太学生。2012 年有 44% 的犹太高中毕业生可以满足最低的大学入学要求，而在以色列阿拉伯学生中能够满足最低大学入学条件的仅有 22%。犹太学生中约有 75% 的有资格参加高中毕业考，而阿拉伯学生只有 57% 参加高中毕业考试，大概只有 28% 的阿拉伯学生可

---

① Avivit Hai，*Higher Education for Arab Citizens of Israel：Realities，Challenges and New Opportunities*，p. 8.

② "Israel's First Arab-Language College Opens in Nazareth"，*The Chronicle of Higher Education*，01 Nov. 2010，http：//chronicle. com/blogs/global/israels-first-arab-language-college-opens-in-nazareth/27835.

③ Yarden Scop，"Israel to Open First Public College in Arab Town"，*Haaretz*，24 Nov. 2014，http：//www. haaretz. com/israel-news/1. 628112.

以成功通过高考（犹太学生中 51% 可以通过高考）。① 申请进入大学的阿拉伯学生有近 1/3 的被拒率，而犹太学生被拒率仅为 19%。② 在大学学习期间，由于教学语言是希伯来语、阿拉伯学生普遍学术基础较差、环境陌生需要适应等因素，阿拉伯学生的一年级失败率及辍学率远高于犹太学生。

以色列政府通过高等教育委员会采取了一系列措施帮助阿拉伯人适应以色列高等教育机构并助其成功完成学业。这些措施取得了一定成效，以色列高等教育机构中阿拉伯学生的比例近几年有明显提高。2015/16 学年，以色列高校本科生中阿拉伯学生比例上升到 14.4%，而 1999/2000 学年度阿拉伯本科生占全体本科生总数的 9.8%；在硕士生中阿拉伯学生的比例从 1999/2000 学年的 3.6% 上升到 2015/16 年的 10.5%，而博士生中阿拉伯学生的比例也从 2.8% 上升到 5.9%。③

但对于长期困扰以色列阿拉伯学生的就业问题，并没有行之有效的解决方案。大量与安全和军事科技相关的职业将阿拉伯应聘者拒之门外，大多数犹太私人企业并不愿意雇佣阿拉伯雇员。因此绝大多数阿拉伯大学毕业生都会回到自己的家乡，并为本阿拉伯社团提供服务，如教育、社会工作、法律，甚至金融会计服务。为犹太主体社会服务的多是受教育程度不高的蓝领阿拉伯工人，比如保洁人员、司机或者建筑工人。受过高等教育并受到犹太主体社会相当欢迎的唯一例外，应该是在医疗行业。由于实际需求，数千名阿拉伯医师和护理人员在以色列的医院工作，他们的服务对象并不专门是阿拉伯人口，而是犹太人口，甚至包括那些极端保守和排外的社团如极端正统派犹太教社团。

根据以色列政府公共服务专员办公室（Civil Service Commissioner's Office）2011 年做的统计显示以色列公众医疗系统中 12.5% 的医生是阿拉伯裔，11.3% 的护士是阿拉伯裔。2015 年特拉维夫大学的一项调查显示以色

---

① Talila Nesher, "Israel to Launch Campaign to Attract More Arab Students to Universities", *Haaretz*, 21 Oct. 2012, http://www.haaretz.com/israel-news/israel-to-launch-campaign-to-attract-more-arab-students-to-universities.premium-1.471184.

② Talila Nesher, "Israel to Launch Campaign to Attract More Arab Students to Universities".

③ Scott Jaschik, "Arab Enrollments Increase at Israeli Universities", *Inside Higher ED*, 15 Oct. 2015, https://www.insidehighered.com/quicktakes/2015/10/15/arab-enrollments-increase-israeli-universities.

列 35% 的药剂师是阿拉伯裔。[①] 尽管阿拉伯裔医护人员的比例仍低于阿拉伯人口在以色列全国人口中 20% 的比例，但相对于其他公众服务部门阿拉伯人超低的就业率，医护行业这样一个既重要又有较高社会地位的行业，为阿拉伯大学生融入以色列主流工作市场提供了非常难得的机会。当然这也从侧面反映出以色列医护人员的短缺问题很严重，在 2015 年 4 月以色列甚至不得不打破自 2000 年巴勒斯坦第二次武装大起义以来的禁令，从巴勒斯坦"进口"了 100 名医生到以色列的医院工作，这些医生甚至可以开自己的车子从约旦河西岸进入以色列，这也是 15 年来首次有巴勒斯坦牌照的车辆被允许进入以色列。[②]

由于工作市场相对理想，并有自行开业的自由度，医学相关专业成为阿拉伯学生最想学的专业之一。但由于很难进入以色列大学的有关专业，大批以色列阿拉伯学生选择出国攻读有关专业，约旦成为很多人的首选。但是在约旦而不是在以色列读大学，也为这些学生毕业后进入以色列工作市场形成了一些障碍，包括语言、文化和认同方面的障碍。

以色列大学，作为阿犹两个民族的年轻人交流最频繁、最平等的场所，肩负着知识教育以外的任务，是两个民族尝试和平共处的一个平台和试验场。阿拉伯学生的政治敏感度比较高，学生活动的活跃度高于犹太学生。目前在以色列政坛活跃的阿拉伯人中很多都曾经在大学参与并领导过学生运动，可以说这些阿拉伯大学生为以色列阿拉伯社团储备了未来的领导人。

---

① Joshua Mitnick, "For Israeli-Palestinian Interaction, A New Venue: The Arab Doctor's Office", *The Christian Science Monitor*, 01 Feb. 2016, http://www.csmonitor.com/World/Middle-East/2016/0201/For-Israeli-Palestinian-interaction-a-new-venue-the-Arab-doctor-s-office.

② Rafa Mismar, "100 Palestinian Doctors Authorized to Work in Israeli Hospitals, Reversing Intifada ban", 25 April 2015, http://www.jpost.com/Arab-Israeli-Conflict/Palestinian-Restrictions-Eased-with-New-Permissions-399112.

第七章　阿拉伯少数民族与国家的主要矛盾

——土地、非法建筑

　　之前几章讨论了以色列阿拉伯少数民族在政治、经济、教育等方面具体的发展情况及其与以色列犹太主体民族之间的差异与差距，本章将讨论阿拉伯少数民族作为整体与以色列国家最尖锐也是最集中的矛盾体现——土地问题和非法建筑问题。1976 年 3 月 30 日，因抗议政府征用阿拉伯土地的计划，以色列阿拉伯人举行大规模罢工和示威游行，在与警方的冲突中六名阿拉伯公民丧生。这是以色列阿拉伯人首次鲜明地表示出捍卫土地权利的决心，显示了阿拉伯少数民族团结行动的群体力量，让以色列政府认识到土地问题的严重性，并改变其一直以来实行的土地剥夺政策，这成为以色列阿拉伯社团历史上里程碑式事件。为了纪念这一事件，每年 3 月 30 日被阿拉伯少数民族定为"土地日"。土地日事件不仅对阿拉伯社团与以色列国家关系产生了重要影响，也对以色列阿拉伯内部政治力量对比和社会结构变化产生至关重要的影响。进入 80 年代，在绝大部分阿拉伯地区（南部贝都因地区除外），土地问题不再是阿拉伯公众话题的焦点，非法建筑问题取而代之，成为阿拉伯社团与以色列当局的主要矛盾所在。纵观以色列建国 70 年来的历史，土地和非法建筑这两个主题长期左右着以色列国内民族关系以及阿拉伯少数民族内部的政治和社会走向。

第一节　土地：阿拉伯少数民族与以色列国家的矛盾焦点

在以色列建国初期，阿拉伯社团进行农业生产最重要的生产资料——土地遭受了大规模的掠夺。这对于阿拉伯社团，尤其是其经济和社会发展，具有非常重要的影响。

一　以色列当局剥夺阿拉伯土地的法律依据

获取巴勒斯坦的土地并在此从事农业生产是犹太复国主义运动最重要的内容之一，也是实现犹太民族建国目标最重要、最直接的途径。从 19 世纪末 20 世纪初，随着犹太移民的到来，犹太组织和个人积极购买巴勒斯坦的土地，到以色列建国前犹太组织和个人通过收购方式合法拥有巴勒斯坦全地约 7% 的土地，这些土地成为后来联合国通过的《巴勒斯坦分治决议》中犹太国家的基础。而通过犹太社团的政治和外交努力，在《分治决议》中分给犹太国家的土地达到巴勒斯坦总面积的 56%，这是犹太社团的巨大成功，却也使得原本就坚决反对由联合国来决定巴勒斯坦命运的阿拉伯方面更加无法接受《分治决议》。[①] 由于阿方坚决拒绝《分治决议》，战争不可避免，实际上阿犹双方从 1947 年 11 月《分治决议》刚刚通过就开始武力冲突不断。为夺取尽可能多的地盘，犹太方面通过连续的军事行动夺取土地。到 1948 年 5 月英国委任统治结束、以色列建国（即第一次中东战争爆发）前夕，犹太方面实际控制巴勒斯坦 14% 的领土，[②] 但到 1949 年第一次中东战争结束时，以色列已经控制了前巴勒斯坦近 80% 的土地。

建国后以色列国家通过一系列复杂的立法和土地权转让，最终把这些

---

① 1947 年，联合国任命的 11 人巴勒斯坦问题特别委员会（UNSCOP）到巴勒斯坦进行调查访问，犹太社团提交了早已准备好的分治计划，而阿拉伯方面没有提出任何方案，而是强调拒绝分治。特别委员会在巴勒斯坦调查期间受到犹太复国主义领导人的欢迎却遭到巴勒斯坦政治家的联合抵制。两种态度对比悬殊，进一步促使委员们支持犹太复国主义领导的分治要求。详见艾兰·佩普《现代巴勒斯坦史》，上海人民出版社，2010，第 105～106 页。

② Souad R. Dajani, *Ruling Palestine: A History of the Legally Sanctioned Jewish-Israel Seizure of Land and Housing in Palestine*, BADIL Recourse Center for Palestinian Residency & Refugee Rights, 2005, p. 28.

前阿拉伯属权的土地犹太化。将这些土地犹太化，具有双重意义，既消除阿拉伯人的生活痕迹、杜绝其回归的可能性，又为新来的以及将要到来的大批犹太移民准备空间。迄今为止，以色列境内93%的土地由国家和犹太民族基金（Jewish National Fund，JNF）直接控制，其他土地属于私有，土地主既包括犹太人也包括阿拉伯人。2009年以色列国会通过一项关于土地改革的法律，规定国有土地可以进行私有化，当然这些国有土地包括了那些曾经属于巴勒斯坦难民的、被捣毁及搬迁走的阿拉伯村庄的土地。

回顾以色列占有前巴勒斯坦土地的过程，除了顺理成章"继承"之前英国委任统治当局在巴勒斯坦地的公共土地之外，对属于个人和村庄的土地，以色列做了相当复杂的工作进行占有，从前属阿拉伯人的土地，到被"遗弃"的土地，到"缺席者"的土地，最终成为以色列国有土地。① 在战争期间，大批阿拉伯人离开或被逐，"遗弃"了大量土地和财产。1948年6月21日以色列通过了《被遗弃财产条例》（Abandoned Property Ordinance），这是第一个关于获取阿拉伯人土地及财产的法规。② 以色列军方迅速建立"阿拉伯财产委员会"（Arab Property Committee）接管所有被"遗弃"的财产，并于1948年7月成立"缺席者③财产托管机构"（Custodian of Absentee Proporty）。1948年12月时任财政部长埃利泽·卡普兰（Eliezer Kaplan）签署生效了《缺席者财产条例》（Absentee Property Regulations），在该条例基础上，1950年以色列国会正式通过《缺席者财产法》（The Absentee Property Law 1950）。依据《缺席者财产条例》和《缺席者财产法》，所有沦为难民的"缺席者"拥有及使用过的财产全部被划为国有。1953年以色列国会通

---

① Geremy Forman，"From Arab land to 'Israel Lands'：The Legal Dispossession of the Palestinians Displaced by Israel in the Wake of 1948"，*Environment and Planning D：Society and Space*，vol. 22，2004，pp. 809 – 830.

② Yifat Holzman-Gazit，*Land Expropriation in Israel：Law，Culture and Society*，Hampshire，England：Ashgate，2007，p. 106.

③ 按照1948年12月以色列颁布的《缺席者财产法》，缺席者被定义为1947年11月29日到1948年5月19日，即联合国《巴勒斯坦分治决议》通过到以色列宣布建国期间，所有在以色列境内合法（直接或者通过代理人）拥有财产的外国（黎巴嫩、埃及、叙利亚、沙特阿拉伯、约旦、伊拉克、也门等国）公民，所有在1948年9月1日之前离开常住居所的人，及所有阻止以色列国建立及与以色列作战的人。《缺席者财产法》是以色列政府有效剥夺阿拉伯土地的措施，一旦被认定为缺席者，其所有财产都由缺席者财产托管机构剥夺。见 Jiryis，*The Arabs in Israel*，New York and London：Mothly Rewiew Press，1976，pp. 83 – 85.

过了《土地认购法》（The Land Acquisition Law 1953），"缺席者财产托管机构"将其管理下的所有土地转让给以色列开发总局（Development Authority）用于"关键性的定居和发展所需"（essential settlement and developments needs），而发展局本该为这些土地所支付的转让款又以贷款形式被还给发展局。也就是说，没有支付一分钱，那些沦为难民的原巴勒斯坦居民——"缺席者"，留在以色列境内的所有土地和财产从犹太人建立的"托管机构"转移到了另一个犹太机构——以色列发展总局，并被用于犹太人定居和发展。1960 年以色列通过基本法《国家土地法》（Basic Law：Israel Lands），并以该法为依据建立了"以色列土地管理局"（Israel Land Administration，ILA），负责管理以色列的土地，包括国有土地、犹太民族基金会所拥有的土地，以及之前就由以色列发展总局所拥有的土地。[1] 根据该法，以色列土地管理局委员会中约一半成员要来自 JNF——犹太民族基金。[2] ILA 统一管理以色列国有土地，将其分配给犹太移民和犹太农业组织使用。[3]

留在以色列境内的阿拉伯人也并没有幸免于被剥夺土地的命运。约有 1/4 的以色列阿拉伯人被定义为内部难民（Internally Displaced Person，IDP）或称为"在场的缺席者"（Present Absentees），他们在战争期间或战后，离开或者被逐出原住地，但留在了以色列境内。这些内部难民尽管成为以色列公民、拥有以色列国籍，但不能回到自己原来的家园，只能寄居在其他村庄或城市中。他们的土地跟不在以色列国内的其他"缺席者"一样被剥夺、被国有化。[4] 而对于那些有幸没有离开或被逐出自己村庄的阿拉伯人来说，其拥有或使用的土地在以色列建国后的近二十年中也遭到大规模的剥夺和征用。从 1948 到 1966 年（实际上到 1967 年六日战争结束）被强加于阿拉伯人口的军事管理当局在这一过程中"功不可没"。一般来说，剥夺阿拉伯人土地分为两个步骤，首先将土地和其原主人分离，然后再以开发的名义进行侵占。下面我将详细介绍这两个步骤。

---

[1] Israel Land Authority, "General Information", updated 19 June 2013, http：//www. mmi. gov. il/envelope/indexeng. asp？page＝/static/eng/f_ general. html.

[2] ADALAH，*The Inequality Report：The Palestinian Arab Minority in Israel*，p. 34.

[3] Jiryis，*The Arabs in Israel*，pp. 75－79.

[4] Hillel Cohen，*The Present Absentees：The Palestinian Refugees in Israel since 1948*［希伯来语］，Jerusalem：Institute for Israeli Arab Studies，2000，pp. 5－19.

根据《紧急状态条例》第 125 条，军事管理当局有权宣布任何地区成为禁区（Closed Area），并限制任何人进入。因为其村庄或居所所在地被列为禁区，很多阿拉伯居民被要求立即离开并禁止返回，直到当局允许其返回。政府一般会为这些"放弃土地"的原居民提供一定的赔偿，但阿拉伯人通常都不愿意要赔偿而是坚持要返回自己的家园，而他们的要求却因为"安全原因"而被拒绝。除了禁区之外，沿以色列的边境还有一条由以色列国防部长宣布的"安全地带"。没有人能永久居住在这条"安全地带"之内，要想进入或者在其中生活都需要国防部长及其指派机构的许可。换言之，国防部长及指定的代理人有权驱逐居住在安全地带内的任何人，被逐者要在 14 天之内自动离开，或被以色列军队和警察强行驱逐。[①]

以色列通过的一系列相关法律，如《安全地带法》［Emergency Regulations（Security Zones）Law 5709 – 1949］、《荒地（未被耕种土地）开垦法》［Emergency Regulations（Cultivation of Fallow Lands）Law 5709 – 1949］[②] 和《土地征用法》［Emergency Land Requisition（Regulation）Law 5710 – 1949］等都与迫使阿拉伯人离开自己土地和家园有关。这几项法律最初都是以《紧急状态条例》的法规形式存在，之后融入了以色列正式法律的体系。通过这些法律，以色列不仅"合法继承"了英国委任当局所遗留的公共土地，而且保障了军事管理当局驱逐在"禁区"和"安全地带"内的阿拉伯居民并征用其土地的权力。

为了合法地剥夺这些土地，仅赶走原居民是不够的，这就需要进行第二步，即通过《荒地开垦法》来侵占这些前阿拉伯土地，并将之交给犹太居民使用。"由于战争中大片土地被其主人或耕种者遗弃而变成荒地，农作物被荒废，水资源也没有被合理利用"，因此以色列当局把这些土地交给犹太定居者以及集体农庄基布兹（Kibbutz）和农业合作社莫沙夫（Moshav）等犹太农业组织进行耕作。很多被划为禁区和安全地带的土地，其原主人因"安全原因"而无法进行耕作，这样它们也就变成了"荒地"，而一旦被认定为荒地，

---

① Jiryis, *The Arabs in Israel*, p. 90.

② 该法最早于 1948 年 10 月通过，1950 年批准该法的延期。见 Geremy Forman, "From Arab land to 'Israel Lands': The Legal Dispossession of the Palestinians Displaced by Israel in the Wake of 1948", p. 814.

以色列农业部长就可以直接雇人进行耕作或委任其他人进行耕作。一般来讲，这些"其他人"就是附近的犹太农庄或农民。按照《荒地开垦法》的规定，农业部长对荒地的支配权不应超过两年零 11 个月，但实际上这一权力可以一直被延期，直到紧急状态结束。这样一来，阿拉伯居民被迫"荒废"的土地及"缺席者"的土地，都被合法地移交给犹太组织和个人使用。[①]

在 1948～1952 年，大批阿拉伯人土地被剥夺。据统计，从 1948 年到 1953 年间，以色列兴建了 370 个犹太定居区，其中有 350 个是建立在被阿拉伯人"遗弃"的土地上。不仅是在农村，在城市也一样，由于战争中大批阿拉伯人的离开，他们的居所和财产都作为"遗弃物"被国家征用。到 1954 年，以色列三分之一的新移民（约 25 万人）生活在阿拉伯人的原有地区。[②]

二　从直接剥夺到巧立名目——犹太化加利利地区运动和国家引水工程

从 20 世纪 50 年代中期开始，以色列剥夺阿拉伯人土地的方式由以安全为由直接剥夺变成巧立名目，"有偿征收"代替了直接驱逐。伴随着"犹太化加利利"（Judaization of Galilee）、"国家引水工程"（National Water Carrier of Israel）等大型工程的推进和道路及公共设施的修建，阿拉伯人的土地继续被剥夺、被"犹太化"，阿拉伯社团可支配土地持续减少。

1954 年 1200 杜纳亩土地被规划建立一个新的犹太城市，即上拿撒勒市，其中约一半土地原属于以色列当时唯一一个阿拉伯城市拿撒勒。拿撒勒居民将以色列政府诉上法庭，但 1955 年以色列最高法院接受政府所称的征用土地完全是为了建设政府设施等"公共目的"（Public Purposes）的说辞，驳回了起诉。建立政府设施确有其事，但仅占用 109 杜纳亩，其他土地都被规划为上拿撒勒，1956 年上拿撒勒首批住房建成，首批犹太人入住。

1956 年以色列北部加利利地区三个阿拉伯村子（Deir al-Asad、Bi'ina 和 Nahf）约 5550 杜纳亩的土地被宣布为"禁区"。1961 年这片土地被用作建立一个新城市卡尔梅艾勒（Karmiel）的地点。三个阿拉伯村子被给予别

①　Jiryis, *The Arabs in Israel*, pp. 94 – 96.
②　Lustick, *Arabs in the Jewish State*, Austin and London: University of Texas Press, 1980, pp. 57 – 58.

处的土地补偿，但据称这些用于补偿的土地布满石块，根本不适合农业耕作。而当卡尔梅艾勒建成后，1964 年有周边的阿拉伯居民申请在该市购房居住时被拒绝。以色列当局没有掩饰对这些新建城市"犹太性"的期望，在被问到此事时，时任住房部长约瑟夫·艾勒莫吉（Yosef Almogi）称："卡尔梅艾勒不是为解决周边居民的问题而建立的"。①

上拿撒勒和卡尔梅艾勒这两个城市的建立，都是以色列"犹太化加利利地区"计划的组成部分。由于加利利地区阿拉伯人口集中，以色列政府一直担心该地区会成为"国中之国"或以色列阿拉伯人与境外"里应外合"的基地，因此从建国起就比较注重该地区的"犹太化"。大批新移民被安置，犹太城镇和犹太居民区被建立起来。上拿撒勒是一个很小的城市，至今只有四万人口，但它切断了阿拉伯拿撒勒自然扩张的可能性，俯瞰阿拉伯拿撒勒和耶斯列平原，战略位置非常重要。从 70 年代末到 80 年代初，一批（数十个）小型"瞭望定居点"（Mitzpe）在加利利地区如雨后春笋般建立起来。这些小型定居区一般规模不大，位于丘陵地区的山顶上，俯瞰周边阿拉伯地区。

除了"犹太化加利利"之外，另一个需要征用阿拉伯人土地的大型工程是国家引水工程。为解决人口稠密的中部地区和干旱的南部地区缺水问题，以色列建国后不久就决定修建国家引水工程，从淡水资源丰富的加利利湖引水到中部和南部供给生活和农业用水。引水工程开始于 1953 年，由于与叙利亚的争端，工程中断，之后复工，到 1964 年 6 月全线完成。引水工程全程 130 公里，由巨型管道、露天运河、隧道、水库和大型泵站组成。② 由于引水工程途经的加利利地区是阿拉伯人口集中的地区，因此阿拉伯土地被征用就在所难免了。引水工程并不是从阿拉伯农田中辟出一条水管线这样简单，为了保障水资源的安全，必须划出一条相当的安全地带。国家引水工程本来是利国利民的好事，既解决了缺水地区的用水危机，也

---

① Jiryis, *The Arabs in Israel*，pp. 99. 20 世纪 90 年代卡尔梅艾勒市移入 1.6 万主要来自苏联的犹太移民，到 2007 年时该城市人口约 5 万，其中 40% 是移民。另有数量庞大的极端正统派犹太教徒居住在这里。直到 21 世纪尤其是 2010 年后，阿拉伯家庭才开始移入卡尔梅艾勒市，主要因为该市面积大、人口少、市政规划出色。

② Israeli Water Authority，"National Water System"，http：//www. water. gov. il/Hebrew/Plan-ning-and-Development/Pages/National-water-system. aspx?.

通过水利系统将过剩水资源灌入地下深层，使地下水失衡地区的水文状况得到改善，扩大水浇地面积，使农业产出更为有效。但对于阿拉伯人而言，国家工程成为剥夺其土地的"借口"。

1963 年时以色列国家认识到土地问题的敏感性，提出"所有与此有关的行动都必须有（合理）解释，清楚明白"的指导方针，[①] 但征收阿拉伯人土地的步伐并没有停止。随着"犹太化加利利运动"的继续推行，阿拉伯人的土地继续被剥夺、被"犹太化"，但是土地剥夺的数量和频次都有所下降。

三　1966 年以后政府对阿拉伯土地的征用政策

以色列国家对阿拉伯土地的最大规模剥夺发生在军事管制时期。军事管制结束后，从 60 年代末到 70 年代，阿拉伯土地流失现象不像之前那样普遍。原因之一是由于阿拉伯社团可支配土地数量已大幅减少；另一个则是由于军事管制被废除，以"安全原因"为名的土地侵占（如禁区和安全地带的划定）不像之前那么方便；还有一个重要的原因则是阿拉伯人维权意识的增强。对于以色列阿拉伯人而言，土地不仅是重要的生产资料，具有经济意义，更被赋予了很强的民族意义，土地是阿拉伯民族在巴勒斯坦、在这个国家存在的根基，具有非常重要的象征意义。

1967 年以色列国家安全研究院（Institute for National Security Studies）出台了一份名为"对阿拉伯社团土地政策的指导方针和目标"的报告，其中关于国家土地政策的目的阐述如下：

①将闲地（从 1948 年）、缺席者财产和伊斯兰教教产（Waqf）土地都纳入国家经济体系，以钱或地补偿那些因此而受损失者；

②对各类国有土地进行正式登记和有效占有；

③阻止对国有土地的侵占并阻止非法建筑活动；

③在加利利和南部内盖夫地区建立贝都因人的集中住所；

⑤通过购买或交换，如果在别无选择的情况下，以征用土地的形式集中大面积的土地，以用于（犹太人）定居和发展。[②]

---

① Government Policy toward the Arabs, 26 Sept. 1963, G: 6405/1, State Archives.

② Guidelines and Goals of the Land Policy in the Arab Sector, GL 17091/18, pp. 6 – 7, State Archives.

　　上述文件表明军事管制结束后以色列政府对阿拉伯少数民族土地政策的两大趋势，首先对已经夺取的土地要充分利用，再就是将下一步土地剥夺的对象锁定为原本采取游牧生活方式的贝都因人。值得注意的是这一时期政府对阿拉伯土地的征用政策发生了一些变化，强行征用不再是理直气壮、顺理成章的举措，而是在"别无选择的情况下"的"无奈之举"。

　　尽管以色列政府在征用阿拉伯人土地方面变得更加谨慎，但并没有放弃征用。如前以色列总理阿拉伯事务顾问托里达诺在 1968 年当时的以色列执政党——工党就"1967 年后对阿拉伯少数民族政策"召开的一系列会议上所做的陈述："我们避免强行征收土地，除非实在无法避免。我们意识到征收土地会引起骚动，因而在这三年里我们都没有征用过土地。但我觉得在两三个月之内情况会改变，因为以色列国防军需要一些土地，我们不得不进行征用。"[1]

　　托里达诺所说的"无法避免征收"的土地指的就是几年后在土地日冲突中具有重要作用的"9 号地带"。这是位于加利利地区的一片面积为 63129 杜纳亩的土地。截至 1965 年，9 号地带中 73.5% 的土地在以色列土地管理局（ILA）辖下，另有 21.2% 由附近的几个阿拉伯和贝都因村庄所有。从 1942 年到 1944 年这里被用作英国军队的训练地，但在训练以外的时间，农民可以继续进行耕种。1952 年以色列国防军将 9 号地带重新用于训练，与英国委任统治时期一样，阿拉伯居民仍然可以继续居住在此，只需在演习的时候离开就可以。但从 1956 年开始，以色列国防军试图将 9 号地带及其北边共计 10 万杜纳亩的地方宣布为军事禁区，这意味着周边几个阿拉伯村庄 2/3 的土地要被征用。当时迫于公众压力，军方暂时放弃这一计划，在此耕作的阿拉伯村民可获得季节性许可，进入这片区域进行耕作。[2] 但由于有村民因军队演习留下的军火而受伤，以色列国防军不得不支付高昂的赔偿费用，对此军方非常不满。1967 年，在以色列全面停止征收阿拉伯人土地近三年后，9 号地带的征用旧事重提。这次要征用的土地共 22722 杜纳亩，其中超过 4000 杜纳亩是阿拉伯人私有，另有 400 杜纳亩属

---

① Shmuel Toledano, "Toledano Testimony 1968", 2 – 7 – 1968 – 117, p. 7, Labor Party Archive.
② Ran Kislev, "Land Expropriation: History of Oppression", *New Outlook*, 19/169, Sept. – Oct. 1976, pp. 23 – 32.

犹太人私有。[①]

因征用土地太敏感，以色列国会的常设财政委员会邀请以色列土地管理局的代表以及托里达诺就此事进行讨论。委员会的意见分为两派，以利库德成员为代表的强硬派主张直接征用，而以托里达诺为代表的温和派则警告征用将引起公众反抗。最终军方决定在 1967 年战争中新占的领土上寻找合适的替代训练场所，因此 9 号地带征用计划再次搁置，阿拉伯村民可以继续在此耕种。

四　1976 年土地日事件的爆发及影响

自 1967 年之后的十年间，以色列政府没有针对 9 号地有进一步的动作。但到了 1976 年，因以色列军方的预算削减，为节省开支需要在比较近的场所（9 号地带）进行训练，不能像以前那样随意在被占领土上去选择训练场所。[②] 2 月 13 日，9 号地带周边几个阿拉伯村庄的村委会收到以色列警方通知禁止村民进入 9 号地带。这一消息迅速在周边地区及整个以色列阿拉伯社团传播并发酵，广大阿拉伯民众将这一通知视为以色列政府将在加利利地区（阿拉伯人口占多数的地区）进行大规模土地征用和"犹太化加利利运动"的信号。2000 名村民在当地举行游行抗议，很多人闯入 9 号地带在里面静坐示威，而各位村长及土地拥有者的代表在以色列国会前举行抗议。这些抗议活动使得以色列政府不得不重新审视整个事件，最终军方决定，将 9 号地带分为 A 区和 B 区，村民们可以继续在离村子比较近的A 区进行耕作，B 区面积更大但可耕地少，则被封闭起来。

9 号地带的征用事件暂时告一段落。但政府在加利利地区征地的计划并没有停滞。有分析家认为在 1973 年战争之后以色列社会对于被占领土命运的态度分化愈加明显，社会因此而分化，在政府内部也是一样。而在1974 年联合国决议承认巴解组织是巴勒斯坦人民唯一合法代表之后，以色列内部"鸽派"和"鹰派"的反应不同。强硬的"鹰派"力主扩大以色列在被占领土定居点的建设；而"鸽派"则反对被占领土的定居政策，他们

---

① 以色列土地管理局官员泽维·乌瑞艾里（Zvi Urieli）在以色列国会财政委员会就 9 号地带征用的讨论会上提供的数据。见以色列国家档案馆（State Archives），A7920/7，p. 1。

② Ran Kislev, "Land Expropriation: History of Oppression", p. 30.

认为加利利地区是以色列的，西岸却不是，因而在西岸建立犹太人定居点会引起国际反感，因此民族主义者可以到犹太人口稀少的加利利地区去定居，这属于以色列内部事务不会引发国际上大规模的抗议。尽管"鹰派""鸽派"的出发点不同，但对于加利利地区的犹太化应该加强这一点，两者迅速达成一致意见。① 因此，在早年几个犹太城市成功建立后本已停滞的"犹太化加利利"运动，再次如火如荼地开展起来。1976 年 2 月 29 日以色列政府批准了一项针对加利利地区的征地计划，总面积为 2 万杜纳亩的私人及社团公用土地（其中约 6300 杜纳亩属于阿拉伯人私有）② 将被征用于军事和民事用途。

受在此不久前成功阻止 9 号地带征用的鼓励，阿拉伯社团对这项新的征用计划进行了激烈的抵制，包括全面罢工、游行示威等。③ 1976 年 3 月 30 日，以色列阿拉伯人举行大罢工和游行示威，在与警方的冲突中六名阿拉伯公民丧生，这就是"土地日"事件。土地日事件，不仅对阿拉伯社团与以色列国家关系产生了重要影响，也对以色列阿拉伯内部政治力量对比和社会结构变化产生至关重要的影响。首先与政府长期保持合作关系的原阿拉伯社团领导人（与加入以色列政府和执政党工党合作的那些传统领导）势力被削弱，而以色列共产党却因在土地日斗争中发挥的主要领导作用而进一步巩固了自己作为当时阿拉伯民族运动中的优势地位，而之前一直被视为与以色列及犹太复国主义运动合作（至少是平和接受其统治）的以色列阿拉伯社团整体的政治活动和斗争从此逐渐被巴勒斯坦民族所了解和接受，以色列阿拉伯人作为巴勒斯坦民族的组成部分，在巴勒斯坦民族解放运动中所处的边缘地位有所改善。

为了缓和尖锐的矛盾，以色列政府不得不重新审视自己在加利利的土地政策，征收土地的步伐更加谨慎。当局认识到要让阿拉伯人口相信自己能享受加利利地区发展的红利，并接受政府开发加利利，而不是强迫他们

---

① Sabri Jiryis, "The Arabs in Israel, 1973 – 1979", *Journal of Palestine Studies*, vol. 8, no. 4, 1979, pp. 31 – 56.

② Elie Rekhess, *Israeli Arabs and Land Expropriation in Galilee：Background，Events and Impact* ［希伯来语］, Tel-Aviv：Shiloah Center, 1977, pp. 3 – 4.

③ "Flyer of National Committee for the Defense of Lands", 01 March 1976, Appeared as appendix 2, in Elie Rekhess, *Israeli Arabs and Land Expropriation in Galilee*, p. 50.

接受"犹太化加利利"。以色列政府采取措施（如实施五年计划等）来改善阿拉伯社团的生活水平和经济条件。从 20 世纪 70 年代末期开始，尽管政府并没有停止加利利犹太化，但做法更为隐蔽——成立犹太地方政府，而将周边阿拉伯地区的土地管辖权转给其所有。其中比较知名的例子是加利利地区一些犹太山顶前哨村（hilltop outposts）联合成立了 Misgav 地区委员会，而周边属于阿拉伯人的 18 万杜纳亩的土地也被划归 Misgav 地区委员会管辖，这样阿拉伯人的土地使用都要经过该委员会的审核和批准，限制了阿拉伯土地的潜在用途。总的来说，70 年代以后阿拉伯人对土地事务的警觉性很高，以色列政府逐渐将注意力集中到南部内盖夫地区贝都因人的土地上面。

五　贝都因人的土地问题

1947 年时在巴勒斯坦南部生活着大约 8 万主要以游牧为生的贝都因人，第一次中东战争结束时仅 1.3 万人留在以色列境内，分为约 20 个部落散布在以色列南部的内盖夫地区。由于超高的自然增长率，贝都因人口增加很迅速。截至 2004 年，有 13 万贝都因人居住在南部内盖夫，6 万居住在北部，占以色列全国人口的 3.5%。[①] 到 2011 年约 17 万贝都因人居住在总面积 14245000 杜纳亩的内盖夫地区，有预测认为到 2020 年这一数字将增加到 32 万。[②]

贝都因人的土地问题比其他阿拉伯人更复杂，一定程度上是因为他们缺乏土地所有权的有效证明。以游牧为生的贝都因人的传统是以部落为界按传统规则来划分游牧范围，但这种划分显然不能得到以色列国家的承认。而无论是在奥斯曼土耳其时期还是在英国委任统治时期，这些世代生活在这片土地上的贝都因人几乎都没有办理过土地所有权登记，这为以色列国家与贝都因人在土地方面的冲突埋下伏笔。

以色列建国后，跟其他阿拉伯人一样，贝都因人也被置于军事管理之下，行动自由受到限制，大部分人被集中在贝尔谢巴（Beer Sheva）、阿拉

---

① Israeli Knesset Website（以色列国会官方网站），"Bedouins in the State of Israel"，https：//www.knesset.gov.il/lexicon/eng/bedouim_eng.htm.

② ADALAH，*The Inequality Report*：*The Palestinian Arab Minority in Israel*，p. 35.

德（Arad）和迪莫那（Dimona）之间的区域。以色列 1953 年通过的《土地法》沿袭了奥斯曼土耳其时代在土地所有权方面的规定，认定没有登记在私人名下的土地都为国有。由于贝都因人绝大多数没有进行过土地登记，因而失去了对其直接居住区域以外的土地的所有权。大片之前由贝都因人游牧使用的土地被交付给以色列军队建立军营或演习场所，或交给犹太人进行农业定居，或建成自然保护区、植树成林。①

在 20 世纪 50 年末农业和半无产化影响了贝都因人，很多人放弃了游牧生活。50 年代后期到 60 年代，由于干旱，一些贝都因人迁到以色列北方，以色列政府允许他们定居在几个村庄。② 70 年代以色列政府开始允许以色列公民根据 1969 年通过的《土地登记法》（The Land Registration Ordinance 1969）对内盖夫地区的土地进行登记申请。本来这是个机会，那些居住在此地区的人也可以进行土地登记申请，确实有些贝都因人提出了对数十万杜纳亩土地的登记申请，但当局并没有对这些申请进行核查，更没有批准，③ 政府反而借这个机会把之前那些没有明确归属的土地全部进行了国有化。土地认证工作告一段落后，70～80 年代以色列政府开始对内盖夫地区的贝都因人实行定居政策，将之前缓慢进行的自发性定居变成有国家规划、有明确目标的永久定居。④ 政府此举倒不一定是完全不利于贝都因人的，因为流动、分散的居住使贝都因孩童的教育问题非常严峻，而集中居住有利于基础设施建设和公共服务的提供。从 80 年代至今，以色列政府为贝都因人共修建了 17 个定居村镇，但政府的定居计划却受到贝都因人的反对。首先他们认为政府没有考虑到他们的传统生活方式以及部落式社会的特殊需求，而且在那些永久性定居地政府也没有能像承诺的那样提供合适的服务，这些定居所的公众服务水平极低，基础设施发展被忽视，而且缺乏就业机会。⑤ 因此贝都因人抱怨政府只是想夺取他们的土地并将之交给犹太人使用。

---

① Israeli Knesset Website（以色列国会官方网站），"Bedouins in the State of Israel".
② 艾兰·佩普：《现代巴勒斯坦史》，第 155～156 页。
③ ADALAH, *The Inequality Report: the Palestinian Arab Minority in Israel*, pp. 35 – 36.
④ 冯基华：《走向定居的以色列贝都因人》，《亚非纵横》2002 年第 2 期。
⑤ Israeli Knesset Website（以色列国会官方网站），"Bedouins in the State of Israel", https://www.knesset.gov.il/lexicon/eng/bedouim_eng.htm.

目前在内盖夫地区共生活着 20 多万贝都因人，分布在 17 个村子、1 个城市以及 35 个不被政府承认的村子里。按照以色列总理办公室社区关系部门负责人埃米·特斯勒的介绍，"被政府承认的村子"的标准是：村子能够自力更生，家庭达到一定数量，由政府建设公共建筑和学校等，当地人有就业机会，并缴纳市政税。现在一共有近 9 万贝都因人生活在不被政府承认的村子里，没有基础设施，生活条件艰苦、缺水少电，也没有学校和医疗卫生等服务。[①] 这 9 万人中约有 15% 拥有土地。以色列政府试图推行"普若尔"法案，即通过赎买的方式收取这些贝都因人手中的土地，将其城镇化。"普若尔－贝京法案是个针对拥有土地的贝都因人的赔偿方案。如果你有 100 杜纳姆土地，根据普若尔方案，你是其中 50% 土地的合法拥有人，这些土地都在你名下的。对于另外 50% 的土地，你会获得相应的金钱（赔偿），而这部分土地则会记在政府名下。因为我们（政府）想要开发它。"[②]

图 7-1　不被承认的贝都因人村庄 Alsara 中被当局摧毁的非法建筑（2008 年）

资料来源：Neukoln-Own work，CC BY-SA 3.0，https：//commons. wikimedia. org/w/index. php? curid = 12750666.

---

① 王倩、张瑾：《以色列贝都因人：从沙漠的流浪者到"钉子户"》，《国际在线新闻》，2013 年 12 月 15 日，http：//gb. cri. cn/42071/2013/12/15/6071s4357018. htm.

② 王倩、张瑾：《以色列贝都因人：从沙漠的流浪者到"钉子户"》。

普若尔－法案自从推出之日起就备受争议。在不被政府承认的贝都因人村子里，许多没有土地所有权的民众欢迎这一法案，希望就此改善自身生活，但更多的是反对的声音。反对者认为这个法案没有任何实质的内容，只有对土地的掠夺。"他们（政府）应该马上停止法案，开始与当地居民对话。我们有权选择自己的生活方式，如农业生活方式。如果他们（政府）想要发展村子，我们知道如何去做。他们应该与我们讨论。但他们现在所做的，只是想从我们手里拿到土地。而普若尔方案，没有任何关于承认村子、关于发展方式的内容。"①

而另一方面，以色列右翼人士对政府"免费"将土地划归给贝都因人并且给予额外赔偿的做法非常不满。② 最终在各种阻碍因素之下，2013 年12 月以色列政府宣布暂停"普若尔"法案的实施。但是，从长远看以色列政府并没有放弃对于贝都因人"城镇化"的规划。

总 结

建国 70 年来，尽管以色列已经有将近 93% 的土地归属于公有（Public Domain），并由以色列土地局（Israel Land Authority）进行管理，但国家征用阿拉伯人土地的脚步并没有停止，而国家在土地方面的任何举措都会触动阿拉伯社团最为敏感的神经。有时政府确实因有志于改善当地的交通、基础设施和办学条件而需要征用土地，但在目前条件下，阿拉伯方面缺乏对国家机器的信任，因而阿拉伯人与国家在土地方面的矛盾有时甚至是误会，都很难开解，矛盾非常尖锐。

第二节 国家与阿拉伯社团在非法建筑方面的矛盾与斗争

住房紧缺是存在于以色列阿拉伯社会的一个普遍问题。据统计，2008 年时以色列阿拉伯人（不包括南部贝都因人口在内，因为他们的居住条件尤其恶劣）的住房率是平均每间房 1.43 人，而同期犹太人口每间房平均为

---

① 王倩、张瑾：《以色列贝都因人：从沙漠的流浪者到"钉子户"》。
② "Israel Scraps Plan to Uproot Bedouin", 12 Dec. 2013, http://www.aljazeera.com/news/middleeast/2013/12/israel-scraps-plan-uproot-bedouin-201312122002896127.html.

0.84 人；超过一半的犹太人口居住在非拥挤条件下，即 58.7% 的犹太人拥有自己的房间，而在阿拉伯人口中仅有 18.1% 拥有自己的房间，另有26.6% 的人居住在 2 人或 2 人以上共享的房间中，在犹太人中该比例仅为3.6%；3.6% 的阿拉伯人居住在三人或三人以上共享房间内，而仅有 0.4%的犹太人居住在同等条件下。[1]

以色列阿拉伯社团住房短缺及高拥挤率是阿拉伯人口增长、经济结构变化及以色列官方政策等多方面因素综合所致，成因复杂，解决起来难度也很大。"非法建筑"是阿拉伯人口在面对住房困境时的无奈选择，也成为阿拉伯社团与以色列国家日常矛盾和持久斗争的最重要的原因及表现。

一 造成阿拉伯人住房短缺的经济和社会原因

自以色列建国以来，阿拉伯人口从 1949 年时的 18.6 万增加到 2016 年时的 177 万（包括东耶路撒冷的阿拉伯居民），不到 70 年间增加了 8 倍多。增加的这些人口是需要住房的，但如上一节所述，阿拉伯人所拥有的土地数量却大为减少。以加利利地区阿拉伯重镇撒赫宁（Sakhnin）为例，在英国委任统治时期，撒赫宁拥有 7 万杜纳亩土地，以色列建国后撒赫宁拥有土地减为 9700 杜纳亩，其中只有 4450 杜纳亩是可用于建筑的宅基地，[2] 但撒赫宁的人口从 1945 年时的 2600 居民[3]，增加到 2015 年时的近 3 万人（29316人）。[4] 越来越多的人口居住在有限的土地上，住房危机也就难以避免了。

另一个加剧阿拉伯人住房危机的因素是阿拉伯社会结构的变化。在以色列，由于传统农业不再是阿拉伯人口的主要谋生手段，大部分阿拉伯人成为流动的雇佣工人，阿拉伯传统的以大家族为社会单位的结构发生相应变化，个体对家族的依赖远小于从前，而家庭生活也不再像过去那样是大

---

[1] 数据来源于 Central Bureau of Statistics（以色列中央统计局），*Statistical Abstract of Israel 2008*, No. 59, Table 5.20; *Statistical Abstract of Israel 2009*, No. 60, Table 5.23。

[2] Meirav Arlosoroff, "67 Years Later-the End of the Era of Judaization of the Galilee", *The Marker*, 10 June 2015, http://www.themarker.com/news/1.2656296.

[3] Acre Sub-District, "Village Statistics 1945", http://users.cecs.anu.edu.au/~bdm/yabber/census/VSpages/VS1945_ p04. jpg.

[4] Central Bureau of Statistics（以色列中央统计局），"List of localities, in Alphabetical Order", 16 October. 2016, http://www.cbs.gov.il/ishuvim/reshimalefishem.pdf.

家族聚居在一起而是以核心家庭（夫妻及未婚子女）为单位分别居住，这使得阿拉伯社团对独立住房的需求大为增加。

尽管工业和服务业取代农业成为以色列阿拉伯人的主要经济来源，但阿拉伯社团跟其他转型中的农业社会不同，阿拉伯劳动力的雇佣工人化并没有伴随着城市化增大，而是如梅尔·布罗德尼茨（Meir Brodnitz）所定义的"潜城市化"，即农村人口迅速增加，同时这些人口保持大范围、远距离的"流动"。① 绝大多数在外务工的阿拉伯人没有迁居到工作所在地，而是继续居住在自己的农村，成为每天往返于住所和工作地点之间的"流动人口"。这一特殊现象的形成有多方面的原因，如很多人不愿意离开自己熟悉的村庄和亲戚，不愿意离开能自由使用阿拉伯语、能给子女提供阿语教育的社区；而犹太城市和阿犹混居城市高昂的房价也是低收入的阿拉伯人群所无法负担的，住在自己的村子、自己盖房子要便宜得多；还有一些犹太社区拒绝阿拉伯人购房。② 基于上述原因，占全国人口 20.7% 的阿拉伯人，大部分集中居住在占全以色列 2.5% 的阿拉伯地方政府所管辖之地③，这加剧了阿拉伯地区的拥挤和住房困境。

二　"犹太国家"和"犹太社区"加剧阿拉伯社团的住房危机

除了上述原因，造成阿拉伯社团住房问题的还有人为因素，根源在于以色列国家对阿拉伯少数民族的政策。首先，以色列建国后，尽管其国内阿拉伯人口增加了近 9 倍，但以色列政府没有新建任何一个阿拉伯村庄或者城镇（除在内盖夫地区为贝都因人修建的城市以外），而同期犹太地方市政单位增加了 600 多个；④ 不仅没有增加新的阿拉伯地方，对原有的阿拉伯村庄，其下辖的土地面积也经历了严重缩水。以以色列最大的阿拉伯城市

---

① M. Meir Brodnitz, "Latent Urbanization in Arab Villages", *Environmental Planning Association Quarterly* 1969, pp. 8 – 9, pp. 4 – 12.

② 一些城市或小区以"在社会属性上不合适"（socially unsuitable）为由不接纳阿拉伯人购房。详见下文。

③ ADALAH, *The Inequality Report*: *the Palestinian Arab Minority in Israel*, p. 34; Bethan Staton, "Israeli Court Upholds 'Discriminatory' Laws", *Middle East Eye*, 25 Sept. 2014, http://www.middleeasteye.net/in-depth/features/israeli-court-upholds-discriminatory-laws-1693633598.

④ ADALAH, *The Inequality Report*: *The Palestinian Arab Minority in Israel*, pp. 34 – 35.

拿撒勒市为例，到 2011 年时该市有 7 万居民，市政府所辖的土地为 1.6 万杜纳亩；而 60 年代在拿撒勒附近建立的犹太城市"上拿撒勒市"（Nazareth Ilit）人口仅 5 万，管辖的土地却超过 4 万杜纳亩。①

而对于少数愿意离开阿拉伯村庄到混居城市或到犹太社区购房居住的阿拉伯人来说，情况也不是那么简单的，而是在移居的过程中遇到各种困难。一些由犹太民族基金（JNF）建立或者与之有关的"犹太"城市或居住区，根本不接纳阿拉伯人的购房申请。比如在上拿撒勒，在相当长的时间内阿拉伯人不能在这里购房；其他与 JNF 无关的小区拒绝阿拉伯购房者则是通过本小区的"纳新委员会"（Admissions Committee），通常以"在社会属性上不合适"（socially unsuitable）为由做出不接纳阿拉伯购房者的决定。比较著名的例子是卡丹（Kaadan）家在卡茨尔（Katzir）社区及祖贝达特（Zubeidat）家试图在拉克菲特（Rakefet）买房的事件。卡丹是以色列北部一家医院的护士长，他想在卡茨尔社区买房以使孩子们可以到条件更好的学校上学，但是其买地建房的申请被卡茨尔社区"纳新委员会"以"在社会属性上不合适"为由拒绝。卡丹开始长达 5 年的诉讼，2000 年以色列最高法院裁决卡丹有权在卡茨尔置地建房，而且是按照 1995 年的地价而不是 2000 年的。② 另一对阿拉伯夫妻——祖贝达特夫妻都是大学毕业生，他们在 2006 年结婚后有意在以色列北部城市拉克菲特购房，因为这个城市规模小但教育和服务水平都比较高。拉克菲特的"纳新委员会"要求这对夫妻来面试，然后拒绝他们在此买房居住，理由是"在社会属性上不合适"。祖贝达特夫妻向以色列法院提起诉讼，称"纳新委员会"的决定违反了以色列关于公民有权选择自己居住地的法律，而"在社会属性上不合适"这一理由完全是人为的，可以有多种解释。经过长达 6 年的诉讼，2011 年以色列最高法院终于判决拉克菲特地方委员会必须批给祖贝达特夫妻土地让他们在此地安家定居。③

---

① 当初为了建立上拿撒勒，就有大片原属于拿撒勒及周边阿拉伯村庄的土地被政府征用。见 ADALAH, *The Inequality Report: the Palestinian Arab Minority in Israel*, p. 34.

② Lucy Ash, "Israeli Court Rules Arab Couple Can Live in Jewish Area", *BBC News*, 23 Dec. 2004, http://news.bbc.co.uk/2/hi/middle_east/4111915.stm.

③ ADALAH, *The Inequality Report: the Palestinian Arab Minority in Israel*, p. 33.

　　像卡丹和祖贝达特夫妻这样排除万难也要在犹太社区安家的阿拉伯人并不多，很多人都对此望而却步，也有一些人出于各自原因想要住在阿拉伯村庄之外，但都会遇到各种阻碍。受到不公正待遇的阿拉伯人可以到以色列法院进行起诉，但首先这是一个长达数年的漫长诉讼过程，要耗费大量的时间和精力，而且甚至在人权组织及以色列法院的干涉之下，最终能够如愿以偿的阿拉伯购房者仍然非常罕见。[1]

　　2011 年 3 月以色列国会通过了《纳新委员会法》（Admission Committee Law）。尽管该法明确禁止对其他社会群体的歧视，但允许这些"纳新委员会"以"不符合社区的社会生活或社会文化本质""不适合社区自行定义的独特特性"这类很模糊的原因拒绝申请者。[2] 据以色列阿拉伯少数民族权利法律中心（ADALAH）估计，在以色列全国有 434 个属于小社区的地方社区，占全国 43% 的居住面积，依照这条法律将可以通过"纳新委员会"对潜在的入住申请者按照社区依法制定的标准进行审查，并将"不合适者"（主要是阿拉伯人）拒之门外，因此这条法律具有极强的种族歧视色彩。[3] 在这条法律正式通过之前，尽管"纳新委员会"已经存在了数十年，但一直没有正式的法律地位，而以后这些小社区可以明确将"对犹太复国主义事业的忠诚"（Loyalty to the Zionist Vision）等价值观写入审核标准。[4]

　　以色列阿拉伯少数民族权利法律中心（ADALAH）曾经在 2010 年 5 月向以色列最高法院请求取消"纳新委员会"但没有成功；2011 年 3 月《纳新委员会法》通过之后，包括以色列阿拉伯少数民族权利法律中心在内的几个人权组织以该法违宪为由向以色列法院提起诉讼申请要求取消该法，

---

[1]　Bethan Staton, "Israeli Court Upholds 'Discriminatory' Laws", 25 Sept. 2014, http://www.middleeasteye.net/in-depth/features/israeli-court-upholds-discriminatory-laws-1693633598.

[2]　Revital Hovel & Jack Khoury, "High Court Upholds Residential Screening Law, Enabling Jewish Villages to Keep Arabs Out", *Haaretz*, 18 Sept. 2014, http://www.haaretz.com/israel-news/.premium-1.616391.

[3]　ADALAH, "Israeli Supreme Court Upholds 'Admissions Committees Law' that Allows Israeli Jewish Communities to Exclude Palestinian Arab Citizens", 17 Sept. 2014, http://www.adalah.org/en/content/view/8327.

[4]　ADALAH, *The Inequality Report: The Palestinian Arab Minority in Israel*, p.33; Revital Hovel & Jack Khoury, "High Court Upholds Residential Screening Law, Enabling Jewish Villages to Keep Arabs Out", *Haaretz*, 18 Sept. 2014, http://www.haaretz.com/israel-news/.premium-1.616391.

因为该法施行的后果是很多社区可以"依法"拒绝接纳任何不符合该社区主流的人群，包括同性恋者、阿拉伯人、残疾人等，而这是违反联合国宪章及以色列基本法的。① 但在 2014 年 9 月以色列最高法院以 5∶4 裁决针对"纳新委员会法"的诉讼是不成熟（premature）的，理由是"还不清楚这条法律在实际中会如何被实施"。②

想离开阿拉伯村子住到犹太人中间去不容易，对于那些留在自己村庄的阿拉伯人来说要建房也非常不易。因为阿拉伯村庄的规划一般都严重滞后，根本无法跟上村庄人口的发展变化，而且阿拉伯人即使想在自己的宅基地上盖房，所需要申请的许可也非常难办。

三 《规划和建设法》和阿拉伯地区规划中存在的问题

以色列在建筑方面依循的是《规划和建设法》（Planning and Building Law 1965），依照该法确立所有关于建筑和土地用途的管理规范和有关环境保护的框架。因为该法对于本节内容非常重要，因此我们将专门进行介绍。

1. 以色列的土地使用规划（Zoning Plan）

以色列各级政府（包括全国、地区和地方）都要建立专门机构来制定土地使用规划（Zoning Plan，希伯来语为תוכנית מתאר）。内务部负责《规划和建设法》的具体实施，并由内务部长出任由政府代表、城市代表、科学家、工程师和环境保护部门代表组成的全国规划委员会的主席。全国规划委员会负责制定全国性的总体规划方案（包括不同地区的用途，如划分工业带，高速公路、铁路和电网选址，确立自然保护区和宗教场所，以及预测国内人口变化和分布等）。而以色列全国六大区的地区委员会则负责制定该地区的规划方案（包括一般性区域划分，如城市及乡村和工业地带的边界划分及发展等；地区委员会还要负责飞行安全，在机场区域要避免飞行障碍物，建立降低噪音勿扰的隔离带等）。全国共计 65 个地方性委员会则

---

① "High Court Upholds Residential Screening Law, Enabling Jewish Villages to Keep Arabs Out", *Haaretz*, 18 Sept. 2014, http：//www. haaretz. com/israel-news/. premium-1. 616391.

② Revital Hovel & Jack Khoury, "High Court Upholds Residential Screening Law, Enabling Jewish Villages to Keep Arabs Out", *Haaretz*, 18 Sept. 2014, http：//www. haaretz. com/israel-news/. premium-1. 616391.

负责制定本地的建设规划。地方性委员会要负责当地的土地管理和发展规划的制定、规划当地的建设项目及制定土地使用和建筑使用条件等，以确保当地的卫生、清洁、安全和交通便捷；还要保护具有建筑、历史和考古重要性的景物和建筑，保护和发展本地的自然和人文景观。地方规划由地方委员会制定，然后向地区委员会报批。公众有权就地方规划提出反对意见，当相关委员会拒绝接受反驳意见时，公众可到法院进行起诉。①

在以色列，任何建筑和道路建设都必须得到许可证，如果某计划中的建筑不符合地方规划，则修建者必须取消或改变这一计划，或申请该土地"不合常规的使用"（non-conforming use）权利。地区委员会在与该个案所涉及的地方委员会进行协商后，可更改或取消该地区的规划，而地方委员会在得到全国委员会批准的情况下可允许对土地的"不合常规的使用"。但如果有人未经许可私自搭建或违反了许可证颁发的条件，则将被罚款并入狱六个月，而且法院有权摧毁该非法建筑并由违法者支付相关费用。②

2. 当局对阿拉伯人口迁移和城市化的展望及失望

从全国规划层面来看，以色列政府有意削弱阿拉伯人集中居住的现象，尤其是在加利利地区。如 20 世纪 60～70 年代以色列政府出台的几个有关人口迁移的指导性报告都涉及阿拉伯劳动人口的迁移，如 1963～1967 年的"（人口）四百万计划"和 1972～1975 年的"（人口）五百万计划"③。这些报告都预测，随着阿拉伯农业人口的减少，可以展望阿拉伯人口的无产阶级化和城市化。城市化将由两方面构成，一是阿拉伯人口向工业比较发达的沿海地区迁移，二是阿拉伯人口向阿拉伯城市集中。这些报告对阿拉伯劳动人口的迁移都表现得很乐见其成，因为如果大批阿拉伯人口迁出原来阿拉伯人口集中的地区，尤其是加利利地区的话，那"犹太化"的压力

---

① Ministry of Foreign Affairs，"Planning and Building Law – 1965"，23 Dec. 1998，http：//mfa. gov. il/MFA/PressRoom/1998/Pages/Planning%20and%20Building%20Law - %201965. aspx.

② Ministry of Foreign Affairs，"Planning and Building Law – 1965"，23 Dec. 1998，http：//mfa. gov. il/MFA/PressRoom/1998/Pages/Planning%20and%20Building%20Law - %201965. aspx.

③ 四百万计划全称是"四百万人口时全国人口地理分布规划"（National Plan for Geographic Dispersal of the Population of 4000000），1963 年获国会批准，1967 年该计划升级版再次通过；五百万计划的全称是"五百万人口时全国人口地理分布规划"（National Plan for Geographic Dispersal of the Population of 5000000），1972 年制定，1975 年得到国会批准。

就会减少。尽管有展望，但在实际上以色列政府并没有出台任何有效鼓励阿拉伯人迁移的措施，如总理阿拉伯事务顾问办公室在 1966 年为政府即将实施的第二个五年计划所做的调查中所描述的：很显然，鼓励（阿拉伯人口）迁移的必要条件就是政府要为这些流动工作人口建立方便的居所，但是住建部并没有这一计划。在海法曾有过为少数民族人口（阿拉伯人）建立小型社区的计划，但在特拉维夫等地区则从来就没有这种打算。①

　　展望中的阿拉伯劳动人口自发的城市化没有出现，一方面是因为政府各部门缺乏引导也没有创造条件鼓励其迁移，另一方面则是因为以色列阿拉伯人在巴以冲突的大背景下有着特殊的土地情结及聚居生活的倾向。因为选择其他居住地就意味着割断自己（核心家庭）与土地及家乡社团的联系，语言环境、教育环境和人文环境都会发生变化。直到 80 年代中期，在"七百万计划"② 中，以色列政府才接受了阿拉伯人不会大规模从原住村庄迁移到沿海工业地区这一事实，表示要采纳总理阿拉伯事务顾问的意见——政府应该出台合适的规划，使现有的阿拉伯村庄能够容纳快速增长的阿拉伯人口。

3. 阿拉伯地方规划的滞后及其原因

　　对于以色列境内阿拉伯村镇的具体规划，早在 50 年代末以色列内务部的规划委员会就曾制定了最初的规划。1965 年《规划和建设法》通过后，每个地方政府的规划委员会按照内务部的指导进行地方规划，设定该地区多少土地用于农业、用于宅基地以及用于交通道路、开放区域、花园、学校、宗教场所、运动场所和娱乐场所等不同用途。地方规划本来应该决定着至少未来 15～20 年该地方土地的用途和发展前景。但实际上，在 1977 年之前没有任何阿拉伯地区规划得到内务部的批准。也就是说，在以色列建国后近 30 年间，阿拉伯城市和村庄是根本没有发展规划的。在这种情况下，地区级别的规划委员会就被赋予了极大的权力，而地区级别的规划委员会的主席是以色列内务部在该地区的领导者，不仅负责制定和批准本地区的发展规划，而且本身作为内务部的代表，也掌管着当地地方政府的预算。因此占据这一职位的内务部领导者的个人立场，往往决定着本地区阿

---

①　以色列国家档案馆（State Archives），GL：17059/17. 21/11/1966。

②　七百万计划全称是"以色列七百万人口时全国人口地理分布规划"（National Zoning Plan for Geographic Dispersal of the Population of 7 Million Inhabitants in Israel），1985 年发布。

拉伯人口和村庄的发展命运。① 从 20 世纪 60 年代晚期起，以色列内政部开始积极鼓励阿拉伯城乡地区准备地方规划，这并非出于发展的需要，而是政府迫不及待地要处置大量未得到许可证就已经兴建起来的"非法建筑"。如总理阿拉伯事务顾问托里达诺在 1968 年的证词中痛心疾首地描述："在加利利和内盖夫地区成千上万杜纳亩的土地被非法建筑占据着……我们得出结论，必须为这些村庄制定规划。只有在有规划的地方，我们才能开始摧毁这些非法建筑。"② 在政府的鼓励下，很多阿拉伯村庄开始制定规划。1970～1975 年，阿拉伯地方委员会提交了不少于 46 个地方规划，而在 1970 年之前只提交了 5 个。

　　阿拉伯地区制定发展规划并不容易，要克服多重困难。首先，截至 1971 年，在以色列全国 105 个阿拉伯定居区内仅有 57 个有地方委员会，在其他近一半定居区都是由大家族族长或长老代表居民跟当局打交道。而在这 57 个有地方委员会的定居区，规划制定也非常缓慢。有一部分地方是从 1954 年就开始准备规划了，其他也是从 60 年代开始准备，但绝大多数都是到 70 年代中期才提交规划。如 1973 年工党智库的报告中称：阿拉伯村庄的自然构造、房屋散布、缺乏先期规划等因素都是造成规划难产的原因。③ 其次，负责制定地方规划的人 90% 以上都是犹太人，他们并不足够了解当地的实际情况及各大家族之间的复杂关系（比如在规划道路和宅基地时、在征用个人土地用于公众目的时，要注意均衡各家族的利益，不能优待某家族而亏待其他，等等），外来的犹太规划者缺乏背景知识，因此在规划制定及批复的过程中会产生大量的延迟、冲突和问题。④

① Wang Yu, *A National Minority in Ethnic Democracy*, Saarbrükert: Lambert Academic Publishing, 2010, pp. 141 - 142.
② Shmuel Toledano, "Toledano Testimony 1968", LPA: 2 - 7 - 1968 - 117, p. 7, Labor Party Archive.
③ "Recommendations of the Think Tank of the Labor Party", 1973, GL: 17075/16, p. 6, State Archives.
④ Rassem Khamaisi, *Planning and Building of the Arabs in Israel* [希伯来语], Tel-Aviv: International Center for Peace in the Middle East, 1990, pp. 102 - 103; Oren Yiftachel, "The Dark Side of Modernism: Planning as Control of an Ethnic Minority", in Sophie Watson & Katherine Gibson (eds.), *Postmodern Cities and Spaces*, Blackwell Oxford UK and Cambridge USA, 1995, pp. 216 - 242.

在地方委员会提交了规划之后，各地区委员会极为缓慢的批复过程则使得整个程序更加漫长。按照《规划和建设法》的规定，本来应该是 4 年的规划程序（各地方规划委员会用 3 年时间准备方案，地区委员会批准用 1 年），但在 70 ～ 80 年代，每个地区规划方案的准备和批复实际上需要至少12 年的时间。而如前所指出的，地方规划一般决定着当地在未来 15 ～ 20 年的土地划分和使用，这也就意味着，从一个地方规划开始准备到得到批准并实行的时候，这个规划其实已经过时了。[①]

实际上，在 1977 年之前没有任何阿拉伯地区的规划得到批准，也就是说在以色列建国后近 30 年间，阿拉伯城市和村庄是根本没有发展规划的，盖房子只能在 1957 年至 60 年代中期由政府官员陆续划定的"住宅区"蓝线范围之内，而从未进行过调整。但是阿拉伯村庄的人口却持续快速增长，造成了严重的住房短缺和拥挤的问题。以阿拉伯村庄 Umm al-Fahm（在1985 年升级为市）为例，该村的蓝线住宅区在 1965 ～ 1966 年由当时的军事管理当局划定，在没有任何阿拉伯居民代表参加的情况下，住宅区的面积被定为 1100 杜纳亩，而在此居住的阿拉伯家庭多达 2500 个，即每杜纳亩土地上要居住 2.6 个家庭。[②]

表 7 - 1 是 1974 年时以色列北部加利利地区部分阿拉伯城镇和村庄与犹太城市和村庄的"住宅区"面积及人均占地情况，由此可更直观地了解阿拉伯人的居住困境。[③] 阿拉伯地方的人均占地面积没有高于 180 平方米的，而在犹太地方则没有低于 400 平方米的。

表 7 - 1　1974 年加利利地区部分阿拉伯村镇与犹太村镇住宅区面积及人均占地情况

村庄类型	村庄/城镇	住宅区面积（杜纳亩）	人均占地（平方米）
阿拉伯	克法尔卡纳（Kfar Kanna）	860	149
	马沙德（Mashad）	400	165
	图尔安（Tur'an）	700	160
	拿撒勒（Nazareth）	7124	178

① Rassem Khamaisi, *Planning and Building of the Arabs in Israel* ［希伯来语］, Tel-Aviv: International Center for Peace in the Middle East, 1990, pp. 95 - 97.

② Majid al-Haj & Rosenfeld Henry, *Arab Local Government in Israel*, Boulder: Westview Press, 1990, p. 50.

③ Wang Yu, *A National Minority in Ethnic Democracy*, p. 147.

续表

村庄类型	村庄/城镇	住宅区面积（杜纳亩）	人均占地（平方米）
犹太	上拿撒勒（Upper Nazareth）	9000	548
	米格达勒哈艾麦克（Migdal ha'Emek）	4500	409
	卡尔梅艾勒（Carmiel）	5300	848
	纳哈瑞亚（Nahariya）	10500	420

阿拉伯地方缺乏发展规划，一方面加强了阿拉伯人口对当局及其在阿拉伯内部代言人（如阿拉伯附属党的成员等）的依赖，使得住房许可跟其他物质好处一样成为当局"奖赏"部分听话、配合的阿拉伯人的筹码；另一方面很多阿拉伯人知道无望索取建房许可，开始私自建房，绕过申请许可这个步骤，因此，大量根本就没有许可证也没有打算申请当局批准的建筑出现在全国各个阿拉伯地方，而这就是让以色列政府头疼不已的"非法建筑"。

四　政府改善阿拉伯住房情况的措施及其失败原因

据统计，1975 年在以色列的犹太居住区中大约 80% 的住房是由政府、犹太民族基金或以色列总工会规划并修建的，但在阿拉伯社区，绝大多数房子都是村民自己修建的。[1] 由于缺少规划，大量"非法建筑"出现，并产生了一系列问题。20 世纪 70 年代由于非法建筑在阿拉伯地区越来越多，由此产生的阿拉伯人与当局之间的矛盾和冲突也越来越严重，以色列政府才开始正视存在于阿拉伯社团中的严重的住房问题。

在接受了阿拉伯劳动人口不可能发生大规模迁移后，以色列政府尝试在现有的村庄范围内解决快速加剧的阿拉伯人住房问题，比如出台了一些"建房帮助项目"（Housing Aid Program），以及由政府出资修建公有住房项目等，但这些项目真正被贯彻的很少。最关键的问题在于预算不足，以 1970/71 财政年度预算为例，住建部 93% 的预算是用于纯犹太项目的——约 74% 用于新移民的住房，19% 用于发展中城镇老旧房屋的维护等——甚至其余 7% 也被用于解决犹太人口的住房问题。据阿布齐世科（Abu-Kishk）

---

[1]　Aliza Haber, *Population and Construction in Israel*, *1948 – 1973*［希伯来语］, The Planning Section, Ministry of Housing, Jerusalem: 1975, p. 28 and p. 48.

和格拉斯（Garaisi）等研究者估计，真正用于阿拉伯社团的预算不会超过年度预算的1%。[①] 预算的不平等导致阿拉伯社团得到的服务跟不上，上面提到的"建房帮助项目"在1970~1977年的国家住房贷款中只占到0.3%~1.1%。[②] 还有一些阿拉伯人住房改善计划是针对特殊团体或人群的，比如说只提供给德鲁兹社团或服过兵役的人等。总的来说，政府主导的这些项目对于解决阿拉伯人的住房问题而言是杯水车薪。

另外，由于阿拉伯"人口威胁论"的影响，以色列政府并不愿意在诸如加利利等本来阿拉伯人口密度较高的地区为阿拉伯人提供住房，开明者如总理阿拉伯事务顾问托里达诺，在1974年时也曾反对以色列住建部在拿撒勒修建青年公寓以解决2000对阿拉伯夫妻住房问题的计划，在其写给国会议员、不管部长（minister without portfolio）以色列·加利利（Israel Galili，时任国会国防委员会和定居委员会成员）的信中称："我们相信这一计划将加剧（拿撒勒）与上拿撒勒的人口平衡问题，我们认为这一计划中提到的住房单元数量应该尽可能地被减少。"[③]

在上述多种原因的合力作用之下，以色列政府在解决阿拉伯住房问题方面一直做得太少，而且进展太慢。为改善以色列北部地区尤其是海法附近古城阿卡（Acre）的阿拉伯人住房（危房）情况，以色列住建部决定在马克尔（Makr）修建住宅区。但从1970年启动该项目直到1975年，一共在马克尔建成20套住房，且不说阿卡原居民是否愿意住到偏远的马克尔去，这五年间的建房数量仅占急迫住房需求的2%。[④]

因涉及前一节提到的土地问题，南部内盖夫地区贝都因人一直是政府住房计划的重点对象。但政府为贝都因人修建的住宅区却受到诟病，很多修好的房子也在空置中。因为设计者完全没有考虑到贝都因人的特殊需

①　Baker Abu Kishk & Sami Garaisi, *Housing Distress in Arab Sector: Problems and Ways to Solution* ［希伯来语］, Nazareth: The Committee for Prime Minister on Social Security Affairs, 1977, p. 3.

②　Zeev Rosenhek, *The Housing Policy toward the Arabs 1948 – 1977* ［希伯来语］, Jerusalem: Floersheimer Institute of Policy Studies, 1997, p. 17.

③　Minorities in the Plan for Development of Galilee (Secret), 20 Nov. 1974, GL 17091/21, State Archives.

④　Baker Abu Kishk & Sami Garaisi, *Housing Distress in Arab Sector*, p. 14.

求——不是简单的一家一户一所房子,这对于庞大的贝都因家庭而言太拥挤了;而且还涉及部落整体迁移,因为任何把一个部落拆散或者把不同部落安置在一起的尝试都是不成功的。贝都因人定居计划的反对者因此指责政府计划不仅会消灭贝都因人的生活方式、侵吞他们的土地资源,也会破坏其原有的社会结构。[①]

五 "非法建筑"问题导致的阿拉伯社团与政府的冲突

早在 20 世纪 50 年代,由于没有地方规划,以色列政府自上而下地为各阿拉伯地方村庄划定了"住宅区"蓝线范围,在这个范围以外修建的房屋都是非法建筑。但由于地方规划的缺乏或严重滞后,甚至有很多整个"不被政府承认的村庄"(在内盖夫地区近一半贝都因人都居住在类似村庄);再加上相对较低的建房许可发放率(以 1970 年为例,这一年中阿拉伯人的 2363 个建房申请中超过 1/5 被拒,还有些家庭根本就跳过了这一昂贵的申请程序,因为知道不可能获批),[②] 以及政府在应对阿拉伯人严重的住房危机方面并没有行之有效的解决方案,在上述因素的综合作用之下,人口快速增长的以色列阿拉伯人不得不依靠"非法建筑"来解决住房危机。据统计,1965 年时阿拉伯社团的房屋中有 23% 是"非法建筑",到 1970 年该比例上升到 31%。[③]

非法建筑根据其所占土地的性质主要分为两种,第一种是在被划归为以色列国有或"有争议的"土地上建房(1976 年时属于这类的非法建筑有5057 所),第二种是在阿拉伯私有但位于"住宅区"蓝线之外的土地上建房(1976 年时属于这类的非法建筑有 3267 所,其中 800 所位于东耶路撒冷地区,不属于本书讨论范围之内)。第一种非法建筑主要集中在南部内盖夫地区,贝都因人拒绝迁入政府为之修建的城镇,而留在"有争议的"土地上(这一地区 97% 的非法建筑是在有争议的土地上修建的),这些房子很

---

① JoSepth Ben-David, *The Settlement of the Bedouin Population in Negev*: *Policy and Reality 1967 – 1992*,［希伯来语］, Jerusalem: Jerusalem Institute of Israeli Studies, 1993, p. 69; Jiryis, *The Arabs in Israel*, pp. 121 – 126.

② Rassem Khamaisi, *Planning and Building of the Arabs in Israel*, p. 157.

③ Rassem Khamaisi, *Planning and Building of the Arabs in Israel*, p. 156.

多是临时性居所，如帐篷或铁皮房。第二种非法建筑则散布在各个阿拉伯农村，尤其是在北部人口众多的村庄，比如在乌姆艾勒法赫姆（Umm al-Fahm）1979 年时 17% 的建筑在"住宅区"蓝线之外，到 1986 年该比例上升到 30%。[1] 另外还有一种情况是在私有土地上，在蓝线内，但没有得到许可的建筑。[2] 对于以色列国家而言，第二种情况是最麻烦的，因为阿拉伯人在蓝线之外建房，有把阿拉伯村庄的边界变大的可能，这已经不仅是违反国家的法律和法规，更是对于以色列国家尽可能多地控制土地的基本国策的严重挑战。但实际上阿拉伯人建房时也许并没有想这么多，只是单纯地希望在其家族所拥有的土地上建房，因为这是最方便也是最便宜的解决住房问题的方法，而且在私人土地上建房，甚至在法院下达摧毁令后，"摧毁的可能性也不大，除非它阻碍了道路"。[3]

以色列政府逐渐认识到非法建筑问题的严重性，而在 1957 年 6 月 29 日，首个没有得到许可的阿拉伯房屋在阿拉伯村庄阿拉贝（Arraba）被摧毁，[4] 开启了阿拉伯社团与以色列政府在非法建筑方面的矛盾和斗争史。在以色列政府内部，屡有呼吁要采取严厉政策实行强拆，甚至包括总理阿拉伯事务顾问托里达诺都一反在其他问题上的温和和开明态度，在 1971 年 10 月一次以色列总工会和工党联合委员会的会议上称："要采取最严厉的政策来对待（非法建筑）以终止这种现象……所有非法建筑都应该被摧毁，无一例外，在这一问题上只有大棒没有胡萝卜，甚至那些正面的（合作者）房子如果是非法的也要被摧毁。唯一的、最后的例外是在以色列国防军服役的那几个人，这次可以不摧毁但以后再有类似情况也一样要被摧毁。"[5] 但因为非法建筑事关每个阿拉伯家庭乃至家族的切身利益，每次强行拆除都导致当局与这些阿拉伯家族甚至整个村庄的最直接对抗，有时甚至会爆发流血冲突。因此，尽管政府内部呼声甚高，但实际上被强行拆除的非法建筑数量并不太多。比如在 1972/73 年度，共有 50 所非法建筑被拆除，在

① Rassem Khamaisi, *Planning and Building of the Arabs in Israel*, p. 159.
② Oren Yiftachel, "Spacial Planning, the Control of Land and Jewish-Arab Relationships in Galilee" [希伯来语], *Ir Ve'ezor* (City and Region), 23, 1993, 55 – 97, p. 83.
③ *Illegal Buildings in Galilee*, 1965, GL: 17092/5, State Archives.
④ Rassem Khamaisi, *Planning and Building of the Arabs in Israel*, p. 155.
⑤ 以色列国家档案馆（State Archives），GL 17081/8。

1973 年另有 25 所待拆。① 在 1973 年 7 月以色列内务部发布了关于非法建筑的决定，包括："所有建筑都要依照《规划和建设法》；所有机构都要长期警觉以避免未经许可的非法建筑的发生，重点是要预防，避免不得不对已经建好的房屋进行强拆，要在违法行为发生的初始阶段就进行干预；要对违法者采取必要的手段；由于（强拆）高度敏感，我们必须格外注意，要避免进入到艰难境地，既要维持法治，又要在实际中采取灵活战术。"②

上述决定可以被看作以色列政府对于非法建筑几十年来的指导方针，即以"预防"和"早期干预"为主，已经建成和入住的房屋被强拆的是极少数。在内盖夫地区，贝都因人建在以色列国土管理局所属土地上的非法建筑，面临着更大的强拆风险。跟北部阿拉伯村庄个体非法建筑的强拆不同，南部贝都因人的强拆往往不是单个家庭，而是一个村子集体的强制搬迁。如 2010 年 7 月 2 日艾勒阿拉齐布（al-Araqib）村的 45 户人家在睡梦中被 1300 名以色列警察包围，300 名居民（包括老人妇孺）被命令立刻离开房屋，全部 45 座房屋被夷为平地，甚至包括 4500 棵橄榄树也被连根拔起。③ 但总的来说，类似的极端事件还是少数，大量非法建筑的存在已经是一个普遍现实。

六　新时期以色列政府面临的新问题：对犹太人和阿拉伯人的非法建筑一视同仁？

非法建筑是以色列政府与阿拉伯社团目前最大的矛盾所在，进入 21 世纪，这一老生常谈的斗争却被赋予新的关注和新的意义。1993 年奥斯陆和平协议签署后，很多犹太教徒和犹太民族主义者认识到他们眼中上帝给犹太民族的"应许之地"也会被政府拿去交换和平。为"抢占地盘"，犹太定居者在没有得到批准的情况下自行在巴勒斯坦被占领土上一些宗教或政治高度敏感的地点建立"前哨定居点"（Outposts）。这些前哨定居点一般都建立在巴勒斯坦私人土地上，规模小，有时仅几户人家，但具有极强的

---

① S. Landman from Ministry of Interior, "Meeting Notice of the Coordination Committee on 26/07/1973", GL 17086/7, State Archives.

② Ministry of Interior, "Memo of the Meetings of the Coordination Committee on 30/07/1973", GL 17086/7, State Archives.

③ Housing and Land Rights Network, "GoI Demolished 'Unrecognized' al-Araqib", 14 April 2010, http://www.hlrn.org/violation.php? id = qnFn#.WVPGNnp6_ gA.

挑衅性，与巴勒斯坦人的关系极为恶劣。从 1996 年到现在，97 个"前哨定居点"在约旦河西岸建立。[①] 以色列政府也对这一现象头疼不已，以色列高等法院更是曾经判决个别定居点必须限期拆除，因此以色列军警会执行政府或法院的命令，强行拆除一些非法定居点，当然从经济角度看这些犹太定居者非常有利可图，因为定居者政治势力强大，每次拆除国家都要支付给定居者高昂的补偿费用[②]，但由于宗教和民族情绪的影响，类似的拆除行动每次都演变成一场定居者与政府之间声势浩大的角力和冲突。

强行拆除这些位于约旦河西岸的犹太定居者的非法定居点，本来与以色列阿拉伯人并没有直接关系，但被有心人将非法定居点与广布在以色列阿拉伯地区的非法建筑这两个性质截然不同的事件联系在一起。犹太定居的支持者（以色列右翼民族主义政党和人士）对政府施加了强大压力，要求政府"一视同仁"，既然强拆犹太人的"非法建筑"，就也要严惩阿拉伯的非法建筑，完全罔顾阿拉伯非法建筑产生的背景、别无选择的绝望以及被拆迁者不仅不会得到国家赔偿甚至要被强迫支付拆除费用的困境。

近年来以色列政府对阿拉伯非法建筑的摧毁力度有加强的趋势。2017 年初内塔尼亚胡表态要加强对以色列境内阿拉伯非法建筑的执法行动，不到一个月以后位于三角地区的卡兰萨瓦的 11 所在建的非法建筑被强拆（据阿拉伯方面称有个别房屋已经入住），这一强拆事件引起阿拉伯社团的愤怒和大罢工。卡兰萨瓦市长阿布达拉巴萨特·萨拉梅（Abdal-Basat Salameh）称他将辞职抗议："人们仅在 72 小时之前得到警告，根本没有反对的时间！"萨拉梅称卡兰萨瓦住房短缺问题极其严重，他本人为扩大建筑土地面积已经努力数年但毫无进展。因为官僚作风以及无法得到建筑许可，人们

---

① Peace Now, "Settlement Watch Data", http://peacenow.org.il/en/settlements-watch/settle-ments-data/population，最后访问日期：2017 年 7 月 16 日。

② 2016 年 12 月约旦河西岸阿莫纳（Amona）定居点被以色列最高法院裁定违法并限期拆除，政府决定给予该定居点的 42 户人家（约 200 人）1.6 亿新谢克尔补偿，而且其新安置点距离之前的位置仅数百米。见王晋《以色列为何执意要建定居点：政府小心翼翼怕惹事 社会结构复杂难兼顾》，《环球时报》，2017 年 1 月 10 日，http://world.huanqiu.com/exclu-sive/2017 - 01/9925822.html。

不得不在自己的土地上进行违建。①

2017 年 4 月以色列国会以 43∶33 票通过对 1965 年《规划和建设法》的修正案（第 116 号），其中限制了以色列法院对非法建筑进行执法的酌处权，扩大了行政机关尤其是国家规划机构和规划执行机构的权力，使之无需许可证即可对非法建筑进行执法，对非法建筑的罚款和违法者监禁时限也增加了。

这一修正案因其明确的针对性，自从进入以色列国会的立法程序，就引起了阿拉伯社团的愤怒。内塔尼亚胡在修正案通过后称该法会帮助以色列阿拉伯人更好地融入以色列社会。"我和我领导的政府在阿拉伯社团的投入超过以往历届政府，包括在基础建设、教育、福利、文化和住房等各方面进行投入，旨在缩小阿犹之间的差距。阿拉伯人想成为以色列的经济成功和未来的一分子，我们也希望以色列阿拉伯人能融入，但这需要他们遵纪守法。修正案的通过意味着——同一个国家、同一个法律、同一个执行标准。"②

该修正案将在此后 6 个月正式生效，两年内的非法建筑都将按照修正案处理，更早的将按照之前的有关法律执行。"很多阿拉伯人把《规划和建设法》当成是建议而不是法律，认为如果能得到建筑许可那很好，如果得不到也没什么关系。"利库德党国会议员大卫·阿姆撒冷姆（David Amsalem）是修正案的提出者，他称反对该修正案的阿拉伯议员是在"开历史的倒车，因为该法将提高阿拉伯人的生活质量，我们会帮助他们建立有规划的城市，有花园，有宽阔的道路和居民楼。"但修正案的反对者、阿拉伯联合党规划和建筑部门的负责人、国会议员阿卜杜拉·阿布马路福（Abdullah Abu Marouf）则称这是挑衅性的、不人道的残忍法律，"政府应该先通过对现有的非法建筑的解决方案，然后再通过这种破坏很多人唯一安身之

①　Ben Lynfield，"Arab-Israelis Stage General Strike over Razing of Illegal Buildings"，*Jerusalem Post*，11 Jan. 2017，http：//www. jpost. com/Arab-Israeli-Conflict/Arab-Israelis-stage-general-strike-over-town-demolitions-478113.

②　Udi Shaham，"New Law Stiffens Punishment for Construction Violations"，*Jerusalem Post*，6 April 2017，http：//www. jpost. com/Israel-News/Politics-And-Diplomacy/New-law-stiffens-punishment-for-construction-violations-486234.

所的法律"。①

总　结

"非法建筑"大量存在于以色列阿拉伯村庄内，这几十年来以色列政府并没有出台合理而有效的解决方案。阿拉伯人口持续快速增长，但住宅区"蓝线"以及缺失或过时的地方规划（截至现在仍有近1/4的阿拉伯村庄根本没有任何被批准的规划）严格限制了阿拉伯村庄的自然增长。同时，复杂而昂贵的建筑审批程序，使得很多阿拉伯人根本就无法得到建筑许可。甚至在一些有规划的阿拉伯村庄，按照正常程序报批的房屋建筑也没有得到批准，如在北部地区的瑞纳赫（Reineh）村，尽管其地方规划已于十多年前就被批准，但该村的建筑申请从来没有被批准过。② 一方面住房刚性需求旺盛，另一方面合法申请许可无望，阿拉伯"非法建筑"可以说从根本上是无法避免的。目前，以色列阿拉伯年轻人对自己的住房前景充满绝望感，因为公用土地完全指望不上，而阿拉伯村庄的自然增长又被严格限制，③ 现在政府又出台了措施要加强对非法建筑的执法力度。可以说这是一个看不见出路的困境。很多有识之士认识到这一困境可能给以色列带来的安全和发展隐患，一直呼吁政府在为时太晚之前采取措施改善阿拉伯人的住房情况，但是在"犹太国家"这一大前提之下，恐怕很难有根本性的改变。在未来很长一段时间内，非法建筑问题将继续困扰以色列阿拉伯人，并对其与国家的关系起到重要影响。

---

① Udi Shaham, "New Law Stiffens Punishment for Construction Violations".

② Fadi Eyadat, "Israeli Arabs Have No Choice but to Build Illegally", *Haaretz*, 29 July 2010, http://www.haaretz.com/israel-news/israeli-arabs-have-no-choice-but-to-build-illegally-1.304777.

③ Fadi Eyadat, "Israeli Arabs Have No Choice but to Build Illegally".

第八章　以色列的相关政策对阿拉伯社会发展的影响

尽管在法律上、在现实生活中，以色列阿拉伯人受到显性或隐性的歧视，但不可否认，以色列建国 70 年来在阿拉伯人口医疗健康水平、教育水平、经济水平等方面都取得了长足的进步。这些进步一方面是现代化、城市化进程的必然结果，另一方面也受到以色列政府政策推动和主体犹太社会的影响。在本章我们将介绍阿拉伯社会层面的一些发展和变化，以及以色列政府的相关政策在这些变化中起到的作用。

第一节　以色列阿拉伯人口发展情况及以色列的"对策"

以色列建国后，随着医疗条件改善和生活水平的提高，阿拉伯人均寿命延长、婴儿死亡率下降，人口自然增长率保持在较高水平。建国时阿拉伯人约占以色列全国人口的13%，到 2017 年以色列阿拉伯人口超过 179.6 万，占全国人口的 20.8%。① 仅从比例上看，阿拉伯人口并未增长到足以威胁犹太民族主体地位的程度，但值得注意的是以色列阿拉伯人口数量从以色列建国

---

① Jewish Virtual Library, "Vital Statistics: Latest Population Statistics for Israel (Updated January 2017)", http://www.jewishvirtuallibrary.org/latest-population-statistics-for-israel.

到现在 70 年间增加了 8 倍以上，而且其增加几乎是纯靠自然增长，而犹太人口的增加则依靠了大批国外犹太人的移入。随着境外犹太移民浪潮的衰退，很多人担心不再有"外援"的犹太人口在全国人口中所占比例会不断降低，最终威胁到以色列国家的犹太性质。从 20 世纪五六十年代起，阿拉伯人口超高的增长率就让很多犹太人忧心忡忡，甚至有很多危言耸听的预测，称以色列的阿拉伯人口将在几十年内超越犹太人口，这就是阿拉伯"人口威胁论"。

一　阿拉伯社团健康水平的提高

以色列是世界上人均寿命最长的国家之一。根据世界卫生组织 2016 年 5 月发布的报告，以色列的人均寿命排在全世界第八位，超过美国、加拿大、法国等发达国家，尤其是男性平均寿命为 81 岁，高居世界第二位。与世界上女性平均寿命高于男性约 5 年相比，以色列女性平均寿命比男性仅高 3 年。从表 8 - 1 可以看到近几十年来以色列人均寿命的增长情况。

表 8 - 1　1985 ~ 2014 年以色列人口平均寿命（按性别、族群划分）

单位：岁

犹太女性	阿拉伯女性	犹太男性	阿拉伯男性	平均寿命
77.8	75.5	74.1	72.7	75.0
80.5	77.2	76.7	74.6	77.3
82.7	79.6	78.7	75.4	80.2
83.9	81.3	80.5	76.6	81.5
84.5	81.2	81.1	76.9	81.9

资料来源：1985 ~ 1989 年数据引自 Central Bureau of Statistics, *The Arab Population in Israel 2008*, p. 4, www.cbs.gov.il/www/statistical/arab_ pop08e.pdf；其他年度数据来自以色列中央统计局，引自 Jewish Virtual Library, *Israel Health & Medicine*：*Life Expectancy*（*1996 - Present*），http：//www.jewishvirtuallibrary.org/statistics-on-life-expectancy-in-israel。

目前以色列阿拉伯人口的平均寿命基本上达到发达国家水平，但在与犹太公民的横向比较中还有 2 ~ 4 岁的差距。据以色列健康部 2013 年的报告，在以色列超过 5 万居民的大中型城市，人口平均寿命为 80.8 岁，但其中最低的两个城市都是阿拉伯城市——拿撒勒和拉哈特（Rahat），分别是 77.9 岁和 77.1 岁。部分学者（如阿姆农·鲁宾斯坦，Amnon Rubinstein）认为这一数据反映出的，与其说是阿拉伯人和犹太人之间的平均寿命差别，不如说是富裕和贫困人口之间的寿命差别更为准确，因为在阿拉伯人内部不同族群的平均寿命也有明显的差别，如阿拉伯基督徒女性和男性的平均寿命分别为 81.3 岁和 77.6 岁，与犹太人的数据基本持平，穆斯林男女的数据平均要低大概 3 岁。[1]

除人均寿命以外，婴儿死亡率也是衡量现代社会健康水平的重要指标。造成婴儿死亡的两大因素是早产和先天性缺陷。根据以色列健康部的报告，在过去几十年中以色列各族群的婴幼儿死亡率持续下降，阿犹两族之间的差距也在不断缩小。与周边阿拉伯国家相比，以色列阿拉伯人婴儿死亡率明显较低，从 1975 年时的 41.3‰下降到 2005 年时的 8.4‰，到 2008 年进一步下降到 6.5‰。而 2007 年时叙利亚的婴儿死亡率为 15‰，约旦为 18‰，黎巴嫩为 26‰，埃及则是 30‰。[2]

在以色列阿拉伯社团内部，不同亚族群的婴儿死亡率有比较明显的差距，如基督徒的婴儿死亡率非常低，2008 年时为 1.6‰，甚至比犹太人口的 2.9‰还要低，这应该与基督徒人口普遍生活水平较高、经济条件较好有关；而内盖夫地区的贝都因人，婴儿死亡率则高于阿拉伯人整体水平的 1.5 倍。究其原因，一方面是由于该地区医疗服务不如其他地区便利，另一方面则是由于贝都因人相对较多的近亲通婚，极大地增加了先天性疾病的比例。[3]

表 8 - 2　1978～2008 年以色列各族群婴儿中死亡率的变化

单位:‰

人口类别		1978 年	2008 年
阿拉伯人口	穆斯林	28.7	6.8
	德鲁兹人	24.4	5.5
	基督徒	17.4	1.6
犹太人口		13.8	2.9

资料来源：Arik Rudnitzky, *Arab Citizens in Israel Early in the Twenty First Century*, Tel - Aviv: Institute for National Security Study, 2015, p. 60.

二　以色列政府应对阿拉伯人口高速增长的对策

阿拉伯人健康水平提高和人口持续高速增长，对以色列而言，一方面

---

[1]　Arik Rudnitzky, *Arab Citizens in Israel Early in the Twenty First Century*, pp. 59 - 60.

[2]　Central Bureau of Statistics, *The Arab Population in Israel 2008*, p. 4.

[3]　Arik Rudnitzky, *The Bedouin Population in the Negev: Social, Demographic and Economic Factors*, The Abraham Initiatives, 2012, pp. 50 - 54, https://www.abrahamfund.org/webfiles/fck/Research% 20 - % 20Beduin% 20English% 20Final.pdf, 最后访问日期：2017 年 7 月 20 日。

是令人自豪的成就，另一方面却带来困惑，受阿拉伯人口威胁论影响，从国家领导人到部分学者再到普通国民都对阿拉伯人口高于犹太人口的增长感到忧心忡忡。作为一个民主国家，以色列不可能采取公开违反平等和民主原则的措施，只鼓励犹太生育而打压阿拉伯人生育。为保证国家中的犹太人多数，以色列一方面积极鼓励和吸引全世界的犹太移民，同时杜绝阿拉伯人口（难民）的回归及严格限制甚至禁止巴勒斯坦人的移入，包括那些与境内阿拉伯人有姻亲关系的人。同时，以色列当局致力于提高阿拉伯人的经济水平和教育水平，尤其是鼓励阿拉伯妇女接受教育和参加工作，试图通过推动阿拉伯社会的现代化来降低其生育率。以色列政府很早就认识到，提高阿拉伯人口的教育水平是一把双刃剑——受教育程度越高则更难管控，但是，在"好管理但人口基数庞大"和"人口少但难管"这个两难的选择中，以色列政府毫不犹豫地选择了后者。①

阿拉伯人口威胁论，在相当长的时间内一直被用于警示犹太人。但实际上，如我们之前所指出的，阿拉伯人口比例虽有上升，但远未达到能够威胁犹太人主体民族地位的程度。尤其是进入 21 世纪后，阿拉伯人口增长明显放缓，而犹太人的生育率却有显著提高。二者差距在逐渐缩小中。

表 8 - 3　2000～2010 年以色列犹太人和阿拉伯人中不同族群生育率等的变化

| | | 穆斯林 | | 基督徒 | 德鲁兹人 | 阿拉伯人总体 | 犹太人总体 |
		总体	内盖夫贝都因人				
生育率	2000 年	4.7%	9.8%	2.6%	3.1%	4.4%	2.7%
	2010 年	3.8%	5.8%	2.2%	2.5%	3.5%	3.0%
自然增长率	2000 年	3.5%	5.4%	1.7%	2.4%	3.2%	1.2%
	2010 年	2.5%	3.8%	1.1%	1.7%	2.4%	1.5%
平均年龄	2000 年	18.6	12.5	26.9	21.7	19.6	29.8
	2010 年	20.0	14.9	30.7	25.2	21.1	31.4
未成年人（0～14）岁比例	2000 年	42.9%	56.6%	29.5%	36%	41%	25.9%
	2010 年	39.3%	50.4%	24.5%	30.8%	37.5%	25.9%

资料来源：Arik Rudnitzky, *Arab Citizens in Israel Early in the Twenty First Century*, pp. 57 - 58.

---

① 1968 年 6 月 20 日的政府阿拉伯事务委员会会议明确提出：人口才是最重要的考虑因素。见以色列工党档案馆（Labor Party Archives），LPA：2 - 7 - 1968 - 117，p. 6。

可以看出，从 2000 年到 2010 年阿拉伯人的生育率和自然增长率都有所下降，而犹太人口则正好相反。2000 年时，阿拉伯人口的自然增长率是 3.2%，而犹太人为 1.2%；但到 2010 年阿拉伯人自然增长率下降到 2.4%，犹太人则上升到 1.5%。在 2010 年后，阿拉伯人生育率下降、犹太人生育率上升的趋势得以保持，根据以色列中央统计局公布的数据，在 2015 年以色列历史上首次阿犹生育率持平，均为 3.13%。[1]

阿拉伯人生育率的下降，有经济、社会多方面的原因。从国际上看，以色列阿拉伯人生育率下降与阿拉伯国家及伊斯兰世界整体生育率下降的趋势相吻合。据联合国报告，60 年代初期埃及妇女平均生育率为 6.5%，到 2005~2010 年下降到不足 3%；黎巴嫩妇女则从 60 年代初期的 5.5% 下降到 1.5%；约旦叙利亚的变化更是明显，从 60 年代的 7.5%~8% 下降到 2005~2010 年的 3.5%。[2] 从以色列国内看，以色列政府于 2003 年改革了对多子女家庭的资助方式，很大程度上降低了"高产"的以色列穆斯林和极端正统派犹太教徒的生育率。在改革之前，为鼓励生育，以色列国家对多子家庭尤其是超过 5 个孩子的家庭给予经济补贴，有 6 个孩子的家庭得到的补助每个月约 1981 谢克尔，相当于两个孩子家庭得到的 288 谢克尔补助的近 7 倍，这一补贴方式鼓励了穆斯林和极端正统派犹太教徒的超多子女家庭。改革后，每个孩子平等地得到每月 140 谢克尔的国家补助，这一金额不足以对多子女家庭产生过大的经济吸引力。[3] 该政策实行 10 余年来，以色列的超多子女家庭增速明显放缓。

尽管阿拉伯人口威胁论缺乏科学和事实依据，但时到今日仍然经常被政治人物和团体利用，包括很多以色列国家领导人，无论其政治立场如何，都曾在不同场合发言警告阿拉伯人口会对以色列国家的犹太性质和民主性质产生冲击。如以色列总理内塔尼亚胡（公认为右派）曾在 2003 年指出以

---

[1]　Times of Israel Staff, "Jewish, Arab Fertility Rates in Israel on Par for First Time", *Times of Israel*, 15 Nov. 2016, http://www.timesofisrael.com/jewish-arab-fertility-rates-in-israel-on-par-for-first-time/.

[2]　Paul Morland, "Israel's Fast Evolving Demography", *Jerusalem Post*, 21 July 2013, http://www.jpost.com/Opinion/Op-Ed-Contributors/Israels-fast-evolving-demography-320574.

[3]　Evelyn Gordon, "Making the Most of Israel's Fertility edge", *Jerusalem Post*, 06 Nov. 2014, http://www.jpost.com/Experts/Making-the-most-of-Israels-fertility-edge-355983.

色列阿拉伯公民的比例上升到 20% 以上时以色列将无法保持其犹太多数，而以色列作为一个犹太国家和民主国家的自我定义也将无法继续下去；2005 年佩雷斯（公认为中左派）在会见美国官员时称以色列不应该把内盖夫地区"丢"给贝都因人，因此要采取措施应对（贝都因人）"人口威胁"；① 2009 年时任以色列驻美国大使迈克尔·欧然（Michael Oren）（公认为右派）撰文称"阿拉伯人口威胁"是以色列所面临的七大生存威胁之一；② 2014 年以色列财政部长亚伊尔·拉皮德（Yair Lapid，被公认为中派）称如果不能成功建立巴勒斯坦国，以色列将面临会破坏其犹太和民主性质的"人口威胁"；③ 等等。在巴以冲突、阿以对立的情况下，以色列内部阿拉伯少数民族的存在始终会被视为潜在的威胁，其人口的正常增长也会被妖魔化。

第二节　以色列阿拉伯妇女状况及以色列相关政策的影响

上文提到，为降低阿拉伯人口的增长速率，以色列政府不惜通过提高阿拉伯人，尤其是阿拉伯妇女教育水平和经济水平的方式"曲线救国"。不管以色列政府的企图如何，建国 70 年来，以色列阿拉伯妇女地位和教育水平确实得到了改善。下面我们将简要介绍以色列建国 70 年来阿拉伯妇女的发展状况。

一　背景——以色列整体的妇女地位和参政情况

要讨论以色列阿拉伯妇女的地位，首先要对以色列整体的妇女地位和参政水平有所了解。以色列建国之前的犹太定居运动具有一定的社会主义色彩，尤其是在基布兹（Kibbutz，集体农庄）实行男女平等同工同酬，妇女与男人共同参与农业、工业建设和保家卫国等各项工作。在建国后以色

---

① Ben White, "Israel: Ethnic cleansing in the Negev", al-Jazeera, 22 Oct. 2012, http://www.aljazeera.com/indepth/opinion/2012/10/2012102114393741506.html.

② Michael B. Oren, "Seven Existential Threats", Commentary Magazine, 05 Jan. 2009, http://www.commentarymagazine.com/article/seven-existential-threats/.

③ Ynet News, "Lapid Warns Failure of Peace Talks Poses Demographic Threat", Ynet, 17 Feb. 2014, http://www.ynetnews.com/articles/0, 7340, L-4489460, 00.html.

列女性（信教妇女除外）跟男性一样受教育、参军、上大学、就业，在社会经济文化生活中发挥重要作用。1969 年梅厄夫人出任以色列总理，即使在世界政坛上，以色列也是较早由女性出任国家元首的国家之一。虽有梅厄夫人作为国家最高领导人这一特例，但是在以色列的国会中，女性议员所占比例却一直比较低，从建国到 90 年代中期，每届国会中女议员的数量徘徊在 8~11 位，占 120 名议员总数的 6.6%~9.1%。女性在政治生活中的参与度虽然很高但成就并不高的原因，一方面与以色列政坛的男性沙文主义有关，由于战事延绵，在以色列国家政治生活中具有能力和魅力的领导基本上都有很强的军队背景，而在军队中 90% 的高级职位由男性占据，很少有女性能在军队体系中脱颖而出身居高位；另一方面可能对女性政治成就有所影响的因素是犹太宗教传统——依照犹太传统，女性甚至无法加入祈祷群体（至少由 10 名成年男子组成），也无法主持宗教仪式、宣读圣经，不能作证，不能担任拉比、国王和法官等职务，以此类推，在现代社会按犹太宗教律法，女性也不应该担任公职和政府职务。

到 90 年代后期，国会中女性议员的数量有明显增加：1999 年大选中 15 位女性当选为国会议员，2003 年 18 位、2006 年 17 位、2009 年 21 位、2013 年 27 位，而在 2015 年选出的第 20 届国会中女性议员数量在以色列历史上首次超过 1/4，达到创纪录的 32 位。90 年代以后女性国会议员数量大增的原因之一是以色列政坛从早期的一党（工党）独大、两党（工党和利库德集团）轮流执政逐渐进入到多党逐鹿的局面，新兴中小党派的崛起给女性提供了机会去打破之前主要由男性垄断主要党派高层的局面；而近些年没有大规模战事，以致军中资历对政治人物的形象塑造不像之前那么重要和不可替代。

总的来说，以色列妇女的政治表现在近 20 年中有了迅速发展，虽然在 34 个 OECD（经合组织）成员国家中以色列仅排在第 21 位（2013 年），但妇女在国会中所占的比例已超过美国的参议院（20%）和众议院（19.4%）。① 而除了政治表现略低之外，以色列的妇女在社会经济和文化生活中的参与是非常活跃的，成就也很高。绝大多数犹太妇女都是职业妇女，在 20 世纪

---

① Ofer Kenig, "Women in Israeli Politics", The Israeli Democracy Institute Website, 08 March 2016, https://en.idi.org.il/articles/3318, 最后访问日期：2017 年 7 月 20 日。

末女性占到全体劳动者的45%。而在高等教育领域，女性参与度之高也令人惊叹，以色列50%以上的本科学位获得者是女性，45%的硕士学位获得者是女性，甚至在博士学位获得者中女性也占到1/3。[①]

二　以色列阿拉伯妇女的教育、经济及参政情况

在以色列的阿拉伯妇女，因民族身份和性别受到"双重歧视"。一方面，作为阿拉伯人受到以色列国家和主体犹太社团显性或隐性的民族歧视；另一方面，作为女性在阿拉伯社团内部受到性别歧视。民族歧视已在本书其他章节详细讨论，而性别歧视则具有宗教和历史背景。在以色列阿拉伯人口中所占比例超过80%的穆斯林社团，是传统的男权社会，女性处于从属地位，其社会职责是相夫教子。伊斯兰宗教律法和习俗决定着女性对男性（父亲、兄弟和丈夫）的依赖和服从，很少有独立女性的存在。以色列从建国伊始在1949年就开始实行的全民义务教育，极大地提高了阿拉伯女性的教育水平，阿拉伯妇女的经济、社会独立性也随之有所增强，这对改善女性在家庭及社会中的地位有重要意义。

与在其他传统父权社会中一样，接受现代教育，尤其是高等教育，是阿拉伯女性提高自己在家族中及社会上地位的有效途径。以色列在阿拉伯妇女的教育方面取得较大成就，年轻一代阿拉伯女性的教育水平甚至高于阿拉伯男性，有56%的阿拉伯女生拥有高中学历，而只有38%的阿拉伯男生高中毕业。在以色列大学中，阿拉伯女生占阿拉伯学生总数的66%。[②] 2010年，11%的阿拉伯女性受过16年及以上教育，11%受到13～15年教育，30%受到8年以下教育；而在1998年受过16年及以上教育的只有3.5%，13～15年教育的有8.6%，而少于8年教育的则有45%。[③] 而阿拉

[①] Nohad A'li & Rima'a Da'as, "Arab Women in Israeli Politics: Aspirations for Fundamental Equality or Preservation of Gender Inequality?" *Cultural and Religious Studies*, vol. 4, no. 2, 2016, pp. 67 – 86.

[②] Dept. for Diaspora Activities, "Arab Women in Israel", World Zionist Organization Website, 2016, https://www.azm.org/wp-content/uploads/2016/05/Arab-Women-in-Israel.pdf, 最后访问日期：2017年7月20日。

[③] Ahmad Sheikh Muhammad, Leena Abu-mukh Zoabi, Mtanes Shehadeh, Sami Miaari, Foad Moadi, Liana Fahoum, *Reality of Arab Woman in Israel*, The Galilee Society The Arab National Society For Health Research & Services, 2012, p. 9.

伯男性受教育程度明显低于女性，在 1998 年时仅 7.1% 阿拉伯男性受过 13～15 年教育，在 2010 年时为 10.4%。[1]

尽管教育水平有较大提高，但阿拉伯妇女的就业率仍然不高。在传统阿拉伯社会，为避免异性之间的接触，女性在家庭生活之外的参与度很低。在以色列建国初期，阿拉伯职业妇女几乎不存在，直到现在阿拉伯女性也是以色列就业率最低的人群。据 2013 年 IATF（Inter-Agency Task Force）提交的报告，阿拉伯男子就业率与犹太人口相差不大（分别为 69% 和 74%），但是阿拉伯妇女的就业率仅为 26%，而犹太妇女就业率高达 73%。[2] 26% 这一就业率不高，但与几十年前相比已经有了很大进步。在 20 世纪 70 年代阿拉伯妇女就业率仅为 6%；[3] 1983 年以色列中央统计局在全以色列 42 个人口在 5000 人以上的阿拉伯人口聚居的社区（包括 34 个阿拉伯社区和 8 个阿犹混居社区）采样数据显示，仅有 13.7% 的阿拉伯妇女参加工作；到 1993 年时阿拉伯妇女参加工作市场的比例仅为 16.7%。[4]

社会的发展、教育的普及、与犹太人的日常接触、传统农业衰落等因素共同导致阿拉伯家庭必须开辟新的收入来源，同时由于以色列的劳动密集型产业逐渐向阿拉伯区倾斜产生对廉价劳动力的需求，在上述客观因素的推动下，以色列阿拉伯妇女的就业率有了一定的增长。但从总体上看，阿拉伯妇女教育水平的提高并没有在就业率的提高方面得到合理的体现。这一现象与以色列国家和阿拉伯社团的一些特性有关。首先存于以色列劳动市场上对阿拉伯人的偏见和歧视使得阿拉伯人整体在就业方面处于不利地位，而阿拉伯女性比男性更难进入以色列劳动市场的原因则在于：阿拉伯家庭规模一般较大，孩子多、家务繁重让很多女性分身乏术、无法工作；另一个原因是阿拉伯村镇工业化程度较低，无法为本地妇女提供足够

[1]　Ahmad Sheikh Muhammad, Leena Abu-mukh Zoabi, Mtanes Shehadeh, Sami Miaari, Foad Moadi, Liana Fahoum, *Reality of Arab Woman in Israel*, p. 21.

[2]　Avivit Hai, *Arab Citizen Employment in Israel: Critical Concern and Great Potential*, p. 7.

[3]　Noah Lewin-Epstein & Moshe Semyonov, "Modernization and Subordination: Arab Women in the Israeli Labour-Force", *European Sociological Review*, vol. 8, no. 1, 1992, pp. 39 – 51.

[4]　Moshe Semyonov, Noah Lewin-Epstein & Iris Brahm, "Changing Labour Force Participation and Occupational Status: Arab Women in the Israeli Labour Force", *Work, Employment & Society*, vol. 13, no. 1, 1999, pp. 117 – 131.

的工作机会，而公共交通的落后又导致女性难以离开常住地去外地工作；还有一个原因是传统观念仍然强大，女性即使接受过高等教育或在专业领域找到工作，其相夫教子的传统义务也不会得到免除，因此阿拉伯职业女性往往需要同时兼顾事业和家庭，很不容易。

　　虽然从就业率看，阿拉伯女性的数据远低于男性，但从职业分布上看阿拉伯妇女的职业地位比阿拉伯男子要高得多。在专业和半专业职业（如医护人员、教师）中，阿拉伯妇女从业的比例相当高。根据以色列中央统计局劳动力调查数据，在1984年阿拉伯职业妇女中约一半（50.5%）从事专业或半专业职业，比例高于同期犹太妇女（38.8%），并远高于同期阿拉伯男子在这些职业中的比例（仅为12.3%）；此外，约7%的阿拉伯妇女从事管理工作，约7%从事文员工作，18.9%从事服务行业，而从事手工作业的占19.4%（同期阿拉伯男子从事手工作业的高达69.7%）。而从90年代以后，阿拉伯妇女在专业和半专业职业的从业比例下降到40%左右，与犹太妇女比例几乎持平，但仍然远高于阿拉伯男子（不到15%）。① 究其原因，阿拉伯社会的保守传统"功不可没"。为避免来自不同家庭的阿拉伯男女之间的接触，服务对象为阿拉伯人群的学校、医院、社会福利工作等机构对女性从业人员的需求非常迫切，很多阿拉伯女性在接受相关教育之后顺利进入这些机构工作。而90年代以后专业和半专业职业从业比例的下降，一方面由于这些职业逐渐饱和，另一方面则是因为以色列境内很多制造业（尤其是纺织业）从犹太地区转移到阿拉伯地区，使得众多不能到外地工作的阿拉伯妇女能够作为廉价劳动力进入本地劳动市场，而这些人的职业地位和收入都比较低。② 受到避免"抛头露面"传统观念的影响，从事销售行业的以色列阿拉伯妇女历来都很少，在1974年为7%（犹太妇女为5.7%，阿拉伯男子为8.6%），1984年时进一步下降到4.7%（犹太妇女为5.6%、阿拉伯男子为8.1%），1994年时为4.4%（犹太妇女为7.6%，阿拉伯男子为6.8%）。③

---

① Moshe Semyonov, Noah Lewin-Epstein & Iris Brahm, "Changing Labour Force Participation and Occupational Status: Arab Women in the Israeli Labour Force", p. 121.

② Israel Drori, *The Seam Line: Arab Workers and Jewish Managers in the Israeli Textile Industry*, Stanford: Stanford University Press, 2000, pp. 13 – 17.

③ Moshe Semyonov, Noah Lewin-Epstein & Iris Brahm, "Changing Labour Force Participation and Occupational Status: Arab Women in the Israeli Labour Force", p. 121.

　　调查还发现，除教育外，生活地点和外部大环境也影响着阿拉伯妇女的地位，比如在阿犹混居城市中，阿拉伯妇女的地位会相对较高，而在传统的、教育和就业都是男性专属的环境中妇女会陷入很难摆脱从属地位的恶性循环中。[①] 以内盖夫沙漠地区的贝都因人为例，直到 1976 年才出现第一位接受高等教育的女性，就读于卡耶（Kaye）师范学院专门为贝都因人开设的师范专业，4 年后又有两名勇敢的女生加入。第一位进入以色列正规大学学习的贝都因女生出现在 1988 年，此后 10 年中，以色列全国有 12 名贝都因女生获得本科学位。这些女性"先驱"在结束学习后基本上都回到自己的村庄，而作为受过教育的女性，她们不得不"谨言慎行"，做到不挑战传统、不离经叛道，在通过所学的专业知识造福社团的同时，还要证明自己的"良好品行"，以避免家族和父辈"蒙羞"或因其行为影响整个社团对"受过教育女性"的观感，进而影响人们对是否能让女生去接受高等教育的判定。为实现这一目标，这些受过教育的女生有时不得不放弃爱情（她们追求的爱情因各种原因是得不到本社团认可的），而是由父母包办的婚姻嫁给目不识丁的丈夫。[②]

　　但不论是在特别保守的贝都因社会，还是在开明的阿犹混居城市，受过教育的阿拉伯妇女的地位比之前肯定有不同程度的提高。不仅在家庭事务中，而且在地方公共事务中也拥有一定的参与度和话语权。阿拉伯妇女参政意识的觉醒经历了一个比较漫长的过程。以色列建国后，在相当长一段时期内阿拉伯妇女对政治的参与仅限于拥有投票权，鲜有女性活跃在政治舞台上。而在 70 ~ 80 年代，更多的阿拉伯女生进入以色列大学学习，这些人成为之后阿拉伯妇女组织和女权运动的核心领导层。[③] 比较重大的变化

---

①　Khawla Abu Baker, "The Impact of Cross-Cultural Contact on the Status of Arab Women in Israel", in Marylin Safir, Martha T. Mednick, Dafna Izraeli, and Jessie Bernard (eds.), *Women's Worlds*, New York: Praeger, 1985, pp. 246 - 250; Camilia Bader-Araf, "The Arab Woman in Israel towards the 21st Century"［希伯来语］, *Hamizrach Hehadash*［*The New East*］, 37, 1995, pp. 213 - 218.

②　关于贝都因女性教育先驱者的经验和体会，见 Sarab Abu-Rabia-Queder, "Does Education Necessarily mean Enlightenment? The Case of Higher Education among Palestinians: Bedouin Women in Israel", *Anthropology & Education Quarterly*, vol. 39, no. 4, 2008, 381 - 400。

③　Nohad A'li & Rima'a Da'as, "Arab Women in Israeli Politics: Aspirations for Fundamental Equality or Preservation of Gender Inequality?" *Cultural and Religious Studies*, Vol. 4, No. 2, 2016, pp. 67 - 86, p. 81.

发生在 21 世纪，2002 年时阿拉伯最高跟进委员会任命 5 名女性作为地方政府的专项顾问（提高妇女地位），而在以色列国家政治舞台上，也有阿拉伯女性崭露头角，几位阿拉伯女性进入以色列国会成为议员。胡斯尼娅·贾巴拉（Husniyya Jabara）是以色列国会中的第一位阿拉伯女议员，她在1999～2003 年作为左翼犹太政党梅内兹（Meretz）党的代表进入国会。4 年后另一位阿拉伯女性诺迪亚·西露（Nadia Hilou）步其后尘作为工党的代表进入国会。相较于 2009 年和 2015 年作为阿拉伯政党的议员进入国会的哈宁·祖阿比（Haneen Zuabi，来自全国民主联盟——巴拉德党）和阿依达·图玛·苏雷曼（Aieda Tuma-Suleman，来自阿拉伯联合党）而言，这两位加入犹太政党获得国会议员席位的女性在阿拉伯社团内部受到很大争议，甚至抵制。很多人表示无法接受她们竟然加入"压迫少数民族"的犹太复国主义政党，阿拉伯政治家拒绝与她们进行会面，公众认为她们无法在国会代表阿拉伯人的利益，因为她们要代表的是犹太党派，"她的性别不会促进我们民族的发展，也不一定能促进性别平等"。① 面对争议，这两位女议员并不太在意，西露称加入犹太政党本身没有什么问题："政党就是一个实现既定目标的工具而已。整个国会都是犹太人的，每个国会议员都要宣誓效忠，你不能接受一部分而拒绝其他部分。我当选之后，一些在选举之前抵制我的人也来找我寻求帮助。与其通过其他媒介，我们为什么不能直接在能够影响我们生活的政党里拥有一席之地呢？"②

　　这两位阿拉伯女议员被很多人看作"打脸"阿拉伯政党，独立参选几十年了从来没有选出任何一位阿拉伯女性成为议员。几年后，在 2009 年大选中，来自全国民主联盟——巴拉德党的哈宁·祖阿比终于成为有史以来阿拉伯政党的第一位女性国会议员，在 2015 年选举中她再次作为阿拉伯联合党派的代表与阿依达·图玛·苏雷曼携手进入国会。

　　尽管有阿拉伯女性进入国会，但无论是跟犹太女性议员比例相比，还是跟其他阿拉伯国家相比，都可以得出结论：以色列阿拉伯妇女政治成就确实不高。其实在世界范围内，女性的政治参与都要低于男性（主要表现

---

① Suheir Abu-Oksa Daoud, "Palestinian Women in the Israeli Knesset", *Middle East Report*, no. 240, 2006, 26 – 31, p. 27.

② Suheir Abu Oksa Daoud, "Palestinian Women in the Israeli Knesset", p. 27.

在对决策者和政策执行的直接影响和对政策制定者选择的间接影响方面①），在阿拉伯世界更是如此。1990 年时在阿尔及利亚、科摩罗、埃及、约旦、苏丹、叙利亚、突尼斯和毛里塔尼亚 8 个国家一共只有 1 ~ 2 位阿拉伯女部长。在 2010 年阿拉伯之春席卷阿拉伯世界之后，一些阿拉伯国家妇女在国会中所占比例有所提高，如阿尔及利亚 2012 年国会中妇女代表的比例达到 31.6%；突尼斯 2011 年 10 月大选后国会中妇女代表的比例达到 26.7%。② 但在以色列，阿拉伯妇女政治代表比例低也有着"本土"原因。首先如上文提到的，以色列女性群体在政治体系中的整体比例较低。其次是由于以色列生存环境特殊，安全和巴以冲突常年占据着公众话题榜，而且以色列社会本身是一个充满多对矛盾体的多元社会，性别差异和性别歧视与其他能够影响以色列社会、经济和文化生活的主要矛盾（如原住民与新移民之间的矛盾、阿犹两个民族整体之间的矛盾、信教人群和世俗人士之间的矛盾、东方犹太人和西方犹太人之间的矛盾等）相比并非特别迫切需要解决的问题，因此以色列社会和公众对妇女地位问题的关注度不够。再次是阿拉伯少数民族在以色列的政治参与本身就够边缘化了，更不要说在阿拉伯少数民族社团内部都处于从属地位的女性了。尽管阿拉伯政党基本上都提出主张男女平等以及要吸收妇女进入各级政治体系，但实际上做的实事很少。甚至那些阿拉伯女性领袖，在试图改变女性地位时往往选择与现有的社会机构合作，而不是试图去打破传统、与现有的社会规则和领导阶层对抗。③

总的来说，生活在犹太国家的阿拉伯少数民族的女性成员，因其民族身份和性别而受到的"双重歧视"，造成其在社会经济、政治事务中无法发挥与其人口比例相匹配的应有作用。与其他阿拉伯国家和地区的妇女不同，以色列的阿拉伯妇女尽管无需为争取平等和合法权利而进行专门斗争（因

---

① Nancy Burns, "Gender: Public Opinion and Political Action", in Ira Katznelson & Helen V. Milner, *Political Science: State of the Discipline*, London: W. W. Norton & Company, 2002, pp. 462 – 487.

② Nohad A'li & Rima'a Da'as, "Arab Women in Israeli Politics: Aspirations for Fundamental Equality or Preservation of Gender Inequality?" p. 69.

③ Nohad A'li & Rima'a Da'as, "Arab Women in Israeli Politics: Aspirations for Fundamental Equality or Preservation of Gender Inequality?" pp. 81 – 82.

为以色列作为民主国家中的一员，对性别平等都有比较完善的法律规定），但是，在法律的完善和现实的妇女地位低下之间存在着鸿沟。尽管以色列的阿拉伯妇女早于其他阿拉伯国家中的女性获得政治权力，但政治成就却不高；在经济方面，阿拉伯女性的职业地位虽然较高但加入劳动市场的比例却很低；教育作为提高女性在家族内部及在社会上地位的有效途径，却不能免除阿拉伯女性传统的社会职责和社会压力。

第三节　个体族群的各自发展与以色列分而治之的民族政策

1948 年战争结束时，留在以色列境内的阿拉伯人不仅是一个"被斩首"的社团，更是一个高度分化、严重碎片化的社团。除少数城市居民以外，阿拉伯居民主要集中在三个地区（北部加利利地区、三角地带和南部内盖夫沙漠地区）的约百个村庄中。而在战前，在后来成为以色列国的领土上曾经有过 434 个阿拉伯村庄。1949 年底，在以色列境内的德鲁兹人全部是农业人口，穆斯林中大部分（75% ~ 80%）是农业人口，基督徒中 80% 是城市人口。[①] 半个多世纪以后，阿拉伯社团内部人口比例发生了比较大的变化，其中比较显著的是穆斯林人口比例持续增高，从建国初期占阿拉伯总人口的 70% 上升到 2011 年时的 82.6%，而基督徒人口比例则从 21% 下降到 9.4%，德鲁兹人口增长比较稳定，在阿拉伯人口中所占比例维持在 8% ~ 9%。预计到 2030 年穆斯林将占阿拉伯人口的 86%。

表 8 - 4　以色列阿拉伯人口内部不同社团人口所占比例变化

时间	阿拉伯人口总数（万）	穆斯林（%）	基督徒（%）	德鲁兹人（%）
1950 年	16.7	70	21	9
1970 年	44	75	17	8
1990 年	87.5	78	13	9
2008 年	148.8	83	8	8
2030 年（预估）	236.2	86	7	7

资料来源：《以色列中央统计局 2012 年年鉴》，http：//www1. cbs. gov. il/shnaton63/st02_ 02. pdf。

———————

① Majid al-Haj & Henry Rosenfeld, *Arab Local Government in Israel*, p. 23.

以色列当局利用阿拉伯社会中原有的分歧（包括宗教、生活方式、经济发达程度等各方面的分歧）实行分而治之的政策。其实早在建国前，犹太社团就注意到并利用了阿拉伯人内部的差异和矛盾，其主要成果之一就是德鲁兹社团在阿犹冲突中基本保持了中立，在1948年战争时甚至有不少德鲁兹人加入犹太方面作战。建国后以色列着重在政治上分裂阿拉伯社团。以工党为代表的主流犹太党派根据地域和宗教派别，扶植多个阿拉伯附属党，让这些党派互相对立并竞逐阿拉伯选民的选票。20世纪80年代以后，独立的阿拉伯政党进入以色列政坛，在政治上进行人为的"分而治之"不再那么容易，因此"分而治之"政策的中心转移到社会方面。

义务兵役制是对阿拉伯社团进行分而治之的重要手段。以色列实行全民义务兵役制，但阿拉伯人除外。从1956年起，德鲁兹社团被纳入义务兵役制，从此德鲁兹男青年在经历、就业、心理及对以色列国家的认同方面，都跟其他阿拉伯人渐行渐远。以色列还利用国家机器从法律、思想、教育甚至习俗方面对德鲁兹社团进行独立的民族建设。半个多世纪以来，以色列德鲁兹社团形成了独特的"以色列德鲁兹人"的民族身份认同，成为以色列最具政治影响力的少数民族社团。[1] 近来以色列政府有意推动阿拉伯基督徒社团也接受义务兵役制，反对者指责这是政府离间阿拉伯基督徒和穆斯林、试图进一步分化阿拉伯社团的举措。

总的来说，分而治之的政策，取得了不错的效果。以色列阿拉伯人至今在政治上、经济上都没有形成真正的全国性统一力量，尽管迫于无奈2015年大选时主要的阿拉伯政党不得不联合参选，但各党派根本分歧仍在，诉求不同，不能算是统一的政治力量。对以色列国家来说，这样有利于进行管理及维持稳定。对于不同的阿拉伯族群而言，则因走上不同的发展道路而有了不同的成就，也形成了各不相同的社团特性。由于本书的研究对象，在非特指情况下都以穆斯林社团为主，因此本章仅对以色列阿拉伯社团中德鲁兹和基督徒这两个非穆斯林社团进行重点介绍，并以这二者为例，分析以色列政府分而治之政策的具体实施情况和功效。

---

① 王宇：《德鲁兹社团与以色列国家的关系》，《阿拉伯世界研究》2014年第1期。

一　最具优势地位的少数民族——德鲁兹社团的发展情况

截至 2012 年底共 13.3 万德鲁兹人生活在以色列，其中既包括居住在加利利（Galilee）和卡尔梅勒（Carmel）山区的德鲁兹公民，也包括生活在戈兰高地的德鲁兹居民。① 德鲁兹人口占以色列全国人口的 1.7%，在以色列阿拉伯人口中占 8.1%。② 从以色列建国至今，其境内的德鲁兹社团由一个人口少、地处偏僻、以旱地农业生产为主的边缘社团，成长为以色列最具优势地位的少数民族团体，也是相对而言最为犹太主体民族接受的少数民族团体。在以色列的政治体系中，德鲁兹人的表现尤为突出。以德鲁兹议员最多的第 18 届国会（2009 ~ 2013）为例，120 位议员中竟有 5 位德鲁兹议员③，在共计 15 名少数民族议员中占到 1/3，远超其 8% 的人口比例。这些德鲁兹议员的政党的来源，分别是 4 个主要的犹太政党——"利库德"、"前进党"、"以色列我们的家园党"以及以色列前总理巴拉克退出工党后组建的"独立党"，另有 1 名来自阿拉伯民族主义政党——"巴拉德党"。对主流犹太政党的依附，在一定程度上反映出以色列德鲁兹公民的政治倾向。

德鲁兹社团之所以能在政治上拥有相对较大的影响力，与以色列政府的扶持是分不开的。而以色列政府对德鲁兹社团青睐有加的原因，则要归结于德鲁兹社团与以色列国家和犹太民族的特殊关系。下文将详细介绍两者结成亲密关系所经历的历史过程及面临的问题。

---

① 1967 年在第三次中东战争中，叙利亚的戈兰高地被以色列占领，并在 1981 年被以色列并入自己的版图。但生活在戈兰高地上的德鲁兹人知道自己处于战火前沿，也许还会回归叙利亚统治，因此他们既不参加以色列的选举，也不应征入伍。他们对以色列没有公开的敌意，能与犹太人和平相处。

② 2012 年数据来自以色列中央统计局 2013 年 4 月 24 日公布的报告，"The Druze Population of Israel"，http://www1.cbs.gov.il/reader/newhodaot/hodaa_ template.html? hodaa =201311108。

③ 2009 年 2 月以色列进行第 18 届国会选举后，只有 4 名德鲁兹人成为国会议员；但 2012 年 2 月，跟随巴拉克退出工党组建独立党的以色列国防部副部长马坦·维勒奈（Matan Vilnai）因被任命为以色列驻中国大使退出国会，独立党成员德鲁兹人沙齐布·沙阿南（Shaqib Shanan）顶替其国会议员一职，成为以色列第 18 届议会中的第五名德鲁兹议员。

1. 德鲁兹社团与犹太国家形成特殊关系的缘由

德鲁兹社团与以色列国家和犹太主体民族的紧密关系，主要是因为德鲁兹人和犹太人结成"血盟"①关系。按照时间线，德鲁兹社团与建国前的犹太社团及之后的以色列国家之间的关系可划分为友善、志愿合作、血盟三个阶段。

友善阶段（20世纪初至1948年）：从犹太复国主义者大规模定居巴勒斯坦起，犹太社团就多方寻求与德鲁兹社团保持良好关系，而后者也不负所望，在20世纪30年代阿拉伯民族反犹反英大起义时，德鲁兹社团并没有参加阿拉伯方面的斗争，基本上保持了中立。以色列学者加布瑞艾勒·本多尔（Gabriel Ben-Dor）总结称，德鲁兹社团这一态度是由其社团本身特性及历史原因造成的：德鲁兹人地处偏僻、生产落后、受教育程度低、民族主义思想的传播不广泛，所以对当时的阿拉伯民族起义缺乏认同感；而作为在历史上屡受"强邻"（穆斯林）压迫的少数民族，德鲁兹人对周边其他阿拉伯社团并不信任；还有一个原因是德鲁兹人具有入乡随俗、向现实妥协的生存智慧，即塔齐亚（Taqiyyah）原则②，起义时阿拉伯方面力量不强，组织也很混乱，成功的希望并不大，因此保持中立是比较明智的。③从30年代后期到1948年以色列独立战争爆发期间，犹太社团与德鲁兹社团的重要家族和领袖④之间有过一些合作，包括收集情报、代购武器以及为有需要的犹太人提供庇护等，其中最著名的故事是后来成为以色列海法市市长的阿巴·胡什⑤曾在德鲁兹人帮助下躲过英国委任统治当局的搜捕。

---

① 希伯来语为ברית הדמים，即 Covenant of Blood。
② 塔齐亚（Taqiyyah）原则，阿拉伯语为تقية，指信仰方面的掩饰和伪装。为了避免迫害，作为少数民族/少数派的德鲁兹人在需要的时候可以（甚至必须）隐藏其真正的信仰。
③ Gabriel Ben-Dor, *The Druzes in Israel: A Political Study*, Jerusalem: Magnes Press, 1979, pp. 127 – 128.
④ 宗教领导人艾明·塔瑞夫谢赫（Sheikh Amin Tarif, 1898~1993），从1928年起直到逝世一直担任巴勒斯坦德鲁兹社团的精神领袖，跟犹太社团和以色列国家关系友好。
⑤ 阿巴·胡什（Abba Hushi, 1898~1969），以色列工党的重要领导人之一，在1951~1969年期间任职海法市市长，也是著名的阿拉伯专家。在30~40年代曾任犹太军事力量哈加纳与德鲁兹人之间的联络官。

志愿阶段（1948～1956 年）：1947 年 11 月联合国通过"巴勒斯坦分治决议"后，阿犹局势紧张，流血冲突不断。阿拉伯民族主义者惩处"阿奸"的行动（如绑架、谋杀等）频发，有些德鲁兹人受到攻击，这加重了德鲁兹人对阿拉伯民族主义者的恐惧和不信任感。[①] 1948 年第一次中东战争（即以色列独立战争）爆发初期，巴勒斯坦的德鲁兹社团拒绝了阿拉伯方面参战的要求，继续保持中立。但一个来自叙利亚的德鲁兹兵团驰援阿方，驻扎在西加利利地区，当地的德鲁兹人劝说他们不要跟犹太军队作战，因为"自从犹太人来了后德鲁兹人享受到比在穆斯林治下更多的自由"。[②]叙利亚德鲁兹兵团审时度势，不再参加阿拉伯方面的作战。1948 年 4～5 月，由本地德鲁兹社团的领袖安排德鲁兹兵团领导人沙吉布·瓦哈布（Shakib Wahab）与犹太武装力量哈加纳（Haganah）的代表进行会面，同年 6 月叙利亚德鲁兹兵团解散，多数士兵返回叙利亚，还有一些选择留下并加入犹太军队。[③] 巴勒斯坦的德鲁兹社团也放弃了中立，公开倒向犹太人一边，很多年轻人志愿加入以色列方面作战。

1948 年 6 月，以军的德鲁兹营（Druze Unit）正式成立，之前叙利亚德鲁兹兵团留下的士兵成为其核心成分。德鲁兹士兵作战英勇，仅在亚努赫村（Yanouh）战役中就有 15 名德鲁兹士兵阵亡。随着以军在战场上的节节胜利，德鲁兹营的规模也渐渐扩大，更多的德鲁兹青年相继加入，而一些自愿参军的切尔克斯人、贝都因人和阿拉伯基督徒也都被编入该部队，德鲁兹营的名称也为"少数民族营"（Minorities Unit）所取代。到 1950 年，大部分士兵复员，但来自叙利亚德鲁兹兵团的人大都因无家可归而选择留在以色列军队中成为职业军人。少数民族营的番号也保留下

---

① 德鲁兹人被阿拉伯民族主义者作为阿奸惩处早有先例，1938 年 11 月 27 日德鲁兹村庄伊思菲亚（Isfiya）的谢赫哈桑·阿布如昆（Hasan Abu Rukun），就因为与犹太人合作而被阿拉伯民族主义者杀害，而伊思菲亚村也受到集体惩罚。见 Kais Firro, *The Druzes in the Jewish State*, pp. 24 – 26。

② Gabriel Ben-Dor, *The Druzes in Israel*, p. 129.

③ 有资料称加入以色列军队的士兵有 1000 人，数据来源：http://en. wikipedia. org/wiki/Israel_Defense_Forces#Druze_and_Circassians。笔者认为这个数字过高，存疑。少数民族营在 20 世纪 50 年代初编制为 120 人，而来自叙利亚德鲁兹兵团的军人大部分留在以色列军队，可推测这部分军人总数不应该高于 120 太多，见 Druze service in the IDF［希伯来语］，http://www. peopleil. org/details. aspx? itemID = 7673，最后访问日期：2017 年 7 月 20 日。

来，继续吸收志愿参军的少数民族士兵（主要是德鲁兹士兵），但规模有限。①

血盟阶段（1956 年至今）：20 世纪 50 年代中期，以色列边境不宁，境外人员非法渗入行为频繁，再加上以色列陷入与埃及的军备竞赛，兵力不足，不得不频繁召唤预备役士兵入伍。在这种情况下，德鲁兹社团领袖向以色列国防部长请愿，主动要求将以色列的《国防服役法》（规定公民满18 岁需应征入伍）适用于本社团的男性成员。从此，德鲁兹社团与犹太国家之间结成"血盟"关系。加入义务兵役制，是德鲁兹社团和以色列国家关系中的里程碑事件。以色列虽然实行全民义务兵役制，但以色列军方从来没有征其他阿拉伯公民入伍，这既是出于国家安全的考虑，也避免了阿拉伯公民在国家和民族之间进行抉择。

德鲁兹社团领导人请缨加入义务兵役制，有多方面的原因。从历史上看，德鲁兹人一直是"顺民"，不管是在奥斯曼土耳其时代，还是英国委任统治时期，德鲁兹社团都习惯忠于所在国，而彰显忠诚的一个重要表现就是进入军队为所在国而战。从这个角度看，德鲁兹社团加入以色列义务兵役制，也是沿袭了历史传统。当然，德鲁兹社团接受义务兵役制还可带来很多现实的好处。首先，社团领导人巩固了自己的地位，对于派系斗争激烈的德鲁兹领袖而言，得到当局的支持就意味着胜利和权力。接受义务兵役制对德鲁兹社团整体发展也有很大的促进，因为在以色列，服兵役、参与保卫国家是公民最重要的义务，而公民是否服过兵役也成为国家在分配公共资源时的重要衡量标准。② 作为履行保卫国家义务的"好公民"，德鲁兹社团得到政府和主流犹太社会的认可；德鲁兹地区的基础建设也受到优待，如优先通电、通公路、通电话等；德鲁兹家庭和个人的经济状况也有所好转，服兵役为德鲁兹人提供了其他阿拉伯人不可能得到的工作机会。目前在以色列，85% 的适龄德鲁兹男青年加入国防军服兵役，很多人服完兵役之后会继续留在军队当职业军人或者从事其他与安全有关的工作，如警察、狱警和保安工作。20 世纪 90 年代，约瑟夫·阿布·哈桑（Yosef

---

① Gabriel Ben-Dor, *The Druzes in Israel*, p. 131.

② Hillel Frisch, "The Druze Minority in the Israeli Military: Traditionalizing an Ethnic Policing Role", *Armed Forces & Society*, vol. 20, no. 1, 1993, pp. 51–67, p. 58.

Abu Hassan）博士在三个德鲁兹村庄中做的调查显示，德鲁兹男子就业者中 41% 的收入都与安全服务有关。①

军队还为德鲁兹人提供了一条社会上行通道，他们通过军功积累来提高地位和影响力。在以色列国防军、边防警部队以及警界中都有不少德鲁兹高层。2001 年第一位德鲁兹少将被任命；德鲁兹人哈辛·法鲁兹（Hassin Faruz）曾在 2004～2007 年出任以色列边防警察部队总司令。另外，如本节开头所提到的，在政坛德鲁兹社团的影响力要远超其他少数民族团体，2001 年以色列第一位德鲁兹部长上任，在议会和政府都有德鲁兹人担任过重要职位，如专门委员会的主席、副部长、总司长等；在以色列外交部里有两位德鲁兹大使，可以代表以色列国家被派驻国外。

2. 独立德鲁兹民族的建设

德鲁兹社团被纳入义务兵役制之后，以色列政府加速利用国家机器打造独立的德鲁兹民族，从法律上、思想上、教育上，甚至从习俗方面对德鲁兹社团进行独立的民族建设。具体举措包括：1957 年以色列宗教部承认德鲁兹宗教法庭，从法律上正式确认了德鲁兹社团的独立地位（在奥斯曼土耳其统治和英国委任统治时期，德鲁兹人一直受穆斯林宗教法庭管理），1962 年德鲁兹宗教法庭开始行使职责；德鲁兹公民的身份证上民族一栏中标注的是德鲁兹族，不是阿拉伯族；德鲁兹社团的历史被改写，民间传说被收集整理并添加到正史中去，非阿拉伯因素被突出；穆斯林的重要节日如开斋节等不再是德鲁兹社团的官方节日，而纪念德鲁兹圣人的节日则得到官方确认，如 id al-nabi Shu'ayb 和 id al-nabi Sabalan②；德鲁兹圣人的墓地和宗教纪念地由政府耗巨资翻修，以前德鲁兹人去圣人墓地的拜访是

---

① Zeidan Atashi, "The Druze in Israel and the Question of Compulsory Military Service", *Jerusalem Letter/Viewpoints*, no. 464 (28), 15 Oct. 2001, http：//www. jcpa. org/jl/vp464. htm, 最后访问日期：2017 年 7 月 20 日。

② id al-nabi Shu'ayb 每年 4 月 24 日开始，为期 4 天，以色列德鲁兹人会在这个节日前往提比利亚附近的 al-nabi Shu'ayb 先知（摩西的岳父）墓进行朝拜，是德鲁兹人最重要的节日；al-nabi Sabalan（雅各的第六子）也是德鲁兹先知，德鲁兹人每年前往其纪念地（在以色列黎巴嫩边境）做祷告；这两个节日分别于 1949 年和 1954 年得到以色列国家的确认。

自发的、纯宗教性的，现在也被制度化，变成以色列德鲁兹社团特有的盛大活动。①

以色列政府还从教育方面分离德鲁兹社团和其他阿拉伯社团。建国初期，以色列国家宗教部官员希尔施伯格（Hirschberg）就提出：应该让每个社团有自己的学校体系，以避免他们感觉到一个（统一的）阿拉伯实体的存在。② 由于条件所限，当时这个建议并未被采用。到 20 世纪 70 年代中期，政府加速独立的德鲁兹教育体系的建立：1974 年 9 月政府开始准备德鲁兹教学计划，1974 年 12 月 31 日，"德鲁兹教育和文化委员会"成立，由德鲁兹人和犹太人组成的团队开始具体设置教学计划和科目；1976 年德鲁兹教育的课程主要讲授德鲁兹传统、德鲁兹历史和德鲁兹文化③；1977 以色列教育部正式将德鲁兹人和切尔克斯人的教育从"阿拉伯教育处"独立出来，成立了"德鲁兹和切尔克斯教育处"。

鼓励和促进德鲁兹人从阿拉伯民族的"独立"，是以色列政府"分而治之"政策的体现，也是对德鲁兹社团参加义务兵役制的回报，而参军本身也使得德鲁兹社团的年轻人跟周边的阿拉伯穆斯林和基督徒从人生经历、处事立场、从事职业、社会交往、经济状况、世界观等各方面都截然不同。几十年来，以色列德鲁兹社团逐渐形成了独特的"以色列 - 德鲁兹意识"。相较于其他少数民族，德鲁兹社团对以色列国家的认同度要高得多。2008年约瑟夫·哈桑（Yussuf Hassan）博士进行的调查显示，超过 94% 的德鲁兹人自我定义为"以色列德鲁兹人"（其他选项分别是"巴勒斯坦德鲁兹人"和"以色列阿拉伯人"），而在同一调查中，只有 19% 的穆斯林和 48% 的基督徒对自己的以色列身份有所认同。④

① Kais Firro, "Druze *maqāmāt*（Shrines）in Israel: From Ancient to Newly-Invented Tradition", *British Journal of Middle Eastern Studies*, 32（2）, 2005, pp. 217 - 239；另见 Zeidan Atashi, "The Druze in Israel and the Question of Compulsory Military Service"。
② Kais Firro, *The Druzes in the Jewish State: A Brief History*, pp. 225 - 226.
③ Kais Firro, *The Druzes in the Jewish State: A Brief History*, p. 231.
④ Grisham, "Israeli and Palestinian Conflict: A Different Slant on the Story", 27 June 2011, http://grisham. newsvine. com/_ news/2011/06/27/6959864-israeli-and-palestinian-conflict-a-different-slant-on-the-story，最后访问日期：2017 年 7 月 20 日。

**图 8 - 1 2006 年 5 月 11 日德鲁兹青年前往圣人（Jethro）墓地
朝拜时举着德鲁兹社团的旗帜和以色列国旗**

资料来源：Druze Training Center, https：//commons. wikimedia. org/w/index. php? curid =6189480.

3. 德鲁兹社团面临的困境及将来

德鲁兹青年用鲜血和生命证明对以色列国家的忠诚，至今已有超过 350
名德鲁兹士兵阵亡。[①] 以色列政府对德鲁兹人的忠诚也有所回报，除了物质
利益之外，政府还承诺要将德鲁兹社团完全融入以色列主体社会（Integra-
tion）。

自 20 世纪 60 年代起，以色列政府多次承诺要让德鲁兹人与犹太人完
全平等，如总理列维·艾希科尔（Levi Eshkol, 1963 ~ 1969 年在任）在
1967 年 10 月 10 日承诺对待德鲁兹人要"如己，如你"[②]。然而在现实中这
个承诺却没能兑现。除了在身份证上被标注为"德鲁兹族"，几乎在所有层
面，德鲁兹人仍然被当作阿拉伯人对待。在军队中，德鲁兹人仍被集中在

---

① Karmel Reporter, "Memorial Day for the Fallen Soldiers in Israeli Campaigns including the 350
Druze Soldiers", Karmel Website, 06 May. 2008, http：//www. karmel. co. il/index. php? op-
tion = com_ content&task = view&id = 3226.

② 希伯来语 כמונו כמוכם，也可译为"对待你们，如同对待我们自己"。

图 8 - 2　在以色列安全部队（包括军队、警察和边防警等）
阵亡的德鲁兹士兵纪念墙

资料来源：Hanay-מעלה היצירה，CC BY-SA 3.0，https：//commons. wikimedia. org/w/index. php?
curid = 21808969.

少数民族营服役；在教育方面，德鲁兹学生仍在阿拉伯学校里接受教育
（直到 20 世纪 90 年代才有了独立的德鲁兹中学）；在各政府部门及工会等
全国性组织中，德鲁兹人仍受阿拉伯部管理；德鲁兹人和其他阿拉伯人一
样长期被执政的工党拒之门外。[1] 很多德鲁兹人因此发出了不满的呼声：
"我们像犹太人一样死（在战场上），却像阿拉伯人一样活着!"

　　进入 20 世纪 70～80 年代后，在以色列兴起了东方犹太人[2]要求平等的
运动，客观上促进了以色列社会的民主化和多元化，对于德鲁兹人的一体
化进程也有所推动。以军队为例，在 80 年代德鲁兹士兵被允许进入少数民
族营之外的单位服役；2001 年以色列高等法院裁决德鲁兹士兵有权选择服

---

[1]　1969 年国会大选之后，德鲁兹社团作为整体被允许加入当时执政的工党联盟；但这一来之
　　不易的"优待"在短短四年之后就失效了——1973 年 5 月工党联盟政治局决定接受所有
　　阿拉伯党员。
[2]　东方犹太人，也称"米兹拉西犹太人"，指来自中东、北非国家的犹太移民。1971 年东方
　　犹太人的"黑豹党"成立，开始组织积极的社会抗议活动。1977 年利库德集团得到东方
　　犹太人的支持，在大选中首次击败工党，造成以色列政坛地震。详见本书第九章内容。

役单位，军方不得强迫；德鲁兹士兵可以服役的部门包括：战斗部队（包括少数民族营）、战斗支持部队、情报部队、医疗队、军校、技术和后勤部等，甚至有德鲁兹人进入了空军和蛙人部队这样的精英部队。[①]

　　尽管取得了一些进展，但一体化进程仍面临着多重挑战。第一，以色列国家的犹太性质决定了非犹太人难以取得真正意义上的平等。犹太人在以色列，因其民族属性而得到一些特权，这是非犹太人无法享受的，而把持重要国家资源（如土地等）的世界犹太组织或基金会，也并没有因为德鲁兹人服兵役就对其另眼看待。第二，除了在法律和制度方面的不平等，德鲁兹人在生活中也要面对偏见。很多犹太人虽然从理智上认可这些跟他们一样为国家而战的"好阿拉伯人"，但长年与阿拉伯民族的交恶和流血冲突使很多人难以真正平等地对待阿拉伯人，包括这些"好阿拉伯人"，如在以色列北部某城市就曾发生过遭受恐怖袭击后愤怒的犹太民众攻击恰巧在场的德鲁兹士兵和平民的事件。[②] 第三，德鲁兹社团在受教育程度、职业、工资收入、生活水平等各方面跟犹太社团的差距仍然明显。由于教育和语言水平所限，德鲁兹学生的高考合格率低，上大学的比例不仅远低于犹太人和基督徒，甚至低于阿拉伯穆斯林。很多德鲁兹人只能从事技术含量低工资也低的工作。当德鲁兹人发现其个人发展不仅比不上犹太人，甚至不如那些没服过兵役的阿拉伯穆斯林或者基督徒时，不满情绪就会加剧。这种情绪常常会发泄在同为"少数民族中的少数民族"的阿拉伯基督徒身上，造成"少数民族内讧"。[③] 第四，部分德鲁兹人成为激进的巴勒斯坦民族主义者，支持并认同巴勒斯坦民族解放和独立运动。如 1972 年成立的"德鲁兹倡议委员会"（Druze Initiative Committee）是一个在以色列共产党领导下的左派组织，该组织坚决反对以色列政府把德鲁兹人从阿拉伯民族中划分出去的企图，并呼吁德鲁兹年轻人抵制义务兵役制。第五，德鲁兹社团年轻

[①] Naim Aridi, "The Druze in Israel", Ministry of Foreign Affairs, 23 Dec. 2012, http：//www. mfa. gov. il/MFA/MFA-Archive/2002/Pages/Focus% 20on% 20Israel － % 20The% 20Druze% 20in% 20Israel. aspx，最后访问日期：2017 年 7 月 20 日。

[②] 1974 年 4 月在以黎边界小城启亚特施莫那（Kiryat Shmona），巴勒斯坦游击队越界击杀以色列居民，被袭击事件激怒的人群失去理智地攻击了正好在场的来自戈兰高地的德鲁兹平民及一些德鲁兹士兵。

[③] 关于德鲁兹人和阿拉伯基督徒之间的矛盾，参见本书第九章内容。

一代的领导人们不再像其父辈那样对政府言听计从，在争取平等和维护社团利益方面更积极主动。第六，德鲁兹社团加入以色列义务兵役制，引起了以色列其他少数民族、巴勒斯坦人民及阿拉伯国家的不满，成为很多人心目中的"叛徒"。德鲁兹社团经常受到来自国内外的指责，承受着巨大的压力。

以色列政府意识到这些问题，也试图改善。对以色列政府而言，保持德鲁兹社团的积极性至关重要，因为尽管该社团人数不多，但社会影响却比较大。在国内，德鲁兹社团是"好阿拉伯人"的典范，应该受到鼓励；在国际上，德鲁兹社团也是一个示范，证明了在以色列这样一个犹太国家中犹太民族能与非犹太民族和平相处。为改善德鲁兹社团的状况并平息其不满，近年来以色列政府采取了一些措施。2011年2月13日以色列国会通过"四年计划"，即国家在2011～2014年，投入6.8亿谢克尔（约2亿美元）用于建设和发展德鲁兹和切尔克斯地区。其中2.2亿用于教育，1600万用于职业培训中心的建立和运作，1600万用于建立福利机构，600万用于支持中小企业；在住宅方面，国家将拨款4000万谢克尔用于改善退伍士兵的住房，用1000万对德鲁兹和切尔克斯村镇进行规划，1.8亿用于改善德鲁兹和切尔克斯地区的基础设施和交通。以色列总理内塔尼亚胡称："我们对德鲁兹和切尔克斯社团另眼看待，因为他们为以色列国家、为国防军、为以色列的安全做出了重大贡献。"他希望以此举"纠正以前这么多年的'错待'"。[1] 但从长远看，当前的以色列并不具有从根本上解决德鲁兹问题的条件。以"四年计划"为例，政府为改善德鲁兹年轻人住房条件而承诺修建的共计780套住房，因所需的土地迟迟批不下来而被搁置。[2]

总的来说，德鲁兹社团是以色列社会中一个特殊的存在，德鲁兹人忠诚履行了保卫国家的公民义务，赢得了国家和主体犹太社团的认可。但承担同等的义务并不意味着可以享受同等的权利，以色列德鲁兹人融入主体社会的一体化进程缓慢而艰难。实际上，在"犹太国家"这一基本框架下，无论以色列政府和德鲁兹社团的主观愿望如何，德鲁兹社团彻底的一体化

---

① Asaf Rozan, "An Addition of NIS 680 Million to Druze and Circassian Communities" ［希伯来语］, *Ynet News*, 13 Feb. 2011, http：//www. ynet. co. il/articles/0,7340,L－4027795,00. html.

② Zvi Lavi, "In This Way the State 'Helps' Discharged Druze Soldiers" ［希伯来语］, *Ynet News*, 21 June 2011, http：//www. ynet. co. il/articles/0, 7340, L－4085431, 00. html.

是不可能实现的。

二 "精英"少数民族社团——以色列阿拉伯基督徒的发展情况

两千年来基督徒一直生活在巴勒斯坦地，见证了这片土地上的纷争和多次易主，从罗马、拜占庭、倭马亚王朝、阿巴斯王朝、十字军、马穆鲁克、奥斯曼土耳其帝国、英国委任统治到现在的以色列国。他们与生活在此地的穆斯林，除宗教有差异之外，说着同样的语言，具有共同的生活和文化环境。在 1948 年战争中，阿拉伯基督徒的命运与其穆斯林邻居相仿，大批居民主动或被动出逃，从此背井离乡，而留在以色列境内的阿拉伯基督徒个人的土地也跟其他少数民族社团一样在 20 世纪 50～60 年代受到国家以各种名义的大规模征用和剥夺。但由于担心国际影响，本－古里安曾明确下令不许劫掠或玷污圣地，因此各个教会（教堂）在土地和财产方面并没有受到战争的影响。出于同样的原因，以色列对基督徒难民回归，也比穆斯林难民要相对宽松一点。[①]

截至 2014 年，在以色列共有 16.1 万基督徒，其中 80% 是阿拉伯人，其他是非阿拉伯裔基督徒，如亚美尼亚人、信仰基督教的犹太人和 20 世纪 90 年代从苏联来的信仰基督教的移民。本书讨论对象是占基督徒人口 80% 的阿拉伯裔基督徒，尽管其中一些团体，如科普特人的阿拉伯民族属性一直存在争议。阿拉伯基督徒大多数属于希腊天主教会（Greek-Catholic Melkite Church）、耶路撒冷希腊正教会（Greek Orthodox Church of Jerusalem）、罗马天主教会（Latin Church or Roman Catholic Church）和圣公会（Anglican Church）；除这四个主要派别之外，还有马龙派（Maronites）、科普特教派（Copts）、亚美尼亚教派（Arameans）和新教徒（Protestants）；另外还有俄罗斯东正教徒，及少量其他教派的基督徒，如大概有千余成员的耶路撒冷叙利

---

① Una McGahern, *Palestinian Christians in Israel: State Attitudes towards Non-Muslims in a Jewish State*, London & New York: Routledge, 2011, pp. 12 – 13.

亚教派（Assyrian Archbishop of Jerusalem）。①

在以色列建国之前，基督徒跟德鲁兹人一样也是生活在广大穆斯林人口中的少数民族，而以色列建国后，当局并没有把基督徒和德鲁兹人一样从阿拉伯民族中分离出去，而是将基督徒和穆斯林统称为以色列阿拉伯人。阿拉伯基督徒成为生活在犹太多数民族中间的阿拉伯少数民族中的双重少数民族（Double Minority）。阿拉伯基督徒社团的人口自然增长率是以色列各族群中最低的，据 2016 年以色列中央统计局公布的数据，以色列基督徒人口年增长率为 1.5%，其中阿拉伯基督徒增长率为 1.1%，而同期以色列人口年增长率为 2%，以色列阿拉伯人口年增长率为 2.2%，其中穆斯林为 2.4%，德鲁兹人为 1.4%。② 相较于其他族群居高不下的生育率，阿拉伯基督徒的超低生育率使其在以色列全国人口尤其是在阿拉伯人口中所占比例不断下降——在以色列建国初期时基督徒在阿拉伯人口中约占 20%，到目前已经不到 9%。尽管目前基督徒人口仍略高于德鲁兹人口，但由于双方人口增速不同，基督徒社团应该很快就会成以色列阿拉伯少数民族中人数最少的"少数民族"。

人口少，并不意味着影响小。相反，由于城市居民人口比例高、受教育程度高、社会经济地位比较高、与海外联系紧密等因素，在巴勒斯坦的阿拉伯基督徒中涌现了很多知识分子和社会精英，在文化、政治方面的影响力尤其大。如爱德华·赛义德（Edward Said）、艾米勒·哈比比（Emil Habibi）、乔治·哈巴士（George Habash）、埃米尔·陶玛（Emil Touma）、安通·沙马斯（Anton Shammas）、马赫穆德·达维什（Mahmoud Darwish）、阿兹米·比沙拉（Azmi Bishara）等，这些阿拉伯基督徒知识分子对现当代阿拉伯文学、文化有突出贡献，甚至在巴勒斯坦民族主义的发展进程中也起到重要领导作用。

---

① Israel Ministry of Foreign Affairs, "The Holy Land: Jews, Christians and Muslims", 7 Feb. 2016, http://mfa. gov. il/MFA_ Graphics/MFA% 20Gallery/Israel60/ch6. pdf, 最后访问日期：2017 年 7 月 20 日。

② Central Bureau of Statistics, "Sources of Population Growth, by District, Population Group and Religion", 13 Feb. 2016, pp. 1 - 2.

1. 阿拉伯基督徒在以色列的政治影响力

跟其他留在以色列境内的阿拉伯人（穆斯林和德鲁兹人）不同，阿拉伯基督徒的城市居民人口比例高，很多人住在拿撒勒、海法、施法阿姆（Shfaram）和耶路撒冷地区。一部分受过教育、在社会经济阶层上属于中产阶级的基督徒，民族意识觉醒较早，成为早期泛阿拉伯主义的支持者和20世纪80年代以后独立进入以色列政治舞台的巴勒斯坦民族主义力量的领导者。

基督徒的政治影响力可从其在以色列国会中的代表比例看出来。在1949年第一届国会中一共只有3名阿拉伯裔议员，其中基督徒两名；在50年代的三届国会中，在每届国会的8~9名阿拉伯议员中基督徒达到4名；60年代的三届国会中，基督徒维持了自己的优势比例，在7~8名阿拉伯议员中保持着3~4个席位；从70年代到80年代的5届国会中，基督徒议员比例有明显下降，在5~10名议员中仅占1~2名；而从90年代到2006年连续五届国会中，10~12名阿拉伯议员中有两名基督徒；而2009年至今又恢复到1~2个议席。尽管目前基督徒议员数量基本上体现了其在全国以及在阿拉伯公民内部所占的人口比例，但从建国初期几乎占阿拉伯议员总数的半壁江山到如今的1~2名议员，基督徒在以色列阿拉伯人中政治影响力的下滑是显而易见的。[①]

表 8 - 5　历届以色列国会中阿拉伯议员数量

国会	议员总数	阿拉伯议员	基督徒议员	穆斯林议员	德鲁兹议员
第一届（1949 年）	120	3	2	1	0
第二届（1951 年）	120	8	4	2	2
第三届（1955 年）	120	9	4	3	2
第四届（1959 年）	120	9	4	4	1
第五届（1961 年）	120	8	4	3	1
第六届（1965 年）	120	7	3	3	1
第七届（1969 年）	120	7	3	3	1

① Una McGahern, *Palestinian Christians in Israel: State Attitudes towards Non-Muslims in a Jewish State*, p. 52.

续表

国会	议员总数	阿拉伯议员	基督徒议员	穆斯林议员	德鲁兹议员
第八届（1973年）	120	7	1	4	2
第九届（1977年）	120	10	2	4	4
第十届（1981年）	120	5	1	2	2
第十一届（1984年）	120	7	1	3	3
第十二届（1988年）	120	9	1	6	2
第十三届（1992年）	120	10	2	6	2
第十四届（1996年）	120	12	2	9	1
第十五届（1999年）	120	13	2	9	2
第十六届（2003年）	120	12	2	7	3
第十七届（2006年）	120	12	2	8	2
第十八届（2009年）	120	13	1	8	4
第十九届（2013年）	120	13	2	10	1
第二十届（2015年）	120	17	2	11	4

注：表中所列的宗教属性是按照议员家族所属的宗教进行划分，议员本人有可能是不信教的世俗人士。

资料来源：1949～2006年数据引自 Una McGahern，*Palestinian Christians in Israel：State Attitudes towards Non-Muslims in a Jewish State*，p. 52；2009～2015年数据引自 Israeli Knesset Website（以色列国会官方网站），http：//main. knesset. gov. il/mk/current/Pages/default. aspx。

近年来，由于伊斯兰教在巴勒斯坦民族主义运动中的影响越来越大，阿拉伯基督徒的处境及其与巴勒斯坦民族主义运动的关系渐趋微妙。尽管在目前由阿拉伯基督徒建立并占据主导地位的阿拉伯民族主义党派、以色列共产党和"伊斯兰运动"是阿拉伯政治力量的三驾马车，但阿拉伯基督徒的影响力主要局限在知识分子和世俗人士中，而在占阿拉伯人口超过80%的穆斯林民众尤其是信教人口中，鲜有支持者。

以色列阿拉伯基督徒社团面临的困境及应对

站在以色列官方的立场上，由于基督徒在人口上不对犹太主体民族构成威胁，其缓慢的增长更是"喜人"，甚至其比较激进的政治观点和民族主义情绪——比如要求以色列国家摒弃其犹太属性成为一个公平对待全体公民的民主国家等，也因没有伊斯兰宗教的"加持"而更容易被划归到"政见不同"的范畴之内。而以色列作为一个多重矛盾林立、深度分化的社会，在政治、经济、文化上的多元化成为共识，因此从根本上看，阿拉伯基督徒并不是以色列政府眼中的"安全威胁"。而对于阿拉伯基督徒来说，自从奥斯曼土耳其帝国时代就持续在穆斯林治下，他们对于现在以色列的统治和犹太教在国家中占主导地位的情况也并非不接受。

虽然在政治方面影响力有所减退，但在教育和就业方面，作为一个母语为非希伯来语的少数民族社团，以色列阿拉伯基督徒取得的成绩非常耀眼。根据以色列中央统计局在 2013 年圣诞节前夕公布的数据，在过去一学年中 70% 的基督徒高中生拿到大学入学考试资格，远高于以色列其他族群的入学考试资格率（犹太－希伯来教育体系的 61%、德鲁兹学校的 64% 和穆斯林学校的 50%）。[①] 由于教育的成功，阿拉伯基督徒的就业和收入水平以及在国外求学、工作和定居的比例也比较高。但在进入 21 世纪以后，生活在以色列的阿拉伯基督徒却受到相当大的困扰，而这困扰在相当程度上来自阿拉伯人口内部。

前文提到以色列的阿拉伯基督徒大多数与穆斯林和德鲁兹人比邻而居，但近年来，在不同阿拉伯社团之间，尤其是德鲁兹人与基督徒之间的摩擦加剧，暴力事件时有发生。例如，2003 年 2 月在拉梅（Rameh）村发生纠纷，基督教堂被德鲁兹人以反坦克导弹袭击；2005 年 2 月在阿布思南（Abu Snan）村因地方选举产生纠纷，军队武器被德鲁兹人用于攻击基督徒，造成人员受伤和重大财产损失；2005 年在穆阿尔（Mughar）村因谣言而爆发德鲁兹人针对基督徒的骚乱，导致基督徒商店和住所被捣毁，2000多名基督徒被迫逃离家园；等等。[②] 从上述例子可以看出，在冲突中基督徒常常落于下风。这不仅是因为其人口比例不断下降，更是因为在不知不觉中，基督徒已经成为以色列阿拉伯人中的"弱势群体"。穆斯林就不用说了，在历史上、传统上、人数上都占绝对优势，但之前人口最少、发展严

---

① 关于基督徒的教育详见本书第四章和第五章。本处数据引自 Adiv Sterman，"Christian Arabs Top Country's Matriculation Charts"，24 Dec. 2013，*Times of Israel*，http：//www. timesofisrael. com/christian-arabs-top-countrys-matriculation-charts/。

② Una McGahern，*Palestinian Christians in Israel：State Attitudes towards non-Muslims in a Jewish State*，pp. 161 – 173.

重滞后的德鲁兹社团，由于跟以色列国家结成"血盟"，受到以色列国家政策的倾斜和扶持，逐渐成为以色列最具政治优势的少数民族社团。很多基督徒逐渐认识到，自己在与德鲁兹人的纷争中处于下风，不仅是因为国家偏袒德鲁兹人，而且在军、警部队中德鲁兹人所占比例本身就比较高，在平息纠纷和进行处罚时往往对"自己人"手下留情；除此之外还有一个重要原因——绝大多数基督徒从来没有机会接触武器也未受过军事训练，因此在遇到攻击时根本无法组织有效的防御和反抗。因此，有些来自社团内部的声音呼吁以色列的阿拉伯基督徒也应该踊跃参军。① 近年来 ISIS 在中东肆虐，对阿拉伯基督徒也是一个刺激。很多人意识到，基督徒尤其是在中东地区的基督徒，应该拥有自保的能力。这在一定程度上也促使更多人考虑自愿加入以色列国防军受训和服役的可行性。以色列阿拉伯基督徒入伍的人数逐年增长，从 2013 年的 84 名到 2014 年的 100 名左右再到 2016 年近 200 名，甚至还有女性基督徒自愿入伍。②

以色列当局注意到基督徒内部的这一趋势，任何有望加强少数民族对国家的认同和分化国内阿拉伯少数民族之举都为政府所喜闻乐见。政府采取相应措施进行引导，如 2012 年一个旨在促进基督徒加入以色列国防军服役的论坛"以色列国防军基督徒论坛"（Christian IDF Forum）成立。政府希望能够鼓励基督教社团步德鲁兹社团的后尘，自愿加入到以色列国防服役体系中，这样就可以逐渐与穆斯林阿拉伯社团拉开距离。以色列官方也相信如果基督教徒能与以色列国家实现"一体化"，也可以证明"不是所有的少数民族都在抱怨"。③ 据"以色列国防军基督徒论坛"的统计，除每年几百名自愿加入以色列国防军服役的年轻人，还有大概 1500 名基督徒在

---

① Jeremy Sharon, "Priest under Fire for Touting Arab National Service", *Jerusalem Post*, 27 June 2013, http：//www.jpost.com/National-News/Priest-under-fire-for-prompting-Arab-national-service-317712.

② Mary Chastain, "Christians Joining Israeli Defense Forces at Record Pace", *Breitbart*, 14 August 2015, http：//www.breitbart.com/national-security/2015/08/14/christians-joining-israeli-defense-forces-at-record-pace/.

③ 以色列国防副部长 Danny Danon 对拿撒勒高中学生的讲话，引自 Michele Chabin, "Israeli Christians seek integration, including army service", *Washington Post*, 14 March 2014, https：//www.washingtonpost.com/national/religion/israeli-christians-seek-integration-including-army-service/2014/03/14/b3c41634-ab7f-11e3-b8ca-197ef3568958_story.html? utm_term=.c78d8e881d01.

以色列警察系统工作，另有 100 人在边防巡逻队工作。据其发言人沙蒂·哈罗（Shadi Halou，一位退伍伞兵）称：“如果不进行一体化，我们会继续被边缘化。这个国家保护了我们，给了我们信仰自由，为什么我不去保护它？”他还称参军会帮助以色列基督徒建立自己的认同——有别于穆斯林和整个阿拉伯民族的独立认同。“人们忘了我们基督徒早于阿拉伯征服就在这片土地上生活了，我们是被迫开始说阿拉伯语的，我们不是阿拉伯人也不是巴勒斯坦人！”① 2013 年阿拉伯基督徒成立了一个新的政治组织，名为“新约之子”（Sons of the New Testament），该组织的政治口号就是号召阿拉伯基督徒加入以色列国防军。②

　　但是，在与以色列国家“一体化”的进程中，基督徒社团内部的意见并不一致。反对者认为政府的“干预”和鼓励，出于其继续分化阿拉伯团体的企图，有德鲁兹社团的“前车之鉴”，人们对类似行为很反感而且非常敏感。还有人以德鲁兹人为例，力图证明尽管德鲁兹人跟犹太人一样服兵役已经半个多世纪了，但仍然没有得到以色列政府所承诺的平等。“德鲁兹人得到了什么？更多的权利吗？他们的土地没有被征收吗？他们的基础设施更完备吗？他们的非法建筑不会被摧毁吗？他们的情况比基督徒更差不是吗？而且我们的情况跟 50 年代德鲁兹人的情况完全不同，当时他们只有12000 人，是一个封闭落后的社团，而现在的我们，不是。”③ 鼓励参军和亲近犹太当局的做法也受到很多质疑，而像上文提到的沙蒂·哈罗这样否认基督徒阿拉伯属性的更是罕见。一位公开支持基督徒服兵役的希腊东正教牧师吉布瑞勒·纳达夫（Jibril Naddaf）不仅本人受到教会同伴和其他人士的批评，而且其 17 岁的儿子也被牵连，受到攻击。④

① Michele Chabin, “Israeli Christians Seek Integration, including Army Service”, *Washington Post*, 14 March. 2014

② Adiv Sterman, “Christian Arabs Top Country's Matriculation Charts”, 24 Dec. 2013, *Times of Israel*, http://www.timesofisrael.com/christian-arabs-top-countrys-matriculation-charts/.

③ 反对基督徒入伍的巴拉德党国会议员巴塞尔·哈塔斯（Bassel Ghattas）的话，引自 Elhanan Miller, “Christian Arab MK: We won't be Co-opted like the Druze”, 27 Feb. 2014, *Times of Israel*, http://www.timesofisrael.com/christian-arab-mk-we-wont-be-co-opted-like-the-druze/.

④ Elhanan Miller, “Christian Arab MK: We won't be Co-opted like the Druze”.

总　结

以色列从来没有公布过如何对待境内阿拉伯少数民族的明文政策，各政府部门之间也缺乏协同一致，无论是态度还是处事方法，都没有一定之规。但确实存在一些只可意会而不可言传的共同指导性理念，比如认为阿拉伯人口是以色列国家安全和犹太国家基本性质的潜在威胁，为维护国家安全要对阿拉伯人实行全面的严格管控，避免一个统一的阿拉伯反对派的出现，等等。在不同历史时期，随着外部环境和内部条件的变化，在这些理念指导下的以色列政府在对待境内阿拉伯人的具体举措和表现方式上可能会产生变化，如由建国初期简单粗暴的军事管制变成更温和、更隐蔽的全方面掌控。但是，在中东大环境不发生变化的情况下，以色列国家和犹太主体民族不可能对以色列阿拉伯人完全信任，也不可能赋予他们作为国家公民本应享有的完全平等权利。在未来，随着以色列内外条件的变化，以色列国家对待阿拉伯少数民族的态度以及阿犹两民族的相处之道也会发生变化：如果以巴实现和平，那安全因素就不能继续成为歧视的理由和借口；如果以色列阿拉伯人口因某种原因猛增（比如以色列正式吞并被占领土并赋予被占领土上的巴勒斯坦人以公民权），就会威胁到犹太民族作为主体民族在国家中的地位，那时以色列很可能会成为一个仅犹太公民拥有正常公民权利的非民主国家（与1948～1991年的南非类似）；如果极端右翼势力在国会通过"忠诚换国籍"之类的法律，阿犹矛盾可能会被激化而引发社会动荡；而如果阿拉伯公民和以色列的开明势力能够联合起来成功地让以色列放弃自己的犹太属性，那以色列会成为一个全体公民的民主国家。

分而治之，是以色列政府对境内阿拉伯少数民族实现管控的一个重要手段。以本节着重讨论的德鲁兹人和基督徒为例，二者都是以色列阿拉伯少数民族中的少数民族，却各自走上与占阿拉伯人口80％的穆斯林社团截然不同的发展道路。以色列国家对阿拉伯社团的另一个重要的管控手段，是对其上层进行收买，通过相对较小的代价影响广大的阿拉伯群体。建国后阿拉伯大家族的族长和有影响力的个人首先成为政府拉拢收买的对象。随着现代化教育的普及和社会经济的发展，传统的社会结构开始发生变化，受过教育的年轻人逐渐取代传统族长成为社团的领头人。这些年轻人并不像他们的父辈那样容易被收买，他们有自己的理想抱负和人生观价值观。以色列当局注意到这一变化，从 20 世纪 60 年代后期就开始为这些年轻人量身订制了另一种形式的"收买"，即让他们有机会加入国家机构和国有组织。很多阿拉伯年轻人被纳入以色列的官僚体制，成为当局的助手和合作者，并在政府和阿拉伯公众之间充当管理工具和沟通媒介。这样政府不仅能有效地掌握阿拉伯社团的动向，而且避免了在阿拉伯社团内部出现一个可能会与政府对抗的、独立的优秀领导团体。

第九章 公民义务及以色列国内的阿犹关系

由于生存环境特殊，战争、冲突和暴力对于以色列几乎是常态存在，因此军队及军队文化在以色列社会具有非常独特的地位。以色列是全世界罕见的对全体公民（包括女性）实行带有一定强制性的普遍义务兵役制的国家。在以色列，兵役不仅是公民义务，也是国家对公民分配公共资源时的重要衡量标准。[①] 由于绝大多数以色列阿拉伯人被排除在兵役义务之外，因此"服过兵役"成为以色列阿拉伯少数民族常常要面对的隐性歧视的借口。本章将讨论以色列阿拉伯人的服役情况及其对以色列国家和阿拉伯少数民族关系的影响。

第一节 阿拉伯公民与义务兵役制

《国防服役法》（综合版1986年）规定，以色列全体公民以及常住居民，不分种族、宗教、民族或者出身，都有服兵役的义务——包括常规军和预备役。按照该法，以色列每个18~29岁的男性公民和18~26岁的女

---

① Hillel Frisch, "The Druze Minority in the Israeli Military: Traditionalizing an Ethnic Policing Role", *Armed Forces & Society*, 1993, vol. 20, no. 1, p. 58; Baruch Kimmerling, "Patterns of Militarism in Israel", in Baruch Kimmerling (ed.), *Clash of Identities: Explorations in Israel and Palestinian Societies*, New York: Columbia University Press, 2010, pp. 132 – 153.

性公民都有服兵役的义务，男子服役期为 36 个月，女子服役时间规定为 2 年，实际为 21 个月。① 除健康等个人原因之外，在以色列有一些特殊群体是免服兵役的，如宗教学校的在校生、笃信宗教的犹太妇女②和怀孕、哺乳期的女性等。这些免除兵役的情况，在"国防服役法"中都有明确的条文相对应。③ 但是，阿拉伯公民（除德鲁兹人以外）虽然不服兵役，却没有相对应的法律依据。《国防服役法》第 13 条规定："长官有权颁发入伍令，征……适合服役人员……在指定时间到指定地点服役。"以色列军方正是根据这一条款，不给阿拉伯适龄青年发入伍通知。

从建国至今，除德鲁兹人外，以色列从未征境内阿拉伯公民入伍。只有在 1954～1955 年间本－古里安两次执政之间的短暂间歇中，平哈斯·拉冯（Pinhas Lavon）出任以色列国防部长时，曾主张征阿拉伯公民入伍，并于 1954 年 7 月 9 日颁令让阿拉伯青年进行入伍登记，当时符合条件的 4520 名阿拉伯青年中有超过 4000 人登记，但登记后并无下文。而 1955 年拉冯辞职后，阿拉伯人入伍一事再无人尝试。④ 从主观上看，因为以色列军队作战的对象是巴勒斯坦和阿拉伯国家，所以阿拉伯公民不服兵役似乎是合情合理、两全其美的事情，但从权利义务的关系分析，阿拉伯公民不服兵役还有其客观原因。以色列建国后，绝大部分阿拉伯人被置于军事管理之下，在之后相当长一段时间内，以色列阿拉伯人徒有"公民"之名而无其实，被当做潜在的敌人对待，连最基本的行动自由都没有，更不用说行使公民权利和履行公民义务了。1966 年军事管制被废除，1967 年"六日战争"（即第三次中东战争）结束后，随着以色列的安全重点转移到约旦河西岸、加沙地带、东耶路撒冷等新被占领的土地上，以色列的阿拉伯公民终于拥

---

① 1986 年版《国防服役法》第 15 条规定男子服役期为 30 个月，由国防部长下令延长至 36 个月；1995 年修订时明确规定男子服役时间为 36 个月。见《国防服役法》，www. nevo. co. il/Law_ word/law01/P199_ 009. doc，最后访问日期：2017 年 7 月 20 日。

② 非犹太妇女不论信教与否均不服兵役。

③ 《国防服役法》第 5 条规定了因健康原因而免除兵役的情况；第 36 条规定了因家庭、教育、国民经济需要等原因而免除兵役的情况；第 39 条规定了因婚姻、怀孕、哺乳等原因免除兵役的情况；第 39、40 条规定了因宗教信仰（适用于犹太妇女）而免除兵役的情况。

④ Salman Mazalcha, "Someone Really Wants Arabs in IDF?" [希伯来语], *Haaretz*, 15 July 2013, ht-tp：//www. haaretz. co. il/opinions/. premium-1. 2071103; Eli Aminov, "Stop the Train in Time", Hagada Hasimalit (The Leftist Bank), 29 April 2009, http：//hagada. org. il/2009/04/29/。

有了作为公民早就应该有的自由和权利，但自此半个世纪过去，兵役作为以色列最重要的公民义务，不仅没有被普遍适用于阿拉伯人，也没有被其他形式的国家服务所替代，而这不完整的公民义务被利用作为不完整公民权利的理由。具体情况如下。

一　将兵役与国家资源分配挂钩的法律法规

《回归工作法》（Return to Work Law，1949）的 1970 年修正案规定以色列士兵（现役或曾经在以色列国防军、警察部队及监狱服役的人，包括在 1948 年 5 月 14 日之前曾在后来被以色列国防部确认的犹太武装力量服过役的人）或士兵的家庭，可以得到给未成年孩子的补贴。① 士兵及其家庭可从第三个孩子开始得到以色列国民保险机构给全体公民支付的未成年孩子常规补贴之外的额外补贴。②

《退伍军人法》（Discharged Soldiers Law，1984）规定，相比于其他人员，退伍军人可享受以下特权："①就业中心（Labor Exchange）派遣工作时，某些种类的工作，退伍士兵享有相比于非退伍士兵的优先权；②某些具有公众性质的工作，在退伍人员符合工作要求并与非退伍人员有同等条件时，具有优先权；③在国立职业培训课程录取方面有优先权；④部分免除在国立职业培训课程的学费，对非国立职业培训课程则给予补贴；⑤可以得到国家补贴以完成高中学业；⑥上大学有优先权，申请大学宿舍有优先权，如果退伍人员符合入学要求或宿舍申请条件；⑦接受高等教育时可申请学费贷款；⑧购房时退伍人员可得到更多国家贴息贷款……"③

《退伍军人安置法》（1994）也为完成兵役的人明确规定了很多优惠和特权，如在就业、高等教育、贷款、置地等各方面，都有非常具体而详细的规定。以色列国防军公布的退役人员享有的优惠如下：服役超过 12 个月（或本应超过 12 个月但因身体原因提前退伍）的人在退伍 4~6 周内就可得

① David Kretzmer, *The Legal Status of the Arabs in Israel*, Boulder: Westview Press, 1990, p. 100.

② David Kretzmer, *The Legal Status of the Arabs in Israel*, pp. 100 – 101.

③ 以色列国防军官网，"Discharged Soldier Benefits"，https://www.idfinfo.co.il/post-army/discharged-soldier-benefits/。

到退伍费，退伍费金额由部队种类及服役时间决定，为 2500 ~ 3500 美元；另外退伍军人还可以在退伍后 5 年之内提前支取军队为其所存的军事存款（Military Pikadon，金额也由部队种类和服役时间决定），用于学习、参加职业培训、创业、结婚或者买房/建房等，如果不提前支取的话，该款项在 5 年后自动转入退伍军人的银行账户。①

此外，父母不在以色列的孤身退伍军人还可以得到贷款，用于生活、学习、结婚、医疗、创业及其他事由。一次性贷款为 2000 ~ 5000 谢克尔，最高 12000 谢克尔；每月 1000 ~ 5000 谢克尔的奖学金以完成高中学业；为期一年的大学预科学费；在特殊学校完成高中学业学费的 50% 优惠；1250 ~ 2500 谢克尔奖学金作为大学入学考试补习费用（在高考中心上课的话是 2500 谢克尔，在其他地方是 1250 谢克尔）；大学入学考试及入学申请费用全额补贴。②

近年来，以色列国会多次对《退伍军人安置法》进行修正，进一步扩大了本已存在的对退伍军人的优待和特权。如 2010 年通过的修正案规定，对所有大学（包括学院）的注册学生，服过兵役者且住在"国家优先地区"（National Priority Area）如内盖夫、加利利或约旦河西岸犹太定居点的，每人都可以得到"补偿礼包"，包括大学第一年的学费、一年免费预科教育、住房补贴和其他优惠。③

《退伍军人安置法》的规定非常细节化，几乎涉及生活所有方面。以购房为例，同样是经济状况不佳的两对夫妻，双方都服过兵役的，比双方都没有服过兵役的那对夫妻可以多得到 124500 谢克尔（相当于 3 万美元）的住房贷款。④ 换言之，服过兵役的犹太夫妻比阿拉伯夫妻得到的贷款要多。此类贷款的对象一般是经济状况不好的家庭，而阿拉伯人月均收入普遍比犹太人低，也就是说本应得到更多照顾的阿拉伯人因为没有服过兵役而只能申请到更少的贷款。

---

① 以色列国防军官网，"Discharged Soldier Benefits"。

② 以色列国防军官网，"Discharged Soldier Benefits"。

③ ADALAH，"New Discriminatory Laws and Bills in Israel"，2011，updated 2012，p. 6，https：// www. adalah. org/uploads/oldfiles/Public/files/English/Legal _ Advocacy/Discriminatory _Laws/Dis-criminatory-Laws-in-Israel-October-2012-Update. pdf，最后访问日期：2017 年 7 月 20 日。

④ ADALAH，*The Inequality Report*：*The Palestinian Arab Minority in Israel*，Haifa，2011，p. 24.

除直接给退伍军人的优待，以色列内务部还以兵役为由给犹太村镇和城市更多的预算支持。"预算平衡补助"（Budget Balancing Grants）是中央政府提供给地方政府削减财政赤字的资金，以维持基本的服务水平。尽管阿拉伯地方政府的经济状况比犹太地方严峻得多，阿拉伯地方管辖的区域是全国的5%但财政赤字却是全国地方财政赤字总数的45%。但是目前以色列政府只向那些所谓位于"前线地带"（front line），即以色列北部加利利地区和被占领土上的犹太地方政府提供更多的预算平衡补助，而阿拉伯地方政府即使同样位于加利利地区也没有补助。[1]

据以色列阿拉伯少数民族权利法律中心（ADALAH）统计，截至2013年6月，在以色列共有29条对阿拉伯公民具有歧视和不公正待遇的法律，[2]其中大多数都是以兵役为理由的。除以立法形式明确的优待之外，各种犹太组织和机构也向退伍士兵提供多种支持。如"以色列国防军之友"（The Friends of the IDF，FIDF）与"以色列士兵福利联合会"（Association for the Wellbeing of Israel's Soldiers，AWIS）向经济条件不佳的战斗部队退伍军人提供奖学金以接受高等教育，奖学金为每年4000美元，奖学金获得者在大学学习期间只要提供130小时的社区服务作为回报；Heseg基金会则向完成兵役的孤身在以色列的退伍军人提供资助，包括本科学费及每月生活补贴；[3] Garoos基金会向退伍军人提供奖学金助其完成本科和硕士学习，本科和硕士期间可以得到一共两次各5000谢克尔的奖学金。[4] 在土地配给方面，退伍人员也享受特别的优待。如以色列土地管理局规定，在全国423个住房单元数量在500套以下的城镇（主要分布在以色列北部加利利地区和内盖夫地区等"国家优先地带"），退伍军人和国民服务一年以上的人在租用以色列国有土地时会得到90%的优惠，也就是说，这些人可以用市场价的

---

[1] ADALAH, *The Inequality Report: the Palestinian Arab Minority in Israel*, pp. 24 – 25.

[2] ADALAH, "The Discriminatory Laws Database", 30 May 2012, http://adalah. org/eng/Articles/1771/Discriminatory-Laws.

[3] Nefesh B'Nefesh（以色列移民帮助中心），"Life After the Army", http://www. nbn. org. il/aliyahpedia/army-national-service/idf-sherut-leumi/life-after-the-army/，最后访问日期：2017年7月20日。

[4] The JoSepth S. & Caroline Gruss Life Monument Fund for the Advancement of I. D. F Veteran, "Scholarships", http://www. gruss. org. il/scholarships/.

10%租到国家土地。①

当被质疑这些法律和规定以"服过兵役"为条件涉嫌对阿拉伯公民造成歧视和区别对待时，以色列官方称这些规定是针对退伍军人的优惠，其目的并不是要伤害其他人的利益，而只是要改善这部分特定人群的处境。②这种解释显然不能让人满意，但要确认兵役是否真的成为阿拉伯公民受到不平等待遇的借口，首先要明确两个问题。一个是其他不服兵役的人（包括犹太人），是否也受到跟阿拉伯人一样的待遇；另一个问题则是，服过兵役的阿拉伯人是否能脱离这个不公正待遇而跟犹太退伍人员享受一样的特权。第一个问题的答案，很明确，不服兵役的犹太人并不会跟阿拉伯人一样被排除在这些待遇之外。除阿拉伯人以外，在以色列还有一个社团是整体免除兵役的，就是极端正统派犹太教徒。与阿拉伯公民被心照不宣地排除在兵役义务外不同，极端正统派犹太教徒的兵役免除是有法可依的——依据"托拉是其职业"协定③和《塔勒法》（Tal Law，2002年通过，2012年被废除），在犹太教经学院学习的学生可以逐年推迟兵役直到兵役适龄结束。尽管不服兵役，但这些犹太教徒却享受政府及各犹太机构和组织提供的各种优待，其优待幅度甚至超过那些服过兵役的普通以色列人。这一不公正现象在犹太人内部也引起很大意见，2011～2013年围绕极端正统派犹太教徒的义务问题在以色列爆发了大规模的群众示威和政局动荡，甚至引起政府更迭。④

对于第二个问题，答案就没有这么简单了，下面我们先介绍以色列阿拉伯人中服兵役的情况。以色列军队中目前有两种阿拉伯士兵——义务兵

---

① ADALAH, "Seeking Cancellation of Discriminatory ILA Land Distribution Decision", 2012, https://www.adalah.org/en/content/view/6557.

② ADALAH, "Seeking Cancellation of Discriminatory ILA Land Distribution Decision".

③ 源自犹太教经典《塔木德》的安息日经文，意指那些全心投入到《托拉》学习的人可以免除一些其他宗教义务。以色列建国后，总理兼国防部长本－古里安应极端正统派犹太教政党"以色列联盟党"（Agudat Israel）的请求，免除少量犹太教经学院学生的兵役义务，条件是这些学生必须将全部时间都贡献给《托拉》学习，不能从事任何其他工作。1977年贝京政府取消了该协定的名额限制，导致几乎所有的犹太教经学院学生全部免除兵役义务。

④ 详见王宇《在义务之外——试析以色列极端正统派犹太教徒的兵役问题》，《世界宗教文化》2015年第2期。

和志愿兵，义务兵专指德鲁兹社团的男青年，他们跟犹太青年一样在高中毕业（年满 18 岁）时收到以色列国防军的征兵令入伍。由于上文介绍过德鲁兹社团的情况，本节不再赘述，将集中讨论阿拉伯志愿兵的情况。

二　阿拉伯志愿兵的入伍动机

阿拉伯志愿兵是指，适龄阿拉伯男青年出于个人意愿主动提出服兵役的申请，在通过以色列军方的考察和批准之后，加入以色列国防军服役。在以军中阿拉伯志愿兵的数量不算多，每年有 300 ~ 400 贝都因人入伍，另有几十名阿拉伯基督徒和穆斯林进入以色列国防军服役。[①] 贝都因人与以色列军方的合作始于以色列建国之前，主要是在收集情报和边境安全方面的合作。在 1948 年独立战争期间及建国后，一直有贝都因人以志愿兵形式加入以军。[②]

每个自愿参军的人都有着各自的理由。出于认同以色列国家而心甘情愿参军履行保卫国家义务的有之，但非常罕见。一位退伍阿拉伯士兵在接受采访时称自己学习了犹太历史，认同犹太人的建国理念，因而愿意保卫这个国家。还有的是受到其他人的影响而决心效仿的，如 2009 年参军的以色列第一位阿拉伯女志愿兵艾丽诺尔·约瑟夫（Elinor Joseph），就来自海法的一个基督徒家庭，而她的父亲查伯尔·约瑟夫（Charbel Joseph）曾经在以色列伞兵部队服过役。[③] 另外还有些是出于对军旅生活的向往而参军。对上述这些人来说，参军是他们体现认同或实现个人理想的途径。

然而，这类源于理想而参军的例子并不多见，更多的阿拉伯志愿兵参军的理由都很"物质"。而这些物质条件就是上文提到的那些专门针对退伍军人的优惠条件。通过参军，这些阿拉伯人可以得到经济利益并改善自己和家人的生活。以贝都因人为例，他们处于从游牧转为定居生活的变革中，

---

① 以色列国防军方面不公布具体的阿拉伯士兵人数，这些数据都是以色列媒体的估计。详见 Yoav Satran, "For the First Time in Four Years: An Increase in the Recruitment of Arabs to the IDF", *Haaretz*, 27 Oct. 2008, http://www.haaretz.co.il/news/education/1.1356680。

② Yosef Ben-David, "The Bedouin in Israel", Ministry of Foreign Affairs, 1999, http://www.mfa.gov.il/mfa/mfa-archive/1999/pages/the% 20bedouin% 20in% 20israel.aspx.

③ Chen Kotes-Bar, "Meet: Elinor JoSepth, An Female Arab Fighter in the IDF", 06 Feb. 2010, http://www.nrg.co.il/online/1/ART2/050/556.html.

由于主观和客观条件的限制，生活条件恶劣、教育水平低下、家庭人口众多、家境贫寒、就业机会渺茫，对他们而言，参军是改善生活、得到高收入工作和提高社会地位的"敲门砖"。其他很多阿拉伯志愿兵情况也相类似，选择参军，不仅自己的生活无忧，还能得到一些技能培训，退伍后可以从事其他阿拉伯人被拒之门外的职业（如警察、监狱、保安等与安全有关的职业）；当过兵的人还能享受国家给予的很多特权，如可以比较容易地从国家申请到宅基地盖房子，可以用退伍费或军事存款盖房、求学和创业；可以得到奖学金完成高中学业甚至上大学；还可以得到平时难以申请到的特种许可，如出租车执照和采石场经营许可等；甚至可以减免服役者之前欠国家的赋税……这些非常实际的好处对于那些生活条件不佳的人有着莫大的吸引力。例如，阿拉伯志愿兵法迪（Fadi）这样陈述当兵的理由："我想有个好的将来，我想要一块地（盖房子），我去服役3年就可以得到这些。退役了我就会得到那张盖着章的退伍证，他们还会给我一本小册子，上面写着我可以享受的权利……国家利用我3年，而在之后的有生之年，我将利用国家。"[①] 近年来，阿拉伯基督徒中志愿入伍的人数比之前要多一点，对于这一少数民族中的少数群体而言，加入以色列国防军除了之前所讨论的理想因素和现实利益考量之外，还被赋予了新的意义——强大自己社团、拥有自保能力。

不论出于何种动机，只要有参军的意愿，阿拉伯年轻人就可以主动向以色列军方提出服役申请，但并不是只要申请就能被军队接受。申请人要证明自己的忠诚，要提交至少两封推荐信（推荐人最好身在军中或有从军经历），然后通过一系列严格的安全和适配性方面的测试，有时还需承诺将在前线服役（在前线服役往往意味着远离家乡以及较高的阵亡率）。[②] 而那些有"污点"的申请者，如本人或家人曾参加过以色列共产党或反政府活动的，则会被拒绝入伍。

---

① Rhoda Kanaaneh, "Boys or Men? Duped or 'Made'? -Palestinian Soldiers in the Israeli Military", *American Ethnologist*, vol. 32, no. 2, 2005, pp. 260 – 275.

② Alon Peled, *A Question of Loyalty*: *Military Manpower Policy in Multi-ethnic States*, Ithaca NY: Cornell University Press, 1998, p. 138.

三　以军中阿拉伯士兵的服役和升迁情况

1948 年以军中的少数民族营（即后来的剑营）成立后，所有阿拉伯士兵都集中在这里服役。集中服役有利有弊，阿拉伯士兵可在熟悉的语言和生活环境中适应军旅生涯，避免产生孤单和被排斥的感觉；不利之处则是军种单一，升迁的机会受到限制，而单独服役也让少数民族士兵产生被隔离及不被信任的感觉。

20 世纪 70 年代，由于德鲁兹社团要求平等的呼声越来越高，军方迫于压力，陆续开放了军中各单位给德鲁兹士兵选择，一批德鲁兹军人也被提拔到比较高的职位。1979 年第一位德鲁兹人授准将军衔；1982 年德鲁兹人获准到"军校和指挥总部"受训；1992 年第一位德鲁兹人完成反恐特训；2001 年以色列高等法院裁决，如果德鲁兹士兵不愿意在剑营服役，军方不得强迫；2003 年第一位德鲁兹人结束飞行员课程并被任命为导航员，第一名德鲁兹海军蛙人也于同年诞生……迄今，德鲁兹士兵可以服役于以军的几乎所有部门：战斗部队（包括剑营）、战斗支持部队、情报部队、医疗队、军校、技术和后勤部等。① 近年来，随着越来越多的德鲁兹士兵加入其他部队，剑营的兵源严重不足，这支充满传奇色彩的部队面临着能否继续存在的考验，很多人趁机质疑带有隔离色彩的"少数民族营"是否有继续存在的必要。②

在以色列的阿拉伯军人中，德鲁兹人人数最多，职位最高，在军界、政界的影响力也比较大。在以色列国防军、边防警部队和警界都有不少德鲁兹高官。2001 年第一位德鲁兹少将被授衔；2004~2007 年德鲁兹人哈辛·法鲁兹（Hassin Faruz）出任以色列边防警部队的最高指挥官——总司令。退役后加入政界的德鲁兹人也取得比较大的成就，德鲁兹人的政治影响力远超其他少数民族。

---

① Naim Aridi, "The Druze in Israel", *Ministry of Foreign Affairs*, 23 Dec. 2012, http：//www. mfa. gov. il/MFA/MFA-Archive/2002/Pages/Focus% 20on% 20Israel – % 20The% 20Druze% 20in% 20Israel. aspx.

② Lazar Berman, "Should the IDF's Storied Druze Battalion Have a Future?" 01 July 2011, http：//www. defensestudies. org/cds/should-the-idf's-storied-druze-battalion-have-a-future/.

贝都因士兵以擅长沙漠追踪闻名，从 20 世纪 50 年代开始就有贝都因"追踪者"在少数民族营服役。1970 年以色列军方成立了"追踪者纵队"（Trackers Unit），1986 年成立了"沙漠巡逻队"（Desert Reconnaissance Battalion），这两支部队都以贝都因士兵为主力。另一个贝都因士兵主要服役的单位是以色列边防警部队。贝都因人原本在义务兵役半年之后就可以转为职业军人，但从 1991 年开始，志愿服役的期限延长为 3 年，之后才可以转为职业军人。目前在以军中每年都有三四百贝都因人参军，其中约 40% 被分配到各部队做"追踪者"，20% 在加沙地带的沙漠巡逻队服役，还有大约 7% 选择加入以色列边防警，其余的都在剑营服役。①

其他阿拉伯志愿兵，即阿拉伯基督徒士兵和非贝都因人的穆斯林阿拉伯士兵，由于人数很少，一般在剑营服役，受犹太长官或德鲁兹长官指挥，他们所取得的成就和影响力也远逊于德鲁兹士兵和贝都因士兵。

四 以色列政府及阿拉伯社团内部对阿拉伯士兵的态度

以色列官方对阿拉伯士兵比较重视，不仅因为他们履行了保卫国家的义务，更因为他们具有"好阿拉伯人"的标杆作用。以色列的阿拉伯人口众多，他们在没有选择的情况下成为这个犹太国家的公民，因此如果有阿拉伯人愿意参加以色列军队，这本身就意味着对以色列国家的接受和认同。而阿拉伯社会因为对兵役制态度不同而产生分化，这也让以色列政府喜闻乐见。

在以色列，兵役不仅是公民义务中最重要的组成部分，也是国家分配公共资源时的重要衡量标准，这实际上也是吸引部分阿拉伯人年轻人自愿参军的原因。除了上文提到的服役者个人诉求通常会得到满足之外，对于德鲁兹社团这样整体加入义务兵役制的，国家也给予了特别的优待。德鲁兹人受到政府和主流犹太社会的认可，德鲁兹村庄享受到诸多方面的优待（相比其他少数民族社团），如优先通电、通公路、通电话等。德鲁兹家庭和个人的经济状况也随着就业途径扩宽而大有好转。在物质利益以外，以色列还对参军的社团和个人给予精神上的支持与鼓励。如上一章介绍的，

---

① 数据引自以色列国防军人力资源部网站，"Military Service of the Bedouins in IDF"［希伯来语］，http：//www. aka. idf. il/brothers/skira/default. asp？catId = 57474&docId = 59873。

政府为德鲁兹独立的民族建设采取一系列措施；为纪念阵亡的德鲁兹士兵和贝都因士兵，以色列修建了德鲁兹阵亡士兵纪念馆和贝都因士兵"泪之墙"（Yad Ad）。2011 年以色列国会通过决议，拨款 400 万谢克尔（约 120 万美元）专门用于纪念阵亡的德鲁兹和切尔克斯士兵。①

在以色列政府眼中的"好阿拉伯人"，对于阿拉伯社团来说，就并非如此了。由于以色列军队主要以巴勒斯坦人和阿拉伯国家为敌手，而以军中的阿拉伯士兵，不论兵种、不论服役地点，都不可避免地要面对巴勒斯坦人及周边的阿拉伯国家。阿拉伯人加入以军对付自己的同胞，这让很多人无法接受。无论是在以色列境内还是境外的阿拉伯人都对德鲁兹社团及其他志愿参加以色列军队的阿拉伯人极为不满。

自从德鲁兹社团接受义务兵役制，争论和反对的声音从来都没有停歇过，德鲁兹社团时常要面临来自内部和外部的指责和挑战。2001 年在安曼举行的世界德鲁兹大会上，大会发起者黎巴嫩德鲁兹人的领袖瓦利德·居姆布拉特（Walid Jumblatt）公开呼吁以色列德鲁兹人拒绝兵役，并得到参会的一百多名以色列德鲁兹代表的响应。②

德鲁兹社团加入兵役制还可以归咎于社团领导，毕竟是集体行为，受到的谴责也不是针对个人的，那些志愿参军的阿拉伯人所面对的指责和社会压力就要大得多了。他们被直呼为"阿奸"及背叛者，在自己的社团和村庄受到普遍孤立甚至敌视。③"这些人就是阿奸，他们以为扛着枪就能成为男人，但他们从来不会成为真正的男人，因为他们把自己贱卖了。""他们是没受过教育的社会垃圾，他们妄想通过这种手段发达。所有的年轻人都想有自己的房子结婚生子，但不应该通过这种方式！""他以为自己参军就可以为所欲为了！其实在军装和武器后面躲着一个胆小鬼！"④ 阿拉伯志

---

① Asaf Rozen, "An Addition of NIS 680 Million to Druze and Circassian Communities" ［希伯来语］, *Ynet News*, 13 Feb. 2011, http：//www. ynet. co. il/articles/0,7340,L – 4027795,00. html.

② Zeidan Atashi, "The Druze in Israel and the Question of Compulsory Military Service", *Jerusalem Viewpoints*, no. 464, 2001, p. 1.

③ Rhoda Kanaaneh, "Boys or Men? Duped or 'Made'? -Palestinian Soldiers in the Israeli Military", p. 260.

④ Rhoda Kanaaneh, "Boys or Men? Duped or 'Made'? -Palestinian Soldiers in the Israeli Military", pp. 270 – 273.

愿者在决定服役之后，不得不面对类似谴责。

　　尽管社会压力巨大，但参军的人毕竟能得到很多实际的利益，因此也引起了一些效仿。有些志愿者甚至自居为开拓者，相信随着社会的发展，他们会得到更多的认可。希沙姆·阿布·拉亚（Hisham Abu Raya）少尉是在得到硕士学位并教书一年之后才决定参军的。他说："很多朋友抛弃了我，'伊斯兰运动'公开反对我，因为我做了让大家难以接受的事情。但是，在民主国家每个人都有自由，不是吗？我选择了军队，我不需要对任何人做出解释，我为自己的选择而自豪，我不害怕！现在我穿着军装自由出入村庄，而且在村子里也有了其他人当兵。"像阿布·拉亚这样自主选择参军的人一般会比那些迫于生计而选择参军的人更有决心，更不在意来自本社团的压力，如他所说"最初有阿拉伯女生离开村庄求学、工作的时候，村子里每个人都在传有关她们的难听闲话，但她们打破了坚冰，随着时间的推移，大家认识到那些女孩是对的！现在的女孩如果不读书、不工作，反而被认为是不够好的。我和另外两个同伴是村子里最早参军的，我们要为改变付出代价。但现在情况在慢慢发生变化。"①

五　关于以色列阿拉伯公民义务的前景展望

　　现在可以回答之前提到的问题：服过兵役的阿拉伯人能否享受到跟犹太人一样的待遇呢？通过上文的介绍，可以看出，作为个体的阿拉伯退伍士兵，是可以享受各项法律规定的给退伍人员的优厚待遇的，获得实际利益本来就是大多数阿拉伯志愿兵参军最主要的动力，而以色列当局能否一直提供足够有吸引力的优厚待遇是吸引更多人参军的关键。但是，从社团角度看，由于绝大部分阿拉伯人不服兵役，因此自动被排除在这些规定之外，这本身就是一种不公平。对于作为整体被纳入义务兵役制的社团——德鲁兹人，从1956年至今，半个多世纪过去了，尽管德鲁兹社团取得了一定发展，但政府关于完全平等的承诺却远未实现，未能实现的原因与以色列国家的犹太性质有关，也不是某届政府或德鲁兹社团能改变的。德鲁兹

---

① Yoav Satran, "For the First Time in Four Years: An Increase in the Recruitment of Arabs to the IDF", 27 Oct. 2008, http://www.haaretz.co.il/news/education/1.1356680.

社团加入兵役制，与其说是思想上的认同，不如说是利益的交换。目前多数德鲁兹人还是支持和接受义务兵役制的，但如果以色列政府无法采取有效措施改善德鲁兹人的处境、促进其融入以色列社会的一体化，德鲁兹人的不满情绪会加剧，对义务兵役制的怀疑和抵触情绪也会增加，等到有一天反对兵役的德鲁兹人超过支持者时，那德鲁兹社团的义务兵役制也就持续不下去了。

无论如何，在当前局势下，义务兵役明显无法推广到全体阿拉伯少数民族。阿拉伯公民到底应该如何履行国家义务就成了难题。从以色列建国至今，一直没有相应的法规对阿拉伯公民义务和权利问题做出明确规定。近年来以色列政府和一些关注阿拉伯社团权益的组织与团体都对该问题进行了一些探索，因为这不仅涉及公民权利和义务的关系，也严重影响着以色列社会的公平公正。2007 年以色列国会成立了特别委员会，考察阿拉伯公民参与公众服务（Public Service）的可行性；一些非政府组织，如沙提拉（Shatil）等，都力主阿拉伯公民以公众服务来代替兵役。[1] 他们认为阿拉伯公民如果可以用公众服务代替兵役，这将是一个多赢的解决方案，首先阿拉伯公民义务问题得到了解决，那些因利益而参军的阿拉伯人可以有更多的选择，而以色列国家也不再有借口继续不公正地对待阿拉伯公民。推进社会公正，从长远看不仅有益于阿拉伯社团的发展，也有利于促进以色列的社会平等，进而改善以色列在国际上的形象。

2012 年 5 月，在以色列由于另一个不服兵役的团体——极端正统派犹太教徒的兵役问题引发了严重的政治及社会危机，在全国范围内引发了关于公民与义务兵役制的大讨论。以色列阿拉伯人虽然不是这场大讨论的主角，但其公民义务与权利状况也得到了更多关注。对于绝大多数以色列阿拉伯人来说，短期内改变其兵役现状是不现实的。但在全社会要求义务均等的大背景下，在 2013 年有约 3000 名阿拉伯青年作为志愿者参加了国家服务（National Service），比 2012 年增加了 76%。[2] 从长远来看，以国家服

---

[1]　Shatil 是以色列新基金（Israel New Fund）建立的非营利性机构，旨在"促进社会变革的咨询和支持"，其官方网站为 http：//www. shatil. org. il/。

[2]　Yossi Aloni，"More Israeli Arabs Doing National Service"，*Israel Today*，24 June 2013，http：//www. israeltoday. co. il/NewsItem/tabid/178/nid/23935/Default. aspx？archive = article_ title.

务或公众服务代替兵役，不失为解决以色列阿拉伯人公民义务问题的一个可行性方案，但这种方案的执行势必会受到分别来自犹太方面和阿拉伯方面的反对和阻挠。犹太方面一些极端分子不希望失去区别对待阿拉伯人的理由，而极端阿拉伯分子则不希望阿拉伯人为以色列国家提供任何形式的帮助和服务。但无论会有多少阻挠，以色列都必须正视和解决这个问题。因为如果以色列要保持国家的民主性，是不可能长期将国内 1/5 的人口置于公民义务和平等权利之外的。

第二节　以色列犹太主体民族对阿拉伯人的态度及阿犹关系

犹太民族是以色列国家的主体民族，是这个国家的建立者和建设者，也是以色列国内几乎所有规则的制定者。阿拉伯民族是少数民族，在人口、语言、文化、话语权等方面都处于弱势，在政治、经济上处于从属地位。以色列特殊的建国背景和生存环境决定了以色列国内阿犹关系不是一般的现代国家中多数民族和少数民族的关系，而是要复杂得多。

从犹太主体民族的角度，在最初军事管制时期，大多数人对阿拉伯人是有意或无意地忽视，1956 年克法尔卡森姆屠杀事件后犹太公众"突然"发现阿拉伯公民处境，在震惊后发声呼吁废除军事管制，到 70、80 年代东方犹太人在政治上崛起，阿拉伯公民搭上以色列民主进程的顺风车；90 年代巴以和平曙光初现使以色列国家正常化成为可能，而犹太主体民族和阿拉伯少数民族之间关系也有望走向正常；但 1995 年拉宾遇刺后和平进程受阻，巴勒斯坦与犹太两方面的极端分子都实施了恐怖活动和暴力行为，让阿犹关系迅速倒退；2000 年第二次因提法达爆发，以色列阿拉伯人示威游行进行声援，与军警的冲突中 13 人丧生，事件再次震惊以色列社会，政府成立专门委员会进行调查，历经三年委员会得出结论是以色列阿拉伯人长期以来受到歧视和不公正待遇，之后以色列从国家层面对改善阿拉伯公民的处境，尤其是在教育、经济等方面采取了一些措施。

对于犹太公众而言，2000 年发生的事件影响很深远。在 20 世纪以色列社会公认的主要社会矛盾包括贫富差距、世俗和宗教之间的矛盾、土生土长的以色列人和新移民之间的分歧以及西方犹太人和东方犹太人之间的矛盾等，而犹太主体民族和阿拉伯少数民族之间的矛盾是比较边缘化的，并不算以色列社会的主要矛盾。但 2000 年之后犹太公民在提到以色列国内主要矛盾时，大多会首选阿犹矛盾。据 2007 年以色列民主指数（Israeli Democracy Index）的调查显示，绝大多数（87%）的受访者认为以色列社会最严重的裂痕是阿犹之间的鸿沟，犹太人中持此观点的达 91%，阿拉伯人中为 66%。①

一　对历史、对现状和对未来的不同看法对阿犹关系有消极影响

对犹太主体民族和阿拉伯少数民族关系有消极影响的，除众所周知的以巴冲突、东西方文化理念和价值观、生活方式以及日常的歧视性政策之外，还有一些更深层的矛盾，如谁是这片土地的原主人问题，如从不同角度的历史体验完全对立的问题。阿拉伯人认为自己是巴勒斯坦地的"原住民"而犹太人是来自西方的殖民者；而犹太人则认为自己才是这片土地的原主人，在 2000 多年流亡之后历经千辛万苦"回归"到自己的土地上。由于这一问题涉及这片土地所有权及合法性的原则问题，双方各执己见，全无对话余地；而历史体验完全对立则表现为情感方面的对立。1948 年战争使得阿拉伯人从地区多数变成寄人篱下的少数，这一惨痛失败的对面却是犹太人成就千年梦想的狂喜，显然双方从情感上无法达成共识；而将延绵不断的战争、旷日持久的冲突，以及将己方民族、家庭和个体遭受的痛苦完全归咎于对方，也是犹太人和阿拉伯人（巴勒斯坦人）互相指责、互相憎恨的常态表现。

下面我们将以 2004 年萨米·斯姆哈教授及其团队对 700 名以色列阿拉伯人和 709 名以色列犹太人做的抽样调查结果为例，展现二者对历史、现状和未来的不同看法，而这些不同所体现出的二者间的矛盾和对立，决定着二者关系及其发展前景。②

---

①　Arik Rudnitzky, *Arab Citizens of Israel Early in the Twenty-First Century*, p. 9.

②　无标注的下文数据均引自 Sammy Smooha, "Ethnicity as a Factor in the Israeli Jews' Attitudes toward Arabs", in Peter Molt, Helga Dickow（eds.）, *Comparing Cultures and Conflicts*, *Festschrift für Theodor Hanf*, 2007, pp. 300 – 319.

关于历史：75.4%的阿拉伯人认为犹太人应该对1948年巴勒斯坦人大劫难（al-Naqba）负主要责任，69.9%认为犹太人应该对旷日持久的巴以冲突负主要责任；相应的，在犹太人中，65.8%认为巴勒斯坦人自己应该对1948年大劫难负主要责任，68.4%的人认为巴勒斯坦人应该对旷日持久的巴以冲突负主要责任。

关于巴勒斯坦地的未来：以色列阿拉伯人和犹太人有着截然不同的预期。两国方案，即两个民族两个国家这一大方向，可以说受到大多数以色列公民的欢迎，91.3%的以色列阿拉伯人支持两国方案，68.4%的犹太人支持这一方案。但涉及具体问题时二者的分歧就很大了，如1967年边界问题，再如耶路撒冷的归属问题。对于是否接受1967年之前的分界线作为两国边界，86.2%的以色列阿拉伯人表示接受，但只有不到半数的犹太人（43.4%）表示接受。更大的分歧在于耶路撒冷地位问题，关于耶路撒冷能否作为两个国家的首都，69%的阿拉伯人表示接受，但只有27.1%的犹太人表示能接受；61%的以色列阿拉伯人接受耶路撒冷被分割为两个城市——一个犹太的，一个阿拉伯的，而只有23.3%的犹太人对此表示接受。对于巴勒斯坦难民的前途，分别有65.1%的阿拉伯人和61.7%的犹太人表示巴勒斯坦难民应该接受赔偿并只能回归巴勒斯坦国。

关于未来两国的边境：80%的以色列阿拉伯人认可今后两个国家之间的边境为开放式的，只有29.8%的犹太人同意这一点；相反，犹太人对分离以色列和被占领土的隔离墙的支持率相当高，达到76.2%，而只有9.8%的阿拉伯人支持隔离墙。有意思的是对于阿拉伯人口稠密的三角地区，近一半的犹太人（48.2%）支持将这一地区给未来的巴勒斯坦国，但只有14.2%的以色列阿拉伯人支持。这一结果表明几乎半数的犹太人为摆脱密集阿拉伯人口不惜放弃部分土地，这与前文中提到的以色列国家和犹太人对土地的极端渴望形成比较显著的反差；这个调查结果也表明绝大部分以色列阿拉伯人并不愿意成为未来巴勒斯坦国的一部分。

关于以色列的区域一体化：以色列的犹太人和阿拉伯人难得地达成一致，80.5%的犹太人认为以色列应该与西方世界一体化而不是与本地区的伊斯兰国家一体化，超过半数的以色列阿拉伯人（53.8%）持相同意见；66.3%的犹太人认为在文化领域以色列应该更靠近欧美而不是中东，

57.5%的以色列阿拉伯人认同此意见。从这两个问题的答案，可以看出相当一部分阿拉伯人在以色列生活近70年后更亲近欧美文化和西方民主世界的氛围，而不愿意生活在中东环境下。

关于以色列国家的属性：不到1/3（30.4%）的以色列阿拉伯人认为以色列有权成为一个犹太民族的国家，不到1/4（24%）的人接受以色列保持犹太多数，仅13.8%的人认可以色列在绿线之内有权作为一个犹太的、复国主义的、阿犹混居的民主国家存在。从上述答案可以看出以色列阿拉伯人对以色列国家犹太多数、犹太属性、复国主义属性都持否定态度，其中对复国主义属性的接受度和容忍度最低。对于犹太人，当然会支持保持以色列的犹太多数，支持率高达96.5%。93.5%的犹太人支持《回归法》，67.8%的犹太人认为当犹太属性与民主属性冲突时犹太属性有优先权。

关于阿拉伯少数民族的地位和权利：68.1%的犹太人认为阿拉伯公民应该在个人权利、教育和就业权利及国家预算方面享有与犹太人平等的权利；61.2%的人可以接受阿拉伯人作为以色列社会的成员；75.4%的人认为阿拉伯人有权作为享有完全民事权利的少数民族生活在以色列。但是当问到阿拉伯人具体应该享有哪些民事权利时，以色列犹太人的态度比较值得注意。近2/3（65.5%）的犹太人认为阿拉伯公民应该有国会选举投票权，近一半犹太人（48.8%）认可阿拉伯人被任命为政府部门的部长，但只有38.4%的犹太人认为阿拉伯公民可以自行选择居住的城市和地方，不到1/3的犹太人（32.2%）认为阿拉伯公民可以在他们想要的地方购买土地。这组数据说明以色列在政治上民主和自由的传统比较深入人心，但在土地问题上相当保守，大多数人不愿意阿拉伯人自由选择居住地和购买土地。

关于对阿拉伯人权利的限制：一半以上的犹太人（53%）认为国家应该给予犹太人特权，73.1%的犹太人认为国家在开发加利利地区应给予犹太人优先权，74.7%的犹太人认为国家应该宣布"伊斯兰运动"为非法，55.9%的犹太人认为国家应该宣布哈达什党（以色列共产党）为非法。犹太人不怎么反对阿拉伯公民进入以色列和犹太机构，但对阿拉伯人进入犹太人的学校、小区和执政联盟等对于身份认同与犹太支配优势很重要的领域，则比较抗拒。比如只有1/3（34.3%）的犹太人认可阿拉伯人入住犹太社区，不到一半（47.8%）的犹太人认可阿拉伯人就读犹太中学，

42.5%的犹太人认为阿拉伯政党可以加入执政联盟；超过一半的犹太人（57.4%）认为阿拉伯人可以在犹太社区的游泳池和公园休闲，71.9%的犹太人认为应该创造机会让犹太青年和阿拉伯青年交流，74%的犹太人认为阿犹可以友好往来，68.1%的犹太人接受阿犹联合组织，68.4%的犹太人认为阿拉伯公民和犹太人可以共同生活在以色列。而在与犹太人共处方面，阿拉伯人的态度明显要开放得多，89.5%的以色列阿拉伯人认为阿拉伯公民和犹太人可以共同生活在以色列，93.6%的阿拉伯人认为阿犹人民可以友好往来，90.4%的阿拉伯人认为应该创造机会让犹太青年和阿拉伯青年交流，89.1%的阿拉伯人接受阿犹联合组织。

阿拉伯人和犹太人的互相看法：57.8%的犹太人认为不可以信任以色列阿拉伯人中的大多数，42.5%的犹太人认为以色列阿拉伯人中大多数有暴力倾向，39.8%的犹太人认为大多数阿拉伯公民不遵纪守法，35%的犹太人认为大多数阿拉伯公民不聪明，36.1%的犹太人认为大多数阿拉伯公民永远无法达到犹太人的文化水平。以色列阿拉伯人对犹太人的看法也不怎么正面，48.2%的阿拉伯人认为不可以信任以色列犹太人中的大多数，40.5%的阿拉伯人认为大多数犹太人有暴力倾向，超过一半（54.2%）的阿拉伯人认为大多数以色列犹太人都是种族主义者，53.7%的阿拉伯人认为以色列犹太人为了舒适、钱和个人进步可以放弃自尊。从对方的文化角度，二者互相的"嫌弃"倒没有过分严重，57.8%的阿拉伯人认为犹太人有些好的习俗和价值观值得采纳，43.2%的犹太人认为阿拉伯人有些好的习俗和价值观值得采纳；73.3%的阿拉伯人和51.3%的犹太人认同阿拉伯公民与犹太公民在各自价值观和实践的基础上应该一起创造新的共同价值观和实践。

关于疏离感：73.5%的犹太人对以色列的阿拉伯人有疏远感，34%的犹太人不愿意有阿拉伯朋友，52.5%的犹太人不愿意有阿拉伯邻居，43.3%的犹太人不愿意有阿拉伯上司，71.8%的犹太人不愿意进入以色列的阿拉伯地区。与超过半数的犹太人不愿意跟阿拉伯人做邻居相比，多数阿拉伯人对是否有犹太邻居不是很在意，只有1/4的阿拉伯人（25.7%）不愿意有犹太邻居，只有12.5%的阿拉伯人不愿意有犹太朋友。

关于恐惧和威胁感：66.7%的犹太人担心阿拉伯人高生育率会威胁到

以色列国家，71.8%的犹太人担心阿拉伯公民改变以色列犹太属性的斗争会威胁到以色列国家，71.7%的犹太人担心阿拉伯公民会发生民变，78.7%的犹太人担心阿拉伯公民会帮助敌人，83.9%的犹太人担心阿拉伯公民支持巴勒斯坦人民的斗争会威胁到以色列国家。

关于以色列阿拉伯人的自治：平均超过一半的以色列人（62.8%的阿拉伯人，54.3%的犹太人）认为阿拉伯政党真实地代表阿拉伯公民。但对于以色列政府是否能给阿拉伯公民宗教、教育和文化机构自治权，则有比较大的分歧。92.9%的阿拉伯人认为应该，64.2的犹太人认为应该（意味着还有超过1/3的人认为不应该）；93.1%的阿拉伯人认为国家应该承认一个由阿拉伯公民自己选出的代表机构，但有超过半数（54.2%）的犹太人反对这个可能性。

关于以色列阿拉伯人改善处境的手段：58.6%的以色列阿拉伯人认为尽管有不足但以色列对其阿拉伯公民而言仍是一个民主政体，75.2%的犹太人认可这一点。83.9%的阿拉伯人认可游说、政治施压和投票方式，64.8%的犹太人认可上述方式；74%的阿拉伯人认可总罢工的形式，38%的犹太人认可这一形式；59.2%的阿拉伯人认可在国外进行抗议，仅33.6%的犹太人认可这一形式。另有24.9%的阿拉伯人认可抵制国会选举这一形式，12%认可非法游行示威的方式，只有4%的阿拉伯人认可"所有形式包括暴力"。由这组数据可以看出，绝大多数以色列阿拉伯人把争取权益的斗争方式限定在合法方式的范围内，仅极少数支持以暴力在内的不择手段。

关于以色列阿拉伯人的未来：43.4%的犹太人认可阿拉伯公民应该在得到恰当的赔偿后离开以色列；68.4%的犹太人认为阿拉伯公民可以享有民主权利，按人口比例得到他们那部分预算，自行管理宗教、教育和文化机构；81.4%的犹太人认为阿拉伯人应该对国家履行某种服务；95.2%的犹太人认为阿拉伯人应该接受以色列作为一个犹太国家和民主国家；90.5%的犹太人认为阿拉伯人应该避免改变以色列国家犹太－复国主义的性质；51.9%的犹太人认为国家应给予那些土地被征收的阿拉伯人土地或恰当的赔偿，如同国家对犹太公民所做的一样。

在斯姆哈2004年的调查中特别标明出犹太人调查对象所属的不同族

群，结果显示来源不同的西方犹太人（阿什肯纳齐犹太人）和东方犹太人（米兹拉西犹太人，也称塞法尔迪犹太人）对以色列阿拉伯人有着不同的态度，多数情况下大方向是一致的，但在细节和程度上有细微差异。尽管米兹拉西犹太人多来自北非和阿拉伯国家，与以色列阿拉伯人在语言、文化方面上有很多相似之处，但反而是他们对阿拉伯人的态度更强硬一些。如米兹拉西犹太人中认为大多数以色列阿拉伯人不可信的比例高达 60.8%，而在阿什肯纳齐犹太人中该比例为 55.2%；米兹拉西犹太人中不接受以色列阿拉伯人做朋友、做邻居的比例分别为 38% 和 52.6%，在阿什肯纳齐犹太人中分别为 30.1% 和 50.7%；在以色列国家是否应该宣布"伊斯兰运动"和"哈达什党"为非法的问题中，82.8% 和 72.8% 的米兹拉西犹太人表示认可，而在阿什肯纳齐犹太人中分别为 79.7% 和 53.1%。这些差别可能源自阿什肯纳齐犹太人来自欧洲，自由民主观念更深入人心，而且受教育程度普遍要高于米兹拉西犹太人（拥有大学及以上学历的人在阿什肯纳齐犹太人中占 56.7%，在米兹拉西犹太人中仅占 28.3%），在社会经济中地位较高，与以色列阿拉伯人在职业方面竞争较少；而米兹拉西犹太人要更为保守，信犹太教者（包括极端正统派犹太教徒、犹太教徒及自定义为"传统"的犹太人，三者统称为信犹太教者）所占比例较高，达到 69.9%，远高于阿什肯纳齐犹太人的 33.9%。米兹拉西犹太人的社会经济地位与阿拉伯人更为接近，容易产生工作和资源方面的竞争。但由于米兹拉西犹太人中很多人的母语是阿拉伯语，因此在与阿拉伯人沟通和交往方面，有着阿什肯纳齐犹太人无法比拟的优势。比如在语言方面，以色列阿拉伯人中认为应该学会用希伯来语跟以色列犹太人就不同题目进行交流的达 79.5%，米兹拉西犹太人中 46.5% 的人认为应该学会用阿拉伯语跟以色列阿拉伯人就不同题目进行交流，而这一比例在阿什肯纳齐犹太人中仅占 5.9%。

总的来说，斯姆哈调查很清楚地显示出以色列的犹太人和阿拉伯人在对待历史、现状和未来（包括国家性质、巴以和平前景和以色列阿拉伯社团前途）等方面都存在着差异，但并非导致必然无法共存的那种差异，然而双方确实缺乏互信。由于绝大多数以色列阿拉伯人无意用暴力手段改善（改变）自身处境，也否决离开以色列并入巴勒斯坦国的可能性，因此以色列阿拉伯人在这个犹太和民主的国家的存在会是一个长期现象。

值得注意的一个现象是 2000 年以后，犹太公众"摆脱一部分以色列阿拉伯人口"的倾向有上升趋势。"忠诚换国籍""剥夺持不同政见的阿拉伯人国籍""将阿拉伯人交换出去"等口号都是由右翼政党领导人提出的，在多数以色列人看来这既是反民主的也是不道德的。但对于更温和的"自愿交换"（voluntary transfer），即鼓励阿拉伯人自愿放弃以色列国籍到其他地方（如巴勒斯坦）生活，支持者则相当多。调查显示，在 2001 年时约 50% 的以色列犹太人支持这一做法，2006 年时支持率为 63%，2009 年时上升到 72%。[1]

二 以色列新历史学家及去除意识形态影响的历史叙述对阿犹关系的潜在影响

以色列建国后相当长一段时间内，犹太复国主义是具有文化霸权和"政治正确"的主导思想。在犹太复国主义者眼中，巴勒斯坦人的反对、阿拉伯国家的干涉都是犹太民族重建国家、实现民族复兴道路上所克服的阻碍。在这一时期人们看待历史，具有鲜明的本民族视角，因此对在同一地点、同一时期发生的事件，会有截然不同的叙述，如以色列历史和巴勒斯坦历史，就像一个硬币的两面，泾渭分明。

按照犹太方面的叙述，以色列建国是 2000 多年前国破家亡的犹太人在漫长的背井离乡后，历经千辛万苦终于重聚在祖先生活过的"神的应许之地"，之后又历经了惨绝人寰的大屠杀、经过艰苦卓绝的斗争才克服了土耳其人、阿拉伯人和英国委任统治当局的重重阻碍，终于取得成功和胜利，建立了自己的国家，给全世界流离失所的犹太民族提供了一个民族家园。这是一部非常感人而励志的民族奋斗史。

但按照巴勒斯坦方面的叙述，西方殖民主义的代表——犹太复国主义者，趁奥斯曼土耳其帝国没落之机入侵巴勒斯坦地进行殖民活动，"一战"后巴勒斯坦跟其他原属土耳其帝国的领土一样作为战利品被西方列强瓜分，巴勒斯坦落入偏袒犹太人的英国手中，犹太人与英国委任统治当局狼狈为

---

[1] Dov Waxman, "A Dangerous Divide：The Deterioration of Jewish-Palestinian Relations in Israel", p. 22.

奸侵吞巴勒斯坦土地、掠夺资源、奴役当地人民，巴勒斯坦人民被迫进行了英勇反抗，当英国委任统治当局不得不调整政策开始限制犹太殖民活动时，"二战"爆发了……"二战"后，西方列强不顾巴勒斯坦人民的意愿和阿拉伯人民的正义呼声，将毫无公平公正可言的《分治决议》强加于巴勒斯坦人民身上，随后犹太殖民者在西方的帮助下用武力夺取巴勒斯坦，将几十万巴勒斯坦人民驱逐出家园，使之成为无家可归的难民……这是一部非常感人而委屈的历史。

因为阿以、巴以旷日持久的激烈对抗和流血冲突，不仅双方的史学家无法超脱带有民族视角的叙述，读者也往往因为各自原因而无法避免"站队"——亲巴或者亲以。每个人使用的术语，甚至包括最基本的地名和事件名称，都会在不经意间带上或被贴上"亲巴"或"亲以"的标签。比如这一切的发生地，被叫作巴勒斯坦（Palestine）还是以色列地（Eretz Isreal）本身就带着倾向性；而耶路撒冷这座城市，在阿拉伯语中是按希伯来语发音称为 Ûrshalîm 还是按传统称之为 al-Quds（圣城，阿拉伯语为 القدس）；称 1948 年战争为"以色列独立战争"还是"大劫难"（al-Naqba），称 1967 年第三次中东战争为强调以色列方面六天内巨大军事胜利的"六日战争"还是"六月战争"，称 1973 年战争为"赎罪日战争"还是"斋月战争"……都有隐含的意义。地名，不再是简单的对地域的描述，而是所有权和历史主权的象征；称谓，也不再是简单的对事件的描述，而是带有主观和倾向性的表达。

从 20 世纪 70 年代中后期开始，在以色列的学术界发生了一些变化。以本尼·莫瑞斯（Benny Moris）、汤姆·赛格夫（Tom Segev）、艾兰·佩普（Ilan Pappe）、希勒尔·柯亨（Hillel Cohen）等人为代表的"新历史学家"（New Historian），开始接触以色列国家及工党和犹太武装力量（包括以色列国防军的前身）新解密的档案，发掘出一些以色列建国前后鲜为人知或被官方及学术界刻意回避的"秘密"（以色列一般档案解密期为 30 年，更为机密的档案解密期分别为 50 年、70 年和 100 年）。这些历史学家利用新解密档案中的"实证"对 1948 年以色列与巴勒斯坦的斗争包括数十万巴勒斯坦人被驱逐或逃离的历史进行了修正性编纂，抨击传统的史学家为意识形态的缘故对史料进行削足适履，以及将研究重心过度放在社会精英身上而忽视了草根民众等。新历史学家出版了许多著作，试图摆脱意识形态和"政治正确"的影响，客观地（当然也有矫枉过正的情况）对当时犹太人和以色列军方的行为进行叙述与分析。

以色列的新历史学家及其著作，将巴以冲突从一场非黑即白的原则性冲突，变成不黑不白的客观存在，原来只有"高大上"形象存在的以色列方面也会有错误、有刻意、有无奈，当然也有闪光点。这样的历史叙述在以色列公众和"亲犹/亲以"的读者看来算是"背叛"了，因为其动摇了以色列主流历史学的传统观点，即将1948年战争归罪于巴勒斯坦方面，犹太方面是身临绝境而不得不奋起自卫。新历史学家的作品指出，当时分裂的、碎片化的、没有统一作战计划的阿拉伯世界根本无法支持巴勒斯坦准武装力量赢得委任统治结束后的巴勒斯坦地区；战争爆发时巴勒斯坦准武装力量从人数、训练、装备和作战能力方面都逊于犹太武装；以色列能够赢得战争的胜利是犹太方面与外约旦哈希姆王国达成了默契，作为承诺不进攻犹太国家的回报，外约旦占据了约旦河西岸地区和东耶路撒冷；而犹太方面成功地说服了大部分国际舆论，将犹太国家的建立与大屠杀联系在一起……新历史学家与传统史学家争论最激烈的问题之一，是1948年战争期间以色列方面是否有计划地制造和散布恐慌甚至暴力驱逐导致大批阿拉伯居民逃亡。新历史学家的观点也与几十年来以色列主流宣传所称的巴勒斯坦难民是主动逃离的有着巨大的区别。此外，对于巴以和平，传统主流观点认为是阿拉伯人阻碍了和平的实现，而新历史学家则认为以色列对和平困境应负主要责任，或者也要负责任。[1]

不可否认新历史学家及受其影响而兴起的"新社会学家"（New Sociologist）的观点有不够成熟之处，比如并没有真正利用阿拉伯方面的资料、没有做到从真正的另一面看待发生的事件，但毕竟这是第一次以色列学者能跳出犹太复国主义的思维定式，利用一手档案资料对当时的事件进行重新解读，对自身行为不再是一味讴歌和袒护，而是进行了一定的反省。这无疑比之前宣传口号式的历史叙述有更强的客观性和学术性。继最初的震撼和拒绝以后，新历史学家在90年代得到一定的合法性，被作为后犹太复

---

① 艾兰·佩普：《现代巴勒斯坦史》，译者序，上海人民出版社，2010，第5页。

国主义（post-Zionism）思潮的组成部分。

新历史学家受到以色列传统史学的严厉批评，被指扭曲档案证据或夸大以色列军方的不当行为以按照自己的想象编造历史。尽管新历史学家所发现和披露的"事实"并没被完全否认，但他们的学术方法和专业性受到不同程度的质疑。① 比如，阿拉伯难民问题产生于战争而并非如某些新历史学家所称的是以色列单方面的设计，战争期间确实有针对平民的军事行为，但这种行为在双方甚至在世界其他战争中都有发生，不能以个别文件或个别军官或部队的只言片语作为所有难民的产生都源于刻意设计的证据。新历史学家不仅受到传统学术界的批判，公众的批评压力也非常大，严重的如艾兰·佩普甚至无法继续在自己的大学（海法大学）工作，被迫辞职离开了以色列去别的国家任教，"我在我的大学遭到抵制，校方一直试图赶我走，我每天受到威胁。我不仅被视为对以色列社会的威胁，而且我的人民认为我是个精神病人……很多以色列人甚至相信我是为阿拉伯人工作的雇佣军"。② 但是，阿拉伯方面及"亲阿"的读者们对于新历史学家也持批判态度，原因是他们"粉饰犹太复国主义者的罪行"。③

关于新历史学家的政治立场，存在着一定的误解，有些人把新历史学家都划归为左派，但实际上，新历史学家这一称谓本身只反映学术态度及其与传统史学家学术方面的对立，并没有政治倾向。尽管新历史学家中确实有不少对以色列政府和军方行动（至少是部分行动）持批评态度的，也确实有比较极端的人士，如公然为其专著命名为《巴勒斯坦种族清洗》(The Ethnic Cleaning of Palestine)④ 的艾兰·佩普，但也有如本尼·莫瑞斯所自我澄清的，"不是出于意识形态的承诺或政治利益而进行研究，只想知道发生了什么事情"。新历史学家内部也有不同观点，如莫瑞斯就很不认同艾兰·佩普，他认为从来就没有犹太复国主义者要驱逐阿拉伯人民的一揽子计划，或"种族清洗"，饱受艾兰·佩普诟病并成为其攻击以色列官方预

---

① 艾兰·佩普：《现代巴勒斯坦史》，译者序，第 7 页。

② Mohammed Iqbal，"Academic Slams Israel for Land Grab"，*The Penisula Online*，29 March. 2007，译文引自艾兰·佩普《现代巴勒斯坦史》，译者序，第 3 页。

③ 艾兰·佩普：《现代巴勒斯坦史》，译者序，第 6 页。

④ Ilan Pappe，*The Ethnic Cleansing of Palestine*，Oxford：Oneworld Publications，2006.

谋占领更多巴勒斯坦土地、驱逐更多巴勒斯坦人口"铁证"的"D计划"（1948年3月10日）[①]，不过是"哈加纳"（以色列国防军正式成立之前主要的犹太武装力量）为应对预料之中阿拉伯国家对新生犹太国家攻击而制定的相应打击计划，这是它明确陈述的（目标），而事实也确实如此，在5月15日埃及、约旦、叙利亚和伊拉克果然发动了进攻。D计划确实授权给区域指挥官，对前线和预期中阿拉伯军队入侵路线附近的阿拉伯村庄实行占领布防，或驱逐（人口）摧毁（村庄）。而在1948年战争期间，以色列领导人确实决定要禁止那些刚袭击过犹太社区的"难民"的返回，因为把他们当作潜在的"第五纵队"，威胁到犹太国家的存在。他也不认为这种恐惧或逻辑是错误的。[②]

王健在艾兰·佩普所著的《现代巴勒斯坦史》中文版的译者序中所指出，尽管新历史学家存在着这样或那样的问题，如对阿拉伯方面的史料很少进行挖掘，有些观点过于激进，有矫枉过正之嫌，对历史审视与反思的宽度不够等，但他们打破了以色列学术界的长期禁忌，扩展了以色列历史的讨论话题和公共话语，对以色列犹太社会的"话语霸权"产生了冲击和挑战，而且激发了以色列人对以色列官方和主流历史编纂著作的真实性、客观性的怀疑与思考，必将对以色列未来国家的发展，特别是巴以关系的重新解读和理解产生积极的影响。[③] 如上文讨论影响以色列内部阿犹关系的因素时曾提到的，阿犹双方对历史尤其是巴以冲突史从不同视角的解读，从原则上、情感上都对阿犹关系产生了巨大的负面影响。新历史学家的兴起及其著作的传播，首次打破了阿犹两个版本历史叙述之间泾渭分明的界限，开创了一个可以互相交流的新角度，为阿犹关系的改善打下一定的正面基础。

[①] Plan Dalet（Dalet是希伯来语第四字母，可作序数词"第四"用）是以色列建国前犹太武装力量哈加纳在1945～1948年做出的系列计划中的第四部，Plan D的制定时间是1948年3月，英国委任统治结束前两个月，主要内容是夺取尽可能多的巴勒斯坦土地。Plan D在30年解密期过后成为一份公开的档案资料，存放于以色列国防军档案馆，可供查阅。

[②] Benny Moris, "Israel and the Palestinians", *The Irish Times*, 21 Feb. 2008, https://www.irishtimes.com/opinion/letters/israel-and-the-palestinians-1.896017.

[③] 艾兰·佩普：《现代巴勒斯坦史》，译者序，第7页。

总 结

新历史学家强调历史研究的重心不应该仅仅放在精英身上，草根民众不应被忽略。同理，在研究以色列少数民族与以色列国家和阿犹民族关系时，也不能只着眼于政府政策、经济措施等大事件，普通民众的体验和经历也需要重视。本节中记述了一些普通以色列阿拉伯人在履行国家义务（兵役）和享受权利方面的经历，他们并不代表占以色列人口20%的阿拉伯少数民族中的主流，但这种难得的经验却能为以色列当局今后出台适用于阿拉伯少数民族整体的公民服务的相关政策提供经验，同时也对我们了解以色列阿拉伯少数民族的多元性以及在个人层面阿拉伯公民与国家的关系有非常重要的意义。

关于以色列犹太人和阿拉伯人的关系，通过2004年的斯姆哈调查，可以知道阿犹双方对历史、对现状及对未来的看法有非常大的差异，这些差异中有原则性分歧也有情感性分歧。在目前中东和巴以大环境下，双方原则性的分歧根本无法弥补，但情感上的却有改善的可能。犹太人和阿拉伯人互不信任、互相疏离和隔离的常态，一定程度上是因为互不了解和互相畏惧。在21世纪，在以色列政府和各种国际、国内组织的帮助下，以色列阿拉伯人和犹太人在教育水平、经济水平和国家预算方面的差距在缩小，阿犹年轻人的交往机会也比之前要多，越来越多的阿拉伯学生可以进入以色列的大学学习，而至少一部分阿拉伯人（大学毕业生等精英分子）在以色列社会的融入也越来越频繁和正常化，这些进步都有助于双方的互相了解和互相谅解。以色列方面证明了国家确实有改善阿拉伯人生活状况的决心和能力，而阿拉伯方面也证明了能够接受生活在犹太国家这一现实。曾经让以色列国家和犹太人忧心忡忡的阿拉伯人口高增长率在此消彼长中也不再那么"高不可攀"，更让很多人安心。现在直接谈要去改变以色列国家的犹太性质使之成为全体公民的国家无异于空中楼阁，但如果可以集中精力先解决一些基本问题，如阿拉伯公民义务和待遇问题、国家资源平等分配问题等，将会在一定程度上改善阿犹关系，减少日常摩擦。

结语：对未来不那么乐观的展望

　　以色列社会是个矛盾林立、深度分化的社会。占以色列全国人口75%的犹太人，大多数是从全世界流散地汇聚而来的，除了共同的宗教认同和祖先之外，各亚族群的差别非常大。从来源看，分为西方犹太人（阿什肯纳齐犹太人）、东方犹太人（米兹拉西犹太人）及无法归入二者的埃塞俄比亚犹太人等；从出生地看，分为本土犹太人（绝大多数为先前移民在以色列的后代）和犹太移民（约30%）；从宗教信仰看，分为世俗犹太人（不信教）和信教犹太人，信教犹太人又分为极端正统派犹太教徒——哈瑞第犹太人（Ultra-Orthodoxy-Haredi Jewry）、犹太教徒（Religious Jews）和保守传统者（Traditional Jews）；从语言及文化看，分为希伯来语者、阿拉伯语者、俄语母语者及其他……这些不同分类下的亚族群之间都有着不同程度的差异甚至对立，在文化方面各有特点，在经济、社会发展水平方面差距也比较大。由于西方犹太人是犹太复国主义运动的创始者，也是现代以色列国家的缔造者，因此其在以色列建国前巴勒斯坦犹太社团（Yishuv，伊休夫）时期及以色列建国后相当长一段时间内，都是占有主导地位的社会群体，具有政治领导权和文化霸权。这一时期是以色列社会的"大熔炉"（Melting Pot）时期，即无论社会成员来自哪里、有何种文化背景，都要接受包括语言、生活技能、生活理念方面的重新教育，要学习并接受以色列的主流价值观，按照犹太复国主义的理想锻造新型犹太人和犹太文化。以建国后来自阿拉伯国家的大批米兹拉西犹太移民为例,他们人数众多,但大多是因为阿犹冲突在别无选择的情况下被迫移民到以色列的,他们没有资金、没有优越的教育背景甚至没有犹太复国主义理想,在以色列国家和西方犹太人眼中,他们代表着最被鄙视的阿拉伯世界的落后性以及流散地的精神,因此他们必须改善和证明自己。东方犹太人抵达以色列后,没有单独的母语教育学校、所有人都必须学习希伯来语,并且尽快熟悉生活环境、融入到以色列的教育体系和劳动市场中去。米兹拉西犹太人作为坐享犹太复国主义成果的后来者,在国家服务和资源分配上处于弱势,在文化上更是被压制,基本上没能保留自身传统文化和独立认同。

在这一时期,以色列文化是具有霸权性的,无论来自哪里的移民,包括但不限于大屠杀劫后余生的欧洲犹太难民和来自阿拉伯世界的米兹拉西犹太人,自身原有的文化都被压制,精华和糟粕一律被抛弃,几乎没有成分被吸收进以色列文化。仅有的两个没受到"大熔炉"政策影响的社团是以色列阿拉伯人和极端正统派犹太教徒。有关极端正统派犹太社团在以色列的发展将另书讨论,在此不做赘述。对于以色列阿拉伯人,无论是以色列国家还是阿拉伯人本身,在主观上都毫无同化意愿,而且由于客观环境的限制,同化也不可能成功。从这方面看,以色列阿拉伯人比其他实行"熔炉"政策的多民族国家(如美国)的少数民族要"幸运"一点儿,起码在以色列他们拥有国立阿拉伯语教育系统,虽然学习内容不能完全自主决定,但基本上成功保留了自己的文化特性和一定的独立性。从 20 世纪 70 年代开始以色列文化有了足够的自信,不再担心国内数量庞大的东方犹太人与整个中东大环境"里应外合"而被"中东化"(Levantization),因此有了一定的开放度。在以色列学校中增加了一门名为"东方传统"的课程,内容包括民俗及东方犹太人的历史和文学。在 80 年代,随着东方犹太人在政治上崛起、在经济上要求改善待遇、在资源分配上要求平等权、在文化上要求话语权等,以色列社会渐趋多元化。早期"大熔炉"政策对移民文化的彻底破坏和打碎也受到抨击。例如,80 年代末 90 年代初抵达以色列的上百万苏联移民,其传统和文化一定程度上得以保存,没有像早先东方犹太人那样被强行压制和弱化。90 年代晚期以来以色列文化具有如下特点:西方犹太人的文化仍然占主导地位;正统派犹太教徒和阿拉伯人继续保有自己单独的文化，但与主流文化差异非常大，兼容率很低；此外，多个移民团体在接受以色列核心文化的同时保有自己族群的文化分支。①

这种多元文化环境，对以色列阿拉伯少数民族文化的发展是有利的，从前文的讨论中我们也注意到在 90 年代中后期，以色列阿拉伯人与国家和犹太主体民族的关系确实进入一个加速交流期，在政治上阿拉伯人支持倡导巴以和平进程的以色列左派力量，在经济上、社会上阿犹差距也有所缩小，而且阿拉伯社团和主流犹太社团在文化上的交流日益增多，一批阿拉伯裔作家和演员逐渐为很多犹太公众所熟知和喜爱。

2000 年被占领土巴勒斯坦人第二次因提法达的爆发和以色列阿拉伯游行示威者与军警的流血冲突，并没有为 21 世纪带来一个乐观的开端，反而为以色列的阿犹关系及阿拉伯少数民族社团的前途蒙上阴影。一方面，经济一体化、社会交往和融合仍在继续；另一方面，政治上的对立和疏离却加剧了。

当我们纵观以色列阿拉伯人发展的历程时，应该注意到，作为一个"不受欢迎"甚至在国家和主体民族看来是潜在安全威胁的少数民族，以色列阿拉伯社团处于一个很被动的位置，社团处境和地位的每次重要变化，基本上都不是由本社团成员主动发起而是由外界变化引发的，这个外界变化既包括中东及世界局势，也包括以色列政局及政策的变化，还包括犹太主体民族内部力量对比变化。在 21 世纪，可能对以色列阿拉伯人地位和处境产生重大影响的因素都有哪些呢？首先当然是中东局势，如果中东和平得以实现，以巴、以阿关系正常化，那以色列国家也有可能实现正常化，成为一个全体公民的国家，如很多后犹太复国主义者所期待的那样；但如果巴以关系持续恶化、阿以矛盾激化，爆发激烈冲突甚至战争，则以色列国内阿犹关系会随之恶化，当局对阿拉伯人的防范和管控也将恢复到严厉水平。

与大环境相比较，以色列国内政局的变化对以色列阿拉伯社团的影响更大。21 世纪以色列社会出现整体右倾的趋向，在政坛表现为右翼势力持续强势。据 2015 年以色列民主指数（Israel Democracy Index）的年度调查，

---

① Sammy Smooha, "Jewish Ethnicity in Israel: Symbolic or Real?" in Uzi Rebhun and Chaim I. Waxman (eds.), *Jews in Israel: Contemporary Social and Cultural Patterns*, Hanover, NH: Brandies University Press, 2004, pp. 47 - 80.

从政治立场上看，以色列犹太人中约一半（49%）自我定义为右翼，27%自我定义为中派，仅 16% 自我定义为左翼。[①] 以色列政坛从建国之前就有左翼和右翼之分，但左右翼的标准并不是一成不变的，比如在以色列建国至 1977 年近 30 年间，工党一党独大连续执政，工党内部左中右翼势力并存，但 90 年代的工党已经成为中左派的代表，与其轮流执政的利库德党是右派。不仅党派倾向会有调整（很多时候不是主动调整而是被其他更左或更右的党派衬托得不那么左或不那么右），个人也会改变立场。如以色列前总理沙龙，一直是比较右翼的强硬派，但 2001 年执政后逐渐变成中右派，甚至因为加沙撤离（强行拆除、撤离加沙地带的犹太定居点）而与自己原来所属的右翼党派利库德决裂，另组前进党。

一般来说，在对待巴勒斯坦及以色列阿拉伯人的问题上，左翼更开明、民主，更具自由主义精神，右翼更保守、强硬。由于生存环境特殊，在以色列右翼势力一直比较强大，但在个别时期，如果左翼团结到足够的力量，也可以取得成功。20 世纪 90 年代，以拉宾、佩雷斯为首的中左派政府，在本来是反对党的以色列阿拉伯党派的"加持"下得以在国会通过以巴和平协议，而在随后的 1999 年大选中，巴拉克领导的工党也因为得到大批阿拉伯选票而击败内塔尼亚胡领导的利库德集团。两年后巴拉克政府垮台，这是近 20 年来由以色列中左派执政的最后一届政府，而从 2001 年至今，在以色列一直是中右派（沙龙为首的利库德政府和以沙龙、奥尔默特为首的前进党主导的政府）或右派（内塔尼亚胡为首的利库德党和"以色列我们的家园党"等组成的执政联盟）或更极端一些的右派（内塔尼亚胡的利库德党和"犹太之家"等极端右翼党派组成的执政联盟）把持政府。左派政党（包括现在的工党和梅内兹党等）势力衰微，而犹太民族主义右翼、极端右翼和犹太宗教党派势力上升。随着国会中犹太民族主义和宗教党派掌握的席位越来越多，近年来以色列国家的民主性质在国会（立法机关）及法律体系中受到前所未有的挑战和威胁。如果说此前屡屡在国会大选前对阿拉伯政党参选资格提出质疑、骚扰其竞选活动的右翼党派，在一定程度

---

① Ben Sales, "Why Israeli Kids are so Right-wing: A Historical Explanation", *Times of Israel*, 14 April 2016, http://www.timesofisrael.com/why-israeli-kids-are-so-right-wing-a-historical-explanation/.

上是为了博关注和争取犹太民族主义者的支持，那么现在这些右翼势力正在将竞选口号和噱头变成现实的法律和法案，试图通过立法对阿拉伯政党及阿拉伯公民的政治活动进行限制。

2016 年 7 月以色列国会通过一条被阿拉伯少数民族权利法律中心（ADALAH）称为在全世界民主国家范围内史无前例的法律——《议员驱逐法》：如果不喜欢某议员的观点和意见，只要 3/4 的国会成员（即 90 位议员）同意就可以驱逐任何一位民选的国会议员。这条法律的目标直指国会中阿拉伯党的议员。阿拉伯联盟党在随即发表的公开信中称："内塔尼亚胡和他的政府想要一个没有阿拉伯人的国会。"拿撒勒人权联盟（Human Rights Association）的负责人穆罕默德·齐丹（Mohammend Zeidan）称，新法律向公众传递了一个信息——一个纯犹太的国会是可行的，甚至是众望所归的。"我们正在进入一个新的时代。之前，有种族歧视性的法律和政策，但现在我们正在加速奔向赤裸裸的法西斯主义。"总理内塔尼亚胡则对该法案的通过表示祝贺，称："那些支持针对以色列及其公民的恐怖主义的人，永远不会在以色列国会有容身之地！"①

内塔尼亚胡在这里影射的应该是这条法律可能针对的首个目标——巴拉德党的女议员哈宁·祖阿比（Haneen Zuabi）。在该法通过前一个月她在国会受到犹太议员的围攻，甚至惊动了国会的保安人员将她保护起来，因为她称 2010 年在以色列攻击土耳其救援船事件中导致 10 位人道主义工作者丧生的以色列士兵是"凶手"，内塔尼亚胡对哈宁在国会受到犹太议员的围攻无动于衷，反而谴责她：太过分了，在以色列国会没有她的安身之所。反对党领导人"犹太复国主义联盟党"党魁伊扎克·赫尔佐格（Issac Herzog）也称哈宁的讲话应该被以色列国会频道屏蔽。这已经不是这位女议员首次得罪犹太国会议员了。2014 年 11 月以色列国会就以 68：14 票决定暂停其议员职务 6 个月，因其在另一个案件中面临煽动罪的刑事审判，国会在考虑取消其以色列国籍。停职 6 个月是以色列法律允许的，也是国会史上最长的暂停期限。2016 年初她和巴拉德党的另外两位国会议员拜访了

---

① Jonathan Cook，"Israeli Expulsion Law 'Violates All Rules of Democracy'"，*al-Jazeera*，24 Ju-ly. 2016，http：//www. aljazeera. com/news/2016/07/israeli-expulsion-law-violates-rules-democ-racy-160724071131444. html.

东耶路撒冷一些巴勒斯坦家庭，这些家庭的成员或是"独狼式"袭击的发动者，或在与以色列安全部队的冲突中被杀，哈宁等表示要向以色列方面施压，让以色列归还这些人的尸体以便家属安葬。[①]

此处不评论哈宁的做法，但很确定的是哈宁绝非第一个这样说、这样做的阿拉伯议员，却是首个受到这样待遇的阿拉伯议员。类似的"处罚"和驱逐法的通过，反映出以色列国会和整个社会对政治异见者及其不同政见的压制比之前要强硬很多，如穆罕默德·齐丹所称，是"压制不同政见和煽动仇恨基础上一个危险的升级"。[②]

如果真能依照该法取消哈宁或其他阿拉伯议员的席位，会带来什么后果呢？其他阿拉伯议员也许会集体辞职抗议，然后以色列国会真的变成纯犹太人的国家权力机构。但这会有利于以色列的国家安全和发展吗？答案是否定的。正如海法大学政治学教授阿萨德·盖嫩（Asad Ghanem）所说，内塔尼亚胡毫不掩饰的公开目标就是要减少阿拉伯选民的投票和参政意愿，而这条驱逐法可能会实现其目标。在 2015 年国会大选时阿拉伯选民投票率已经不足 50%，"如果在国会中对阿拉伯代表的攻击继续下去，那阿拉伯选民们很可能会得出结论：够了，是该退出这个政治游戏的时候了"。[③] 很显然，对"政治游戏"失去兴趣的阿拉伯人，如果无法用正常方式和合法手段维护自己的权益，那就剩下不那么正常的方式和不那么合法的手段了。其实在阿拉伯人内部早就存在着"抵制国会选举"的呼声，其以群众基础相当牢靠的伊斯兰运动为代表。让更多甚至是所有的以色列阿拉伯公民都站到"伊斯兰运动"一边去，走上与以色列国家机器直接冲突的道路，显然不是很多期待和平和国家正常化的以色列民众想要的结果，更不会有利于以色列的安全和发展。

2017 年 5 月以色列国会立法委员会起草的一项旨在取消阿拉伯语官方语言地位的"犹太民族国家法案"（Nation State Bill）进入国会投票阶段。

---

① Jonathan Cook, "Israel Moves to Outlaw Palestinian Political Parties in the Knesset", 4 Nov. 2014, https://electronicintifada.net/content/israel-moves-outlaw-palestinian-political-parties-knesset/13998&; Jonathan Cook, "Israeli Expulsion Law 'Violates All Rules of Democracy'".

② Jonathan Cook, "Israeli Expulsion Law 'Violates All Rules of Democracy'".

③ Jonathan Cook, "Israeli Expulsion Law 'Violates All Rules of Democracy'".

一直以来，阿拉伯语和希伯来语都是以色列的官方语言，但该提案中明确规定希伯来语是以色列国家唯一的官方语言，因为以色列是犹太民族独有的，而阿拉伯语将被降级为"在国家中拥有特殊地位的语言"，讲阿拉伯语者有权在国家机关得到相应语言的服务，即可以要求所有文件和服务被翻译为阿拉伯语。该提案引起反对派和学者们的强烈反对。阿拉伯联盟党党魁艾曼·欧德（Ayman Odeh）称这是在对阿拉伯公民"宣战"；犹太复国主义联盟党（中派）的议员艾瑞勒·玛格丽特（Erel Margalit）称该提案让人联想到历史上的"黑暗时期"；梅内兹党（左翼）领导泽哈瓦·盖勒昂（Zehava Gal-On）称该法案的目标是将以色列所有非犹太公民降级，"犹太人将得到超越其他公民的待遇，该提案明确违反人权、民主原则，伤害到阿拉伯少数民族权利"。该提案的提出者利库德议员阿维·迪赫特尔（Avi Dichter）则辩护称："这是确立以色列，现在是、将来也是一个犹太的民主国家的《犹太国家法案》（Jewish State Bill）的一小步，却是我们定义自己身份认同的一大步，不仅在全世界面前，也为了我们自己——以色列人，在自己的国土上做自由之民。"① 2018 年 7 月 19 日，以色列议会以 62 票赞成、55 票反对以及 2 票弃权，通过了这项颇具争议的"犹太民族国家法案"。作为一项基本法，该法案宣称"以色列是犹太人的民族国家"（nation-state of the Jewish people），规定及保障了犹太人在以色列的诸多权利，如犹太人在以色列将享有"自决权"，并支持设立更多的犹太人定居点等；相应的，阿拉伯语则失去了官方语言的地位，降格为一门具有特殊地位的常用语言。该法案的通过，让以色列阿拉伯公民激愤，也让对此法案持反对态度的以色列中左派感到蒙羞。阿拉伯裔议员贾马勒·扎哈勒卡（Jamal Zahalka）表示对法案的通过感到"极度震惊和悲伤"，在他看来，以色列的民主已经死亡。身为国家元首的以色列总统鲁文·里夫林（Reuven Rivlin）也对这项法案提出了反对意见，他警告称，该法案会伤害到全世界各地的犹太人，甚至可能被以色列的敌人所利用。对该法案反应最激烈的是以色列的德鲁兹人，向半个多世纪以来他们自己的族人用鲜血和生命保卫

---

① Peter Beaumont，"Israeli Ministers back Proposed Law Demoting Arabic Language"，13 May 2017，https：//www. theguardian. com/world/2017/may/07/israeli-ministers-back-proposed-law-demoting-arabic-language.

的国家发出质问：难道经过半个多世纪的"血盟"他们要被正式归为"二等公民"吗？难道他们一直不是在跟犹太人一起保卫自己的国家而是被当作雇佣军吗？对该法案通过表示极为欢欣鼓舞的以色列总理内塔尼亚胡对来自国内外的反对声并不是很在意，虽然他也表示"为德鲁兹兄弟姐妹的情绪所感动"，但并没有打算要对"民族国家法案"进行实质性的修改。①

实际上，在这一法案出台之前，以色列的阿拉伯公民，包括德鲁兹人在内，也没有能与犹太公民平等；而阿拉伯语虽然作为官方语言，其使用范围和话语权也无法与希伯来语相匹，因此从实际效果上看，这一法案只不过将一直就存在的不平等和不公平合法化、制度化了。但是，对以色列阿拉伯人，尤其是对以色列国家抱有认同感的人而言，这种合法化和制度化是情感上和心理上的巨大打击，可能会引起阿拉伯社团内部的身份认同变化。而且，最近几年这一系列对民主和少数民族/少数派的权利进行限制的法律的通过和出台，证明了确如人们之前所担心的，2015 年国会大选后由内塔尼亚胡组建的这届政府，是以色列有史以来最为右翼、最为极端的一届政府。以色列右翼势力利用这个机会，紧锣密鼓地出台新法律，值得引起各方面的警惕。极端的犹太民族主义政党和犹太宗教民族主义政党势力的崛起和强大，是导致以色列建国前后主流犹太复国主义政党（工党等）失势、只能在国会做意见领袖，而之前被认为是右翼的利库德集团现在被衬托成"温和"中右派的根本原因。

犹太宗教势力的社会影响力和政治影响力上升的主要原因包括人口的迅速增加②、以色列多党制的政治制度使得犹太宗教党派能周旋于较大党派之间谋求本社团利益最大化，以及后犹太复国主义时代很多犹太人的信仰真空被犹太教填补等。③ 对于以色列阿拉伯人而言，以色列国家中犹太教势力增强是非常不利的。首先，犹太宗教势力上升，不可避免地给巴以、阿

---

① Noa Landau & Noa Shpigel, "Behind the Scenes: How Netanyahu's 'Apartheid' Trap Torpedoed Talks With Druze Leaders", Haaretz, 05 August 2018, https://www. haaretz. com/israel-news/. premium – how-netanyahu-s-apartheid-trap-torpedoed-talks-with-druze-leaders-1. 6341573.

② 犹太教徒是以色列人口自然增长率最高的团体，见 Nathan Jeffay, "In Israel, Haredi and Muslim Women Are Having Fewer Children", 5 July 2011, http://forward. com/articles/ 139391/in-israel-haredi-and-muslim-women-are-having-fewer/。

③ 王宇：《犹太教在以色列的社会影响力上升》，《世界宗教文化》2012 年第 4 期。

以冲突在本已很复杂纠结的领土争端、民族争端、文化争端之上添加了越发浓厚的宗教争端色彩；其次，极端的犹太民族主义和犹太宗教相结合而成的极端犹太宗教民族主义，对以色列的民主性质是个很大的挑战，不仅表现在对以色列阿拉伯人的政策和态度方面，而且对以色列的犹太世俗民众也是极大的威胁。覆巢之下焉有完卵，如果以色列的民主性质受到限制或破坏，那以色列阿拉伯公民的处境将更令人担忧。2016 年 Pew 研究中心（非属党派智库）的调查显示，近半数（48%）的以色列犹太人认为阿拉伯人应该被驱逐或交换离开以色列。① 在这份调查报告中自定义为世俗的犹太人占 49%，9% 自定义为极端正统派犹太教徒，13% 自定义为犹太教徒，另有 29% 的人自定义为"传统"犹太人。在世俗犹太人中仅 36% 的人支持把以色列阿拉伯人驱逐或交换出去的观点，而在犹太宗教人群中该比例竟然高达 54% ~71%。对于以色列国家的民主性质，世俗犹太人和信教犹太人也有迥然不同的意见，世俗犹太人中高达 89% 的人称在民主原则和犹太宗教律法相冲突时民主原则优先，而在极端正统派教徒团体中则几乎全部认为应该是犹太宗教律法优先。对于自我身份认同，绝大多数世俗犹太人首先定义自己为"以色列人"，而 91% 的极端正统派教徒和 80% 的信教犹太人称自己首先是"犹太人"。时任以色列国家总统鲁文·里夫林称该调查结果对以色列社会是一个警醒，"看到（世俗和信教）公众对以色列作为一个犹太国家和民主国家的认识之间存在如此大的鸿沟让我痛苦，而二者对以色列阿拉伯公民的态度存在着更大分歧"。②

与极端犹太宗教民族主义相伴而出现的是日益猖獗的犹太宗教相关暴力。部分极端的宗教民族主义者在巴以冲突的背景中，通过对宗教经典的重新诠释和主观解读，把针对巴勒斯坦人和其他持不同意见者的暴力行为合法化，对异见和异己的容忍度低下，暴力行为频繁，给以色列的社会安定、安全及阿犹关系造成较大危害。由于犹太宗教民族主义者不愿放弃任何"上帝应许之地"，因此坚决反对以色列政府跟巴勒斯坦方面媾和。为了防止"土地换和平"，他们采取"双保险"政策：在以色列国内与世俗的

---

① Jeffrey Heller, "About Half of Israeli Jews Want to Expel Arabs, Survey Finds", 08 March 2016, http://www.reuters.com/article/us-israel-palestinians-survey-idUSKCN0WA1HI.

② Jeffrey Heller, "About Half of Israeli Jews Want to Expel Arabs, Survey Finds".

极端犹太民族主义者齐心合力，用手中的选票和暴力威胁使以色列政府无法在领土问题上做出任何让步；而在被占领土上则以以色列国家强大的军事力量为后盾，对巴勒斯坦居民施以猖獗的暴力行为和挑衅（他们通常自称是在报复对方的行为），使之根本无法与以色列进行和谈。为了将针对巴勒斯坦人的军事及暴力行为合法化，部分犹太宗教人士甚至把现代巴勒斯坦人等同于《圣经》中曾被神下令灭绝的亚玛力人。① 在现阶段，这种极端主义者的暴力行为的对象主要是被占领土上的巴勒斯坦人和其他阻碍他们的人，甚至包括以色列官方和军队（前任总理拉宾就因为与巴勒斯坦人达成和平协议而被视为犹太民族的背叛者和民族利益的出卖者，被一个年轻的犹太教徒刺杀），但不能排除有朝一日以色列阿拉伯人也会成为他们的目标，如上文提到的哈尼·祖阿比或任何其他"激怒"他们的人。

与针对巴勒斯坦人或针对持不同政见者的暴力相比，更令人不安的是潜在的、可能发生的针对伊斯兰宗教圣地的犹太宗教暴力。早在 80 年代，以色列国内安全局（沙巴克）破获的犹太恐怖组织"犹太地下组织"（Jewish Underground）② 就曾试图炸掉圣殿山上的金顶清真寺（Dome of the Rock），虽然该企图有其政治原因，袭击策划者企图以这一疯狂举动激起伊斯兰世界和阿拉伯国家的猛烈报复，使当时已经在协议执行过程中的以埃和平成为泡影，但"首要原因是宗教的"。③ 近年来随着宗教民族主义的极端化及宗教暴力频发，很多巴勒斯坦人和以色列阿拉伯人（甚至包括非穆斯林）都相信阿克萨清真寺处于受犹太极端分子袭击的风险之中。以色列方面虽然对圣殿山的安保工作比较重视，但由于极端分子的行动，尤其是基于个人或小团体的行动具有不可预测性，这类行为极难预防。

目前，ISIS 在中东的肆虐和难民问题引起的民族主义在欧洲很多国家

---

① 据圣经记载，以色列人第一任国王扫罗因未彻底执行这一命令竟然失了神眷，最终失去了政权和性命。见《撒母耳记上》（15：2~3）。

② "犹太地下组织"为 1979~1984 年存在的犹太恐怖组织。其组织者耶胡达·埃兹永（Yehuda Etsyon）曾经是犹太宗教定居者政治组织"信仰者团体"（Gush Emunim）的成员。详见 Robert Eisen, *The Peace and Violence of Judaism: From the Bible to Modern Zionism*, New York: Oxford University Press, 2011, p.153。

③ Ami Pedahzur and Arie Perliger, *Jewish Terrorism in Israel*, New York: Columbia University Press, 2011, ch.3.

重新兴起，在这样的大环境之下，发生在以色列的极端民族主义和宗教民族主义的兴起及与之相关的暴力事件频发，在国际上并没有得到应有的重视。但是对于以色列阿拉伯人、对巴以和平仍抱有希望的人甚至以色列国家和政府而言，都应该关注和有所警惕。双方的极端主义者，无论是极端的阿拉伯民族主义者或伊斯兰极端主义者，还是极端的犹太民族主义者和犹太极端主义者，都会为达成自己的目标而不惜进行极端活动和暴力行为。

2017 年 7 月 14 日在耶路撒冷圣殿山（Temple Mount，穆斯林称为尊贵禁地 Haram al-Sharif）附近发生了由三名以色列阿拉伯穆斯林（来自"伊斯兰运动"北支的中心——乌姆艾勒法汉姆市的三个堂兄弟）杀死两名以色列边防警察（均为德鲁兹人）的袭击事件。[①] 这类由个别极端分子制造的恐怖事件，往往是巴以之间新一轮冤冤相报的开端，但这次圣殿山枪击事件的特殊性在于三名袭击者和两名受害者全都来自以色列阿拉伯社团，这在一定程度上让巴以双方都有些不知所措。当然，以色列官方的反应不可谓不强烈——自 1969 年以来首次关闭圣殿山不许穆斯林入内，加装了金属安全门后才重新开放；在因这一安检措施而引发的暴力冲突中数名巴勒斯坦人丧生，几天后以色列取消了安检门改用其他安全措施。

局势虽暂为缓和，但这一事件对以色列国家和阿拉伯社团的关系，以及阿拉伯社团内部尤其是德鲁兹人与穆斯林的关系的影响非常大。德鲁兹社团再次"证明"了自己对国家的忠诚，当月 25 号以色列总理内塔尼亚胡亲自到两位被杀害的德鲁兹警察家中慰问家属，家属也表示：最近几天中犹太人向他们表达了美好的善意，以色列是德鲁兹社团在世界上最好的安身之所。[②]但对于穆斯林社团，情况则更加微妙。早在 2000 年冲突事件之后，一些以色列犹太人就担心以色列阿拉伯人会成为定时炸弹（time bomb）："随着他们完全巴勒斯坦化，他们会成为敌人安插在我们内部的使者，成为潜在的'第五

① Daoud Kuttab, "Palestinian Town in Israel Shaken by Jerusalem Killings", *Al-Monitor*: *The Pulse of the Middle East*, 20 July 2017, http://www.al-monitor.com/pulse/originals/2017/07/al-aqsa-attack-palestinian-citizens-israel.html#ixzz4nTE5cWqF.

② Raoul Wootliff, "Netanyahu Visits Families of Druze Cops Slain at Temple", *Times of Israel*, 26 July 2017, http://www.timesofisrael.com/netanyahu-visits-bereaved-family-of-druze-cops-slain-at-temple-mount/.

纵队'，从人口和安全方面破坏国家。"① 与其拜访德鲁兹警官家庭几乎同时，以色列媒体爆出内塔尼亚胡就其"人口稠密地区交换"作为未来以巴和平协议的一部分，向美国大使大卫·弗里德曼（David Friedman）和特使杰森·格林布拉特（Jason Greenblatt）寻求支持，即把拥有 30 万以色列阿拉伯人口的瓦迪阿拉（Wadi Ara，即小三角地区）给巴勒斯坦方面，用以交换部分位于约旦河西岸的犹太定居点。② 圣殿山枪击案的三名凶手来自的乌姆艾勒法汉姆市也在交换计划中。这里不对这一交换方案进行详细解读，但目前看其不具备可行性，因为其与以色列现行的法律体系和政治体系冲突太大，以色列政府要完成这一计划意味着彻底抛弃以色列国家的民主性，当前条件尚不成熟。但从内氏的这一举动可以看出现任以色列政府绝不放弃约旦河西岸定居点的决心，以及想摆脱至少部分以色列阿拉伯人口（主要是穆斯林）的迫切心情。

"我的国家在与我的民族作战"，当阿拉伯议员阿布德拉阿齐兹·祖阿比（Abd el-Aziz el-Zoubi，1926～1974）最早说这句话时，后面紧跟的一句话是"我在中间"。如今半个世纪过去了，以色列阿拉伯人的处境仍然没有根本改变，"我的国家"仍在与"我的民族"作战，对于一部分已经选择了"站队"的人来说，"我"已经不在中间了；但对于大多数以色列阿拉伯人来说，他们支持巴勒斯坦争取民族自决的斗争、希望看到巴勒斯坦独立、希望看到以巴和平，并不意味着他们愿意成为巴勒斯坦国的公民。多数以色列阿拉伯人在以色列建国 70 年来，形成了不可被以色列同化却也有别于巴勒斯坦人的身份认同，他们已经接受（习惯）生活在以色列这一犹太国家的事实，对于在法律上、在现实生活中受到的不公平待遇，他们没有妥协，而是在用合法手段争取平等权利。但不得不承认，以色列阿拉伯人在以色列社会是比较边缘化的，在政治上、经济上还是文化上其影响力都小于按其人口比例应该能达到的水平。而他们要求平等的斗争能否取得

---

① 以色列著名历史学家（新历史学家代表人物之一）本尼·莫里斯（Benny Morris）在 2002 年接受 Logos 采访时所说，引自 Dov Waxman, "A Dangerous Divide: the Deterioration of Jewish-Palestinian Relations in Israel", p. 18。

② Foundation for Middle East Peace, "Settlement Report", July 28. 2017, http://fmep.org/resource/settlement-report-july‐28‐2017/#PopTransfer.

胜利，很大程度上取决于以色列犹太人口内部各方势力的角力结果。目前以色列社会尤其是政坛整体右倾，犹太宗教势力和极端民族主义势力上升趋势明显，国家的犹太性质被强化，而民主性质则在弱化中，这显然是不利于以色列阿拉伯社团的。在未来，随着外部条件的变化（主要是巴以局势和以色列的有关政策），以色列阿拉伯社团内部分化将会进一步加强，越来越多的人恐怕不得不在"我的国家"和"我的民族"之间做出最终的选择。

参考文献

1. 档案资料

以色列国家档案馆 State Archives

以色列工党档案馆 Labor Party Archives

2. 统计年鉴

Central Bureau of Statistics, *Statistical Abstract of Israel*

Government of Israel, *Government Year Book*

3. 以色列（及巴勒斯坦）政府部门、机构，及非政府组织与机构等网站

Israel Knesset Website, https：//www. knesset. gov. il/.

Israel Foreign Affairs Website, http：//mfa. gov. il/.

Israel Ministry of Education, http：//meyda. education. gov. il/；http：//cms. education. gov. il/.

Council for Higher Education（CHE）, http：//che. org. il/.

Israel Defense Forces（IDF）, https：//www. idf. il/；https：//www. idfin-fo. co. il/.

Central Bureau of Statistics, http：//www. cbs. gov. il/.

Israel Land Authority Website, http：//www. mmi. gov. il.

Israel Water Authority Website, http：//www. water. gov. il/hebrew/Pages/home. aspx.

Nefesh B'Nefesh（以色列移民帮助中心）, http：//www. nbn. org. il/.

Peace Now Movement, http：//peacenow. org. il.

Jewish Virtual Library，http：//www. jewishvirtuallibrary. org.

Tsofen High-Technology Centers，http：//tsofen. org/en/.

Shatil-The New Israel Fund Initiative for Social Change，http：//www. shatil. org. il/.

The Legal Center for Arab Minority Rights in Israel（ADALAH），https：// www. adalah. org/en/.

Dirasat Arab Center for Law and Policy，http：//www. dirasat-aclp. org.

PLO Negotiations Affairs Department website：https：//www. nad. ps/en.

Foundation for Middle East Peace，http：//fmep. org/.

4. 报纸

al-Jazeera，http：//www. aljazeera. com/.

al-Fanar ，http：//www. al-fanarmedia. org/.

Haaretz，http：//www. haaretz. co. il/.

Israel National News，http：//www. israelnationalnews. com/.

Israel Today，http：//www. israeltoday. co. il/.

Jerusalem Post，http：//www. jpost. com/.

Ynet，http：//www. ynetnews. com/.

Times of Israel，http：//www. timesofisrael. com/.

Reuters，http：//www. reuters. com/.

Washington Post，https：//www. washingtonpost. com.

Ynet，http：//www. ynetnews. com/.

《环球时报》

5. 英文书目

ADALAH, 2011, *The Inequality Report：The Palestinian Arab Minority in Israel*, Haifa.

al-Haj, Majid, 1995, *Education, Empowerment and Control：The Case of the Arabs in Israel*, Albany NY：State University of New York Press.

al-Haj, Majid & Rosenfeld, Henry, 1990, *Arab Local Government in Israel*, Boulder：Westview Press.

Ali, Nohad（ed. ）, 2013, *Representation of Arab Citizens in the Institutions of Higher Education in Israel*, Haifa – Jerusalem：Sikkuy.

Atashe, Zeidan, 1995, *Druze & Jews in Israel-a Shared Destiny?* Eastbourne: Sussex Academic Press.

Ben-Dor, Gabriel, 1979, *The Druzes in Israel-A Political Study*, Jerusalem: Magnes Press.

Bligh, Alexander (ed.), 2003, *The Israeli Palestinians: An Arab Minority in the Jewish State*, London: Frank Cass

Burns, N. , 2002, "Gender: Public Opinion and Political Action", in Ira Katznelson & Helen V. Milne, *Political Science: State of the Discipline*, London: W. W. Norton & Company.

Dajani, Souad R. , 2005, *Ruling Palestine: A History of the Legally Sanctioned Jewish-Israel Seizure of Land and Housing in Palestine*, BADIL Recourse Center for Palestinian Residency & Refugee Rights.

Alan Dowty, Alan, 1998, *The Jewish State: A Century Later*, Berkeley: University of California Press.

Drori, Israel, 2000, *The Seam Line: Arab Workers and Jewish Managers in the Israeli Textile Industry*, Stanford: Stanford University Press.

El-Asmar, Fouzi, 1975, *To Be an Arab in Israel*, London: Frances Pinter.

Eisen, Robert, 2011, *The Peace and Violence of Judaism: From the Bible to Modern Zionism*, New York: Oxford University Press.

Firro Kais, 1999, *The Druzes in the Jewish State: A Brief History*, Leiden: Brill Press

Ghanem, As'ad, 2001, *The Palestinian-Arab Minority in Israel*, 1948 – 2000: A Political Study, Albany NY: State University of New York Press.

Hai, Avivit, 2012, *Higher Education for Arab Citizens of Israel: Realities, Challenges and New Opportunities*, Israel: Inter-Agency Task Force on Israeli Arab Issues, Dec. http: //iataskforce. org/sites/default/files/resource/resource-1054. pdf. (访问日期: 2017 年 7 月 16 日)

Hai, Avivit, *Arab Citizen Employment in Israel: Critical Concern and Great Potential*, Israel: Inter-Agency Task Force on Israeli Arab Issues, July 2013, http: //iataskforce. org/sites/default/files/resource/resource-1052. pdf. (访

问日期: 2017 年 7 月 16 日)

Haidar, Aziz, 1995, *On the Margins: The Arab Population in the Israeli Economy*, New York: Se. Martin's Press.

Holzman-Gazit, Yifat, 2007, *Land Expropriation in Israel: Law, Culture and Society*, Hampshire: Ashgate.

Jiryis, Sabri, 1976, *The Arabs in Israel*, translated by Inea Bushnaq, New York and London: Monthly Review Press.

Kalekin-Fishman, Devorah, 2004, *Ideology, Policy, and Practice: Education for Immigrants and Minorities in Israel Today*, New York: Kluwer Academic Publishers.

Kimmerling, Baruch, 2008, *Clash of Identities: Explorations in Israeli and Palestinian Societies*, New York: Columbia University Press.

Khalidi, Raja, 1988, *The Arab Economy in Israel: the Dynamics of a Region's Development*, London: Croom Helm.

Kleinberger, Aharon, 1969, *Society, Schools and Progress in Israel*, London: Pergamon.

Kretzmer, David, 1990, *The Legal Status of the Arabs in Israel*, Boulder: Westview Press.

Lustick, Ian, 1980, *Arabs in the Jewish State: Israel's Control of a National Minority*, Austin and London: University of Texas Press.

Mar'i, Sami Khalil, 1978, *Arab Education in Israel*, New York: Syracuse University Press.

McGahern, Una, 2011, *Palestinian Christians in Israel: State Attitudes towards Non-Muslims in a Jewish State*, London & New York: Routledge.

Pappe, Ilan, 2014, *The Idea of Israel: A History of Power and Knowledge*, London New York: VERSO.

Pappe, Ilan, 2011, *The Forgotten Palestinians: A History of the Palestinians in Israel*, New Haven and London: Yale University Press.

Pappe, Ilan, 2006, *The Ethnic Cleansing of Palestine*, Oxford: Oneworld Publications.

Pedahzur, Ami & Perliger, Arie, 2011, *Jewish Terrorism in Israel*, New York: Columbia University Press.

Peled, Alon, 1998, *A Question of Loyalty: Military Manpower Policy in Multi-ethnic States*, Ithaca NY: Cornell University Press.

Rouhana, Nadim N. (ed.), 2007, *Attitudes of Palestinians in Israel on Key: Political and Social Issues: Survey Research Results*, Haifa: Mada al-Carmel.

Rudnitzky, Arik, 2015, *Arab Citizens in Israel Early in the Twenty First Century*, Tel-Aviv: Institute for National Security Study.

Rudnitzky, Arik, 2012, *The Bedouin Population in the Negev: Social, Demographic and Economic Factors*, The Abraham Initiatives, https://www.abrahamfund.org/webfiles/fck/Research%20-%20Beduin%20English%20Final.pdf. (访问日期: 2017 年 7 月 16 日)

Schnell, Izhak, 1994, *Perceptions of Israeli Arabs: Territoriality and Identity*, Aldershot: Avebury.

Shaw, J. V. W. (Ed.), 1991, *A Survey of Palestine: Prepared in December 1945 and January 1946 for the Information of the Anglo-American Committee of Inquiry*, Beirut: Institute for Palestine Studies.

Smooha, Sammy, 2013, *Still Playing by the Rules: The Index of Arab-Jewish Relations in Israel* 2012, Haifa: Haifa University, https://en.idi.org.il/publications/6168. (访问日期: 2017 年 7 月 16 日)

Smooha, Sammy, 1984, *The Orientation and Politization of the Arab Minority in Israel*, Haifa: The Jewish-Arab Center, University of Haifa.

Sheikh Muhammad, Ahmad, Abu-mukh Zoabi Leena, Shehadeh Mtanes, Miaari Sami, Moadi Foad & Fahoum, Liana, 2012, *Reality of Arab Woman in Israel*, The Galilee Society: The Arab National Society For Health Research & Services.

Stendel, Ori, 1992, *The Arabs in Israel: Between the Hammer and the Anvil*, Jerusalem: Academon.

Stendel, Ori, 1973, *The Minorities in Israel: Trends in the Development of the Arab and Druze Communities* 1948 – 1973, Jerusalem: The Israel Economist.

Wang, Yu, 2010, *A National Minority in Ethnic Democracy*: *Arabs in Israel in the Decade of Transition* 1967 – 1977, Saarbrücken: Lambert Academic Publishing.

Wasserstein, Bernard, 2004, *Israel and Palestine*, London: Profile Books.

6. 希伯来语书目

Abu Kishk, Baker & Garaisi, Sami, 1977, *Housing Distress in Arab Sector*: *Problems and Ways to Solution*, Nazareth: The Committee for Prime Minister on Social Security Affairs.

Al-Haj, Majid, 1996, *Education among the Arabs in Israel*: *Control and Social Change*, Jerusalem: Magnes Press.

Arar, Khaled, & Haj Yehia, Kussai, 2011, *Jordanization of Higher Education among Arabs in Israel*, Jerusalem: The Institute of Urban and Regional Studies.

Baumel, Yair, 2002, *The Attitude of the Israeli Establishment to the Arabs in Israel*: *Policies, Principles and Activities* 1958 – 1968, Doctoral Dissertation, Haifa University.

Ben-David, Joseph, 1993, *The Settlement of the Bedouin Population in Negev*: *Policy and Reality* 1967 – 1992, Jerusalem: Jerusalem Institute of Israeli Studies.

Ben-Zvi, Yitzhak, 1956, *The Land of Israel and Its Jewish Community under Ottoman Rule*, Jerusalem.

Cohen, Abraham, 1986, *Arabs of Israel*: *Economical Aspects*, Givat Haviva.

Cohen, Hillel, 2006, *Good Arabs*, Jerusalem: Hebrew Press.

Cohen, Hillel, 2000, *The Present Absentees*: *The Palestinian Refugees in Israel since* 1948, Jerusalem: Institute for Israeli Arab Studies.

Khamaisi, Rassem, 1990, *Planning and Building of the Arabs in Israel*, International Center for Peace in the Middle East, Tel-Aviv.

Landau, Jacob M., 1971, *The Arabs in Israel*: *Political Studies*, Tel-Aviv: Ma'arachout.

Rekhess, Elie, 1977, *Israeli Arabs and Land Expropriation in Galilee*: *Back-*

ground, *Events and Impact*, Tel-Aviv: Shiloah Center.

Rosenhek, Zeev, 1997, *The Housing Policy toward the Arabs* 1948 – 1977, Jerusalem: Floersheimer Institute of Policy Studies.

7. 中文书目

诺亚·卢卡斯(Lucas, Noah), 1997,《以色列现代史》, 杜先菊、彭艳译, 商务印书馆。

艾兰·佩普 (Pappe, Ilan), 2010,《现代巴勒斯坦史》, 王健、秦颖、罗锐译, 上海人民出版社。

8. 英文文章

Abu Baker, Khawla, 1985, "The Impact of Cross-Cultural Contact on the Status of Arab Women in Israel", in Marylin Safir, Martha T. Mednick, Dafna Izraeli, and Jessie Bernard (eds.), *Women's Worlds*, New York: Praeger, pp. 246 – 250

Abu-Oksa Daoud, Suheir, 2006, "Palestinian Women in the Israeli Knesset", *Middle East Report*, no. 240, pp. 26 – 31

Abu-Rabia-Queder, Sarab, 2008, "Does Education Necessarily mean Enlightenment? The Case of Higher Education among Palestinians: Bedouin Women in Israel", *Anthropology & Education Quarterly*, vol. 39, no. 4, 381 – 400.

A'li, Nohad & Da'as, Rima'a, 2016, "Arab Women in Israeli Politics: Aspirations for Fundamental Equality or Preservation of Gender Inequality?" *Cultural and Religious Studies*, vol. 4, no. 2, pp. 67 – 86.

Arar, Khalid, 2012, "Israeli Education Policy since 1948 and the State of Arab Education in Israel", *Italian Journal of Sociology of Education* (1), 113 – 145.

Arar, Khalid & Haj Yehia, Kussai, 2010, "Emigration for Higher Education: The Case of Palestinians Living in Israel Studying in Jordan", *Journal of Higher Education Policy*, 23, pp. 358 – 380.

Atashi, Zeidan, 2001, "The Druze in Israel and the Question of Compulsory Military Service", *Jerusalem Letter / Viewpoints*, no. 464 (28), http: //www.jcpa.org/jl/vp464.htm. (访问日期 2017 年 7 月)

Bentwitch, Joseph S., 1963, "Arab Education in Israel", *New Outlook* 6 (6), pp. 19 – 23.

Brodnitz, M. Meir, 1969, "Latent Urbanization in Arab Villages", *Environmental Planning Association Quarterly* , 8 – 9, pp. 4 – 12.

Burns, Nancy, 2002, "Gender: Public Opinion and Political Action", in Ira Katznelson & Helen V. Milner, *Political Science: State of the Discipline*, London: W. W. Norton & Company, pp. 462 – 487

Elrazik, Adnan Abed, Amin Riyad, Amun, Hasan & Uri Davis, Uri, 1977, "The Destiny of Arab Students in Institutions of Higher Education in Israel", in Amun, H. , Davis, U. , San allah, Nasr Dakhlallah, Abed Elrazik, Adnan, Amin, Riyad & Davis, Uri, *Palestinian Arabs in Israel: Two Case Studies*; London: Ithaca Press.

Firro, Kais, 2005 , "Druze maqāmāt (Shrines) in Israel: From Ancient to Newly-Invented Tradition", *British Journal of Middle Eastern Studies*, 32 (2), *pp.* 217 – 239.

Forman, Geremy, 2004, "From Arab land to 'Israel Lands': the legal dispossession of the Palestinians displaced by Israel in the wake of 1948", *Environment and Planning D: Society and Space*, vol. 22, pp. 809 – 830.

Fraser, Abigail & Shabat, Avi, "Between Nationalism and Liberalism: the Political Thought of Azmi Bisharah", in Alexander Bligh (ed.), *The Israeli Palestinians: An Arab Minority in the Jewish State*, pp. 16 – 36.

Frisch, Hillel, 1993, "The Druze Minority in the Israeli Military: Traditionalizing an Ethnic Policing Role", *Armed Forces & Society*, vol. 20, no. 1, pp. 51 – 67

Ganim, As'ad & Mustafa, Muhanned, 2007, "The Palestinians in Israel and the 2006 Knesset Elections: Political and Ideological Implications of Election Boycott", *Holy Land Studies: A Multidisciplinary Journal* , 6, pp. 51 – 73.

Harris, Ron, 2004, "A Case Study in the Banning of Political Parties: The Pan-Arab Movement *El Ard* and the *Israeli* Supreme Court", *Bepress Legal Series* 349, pp. 2 – 79, http: //law. bepress. com/cgi/viewcontent. cgi? article = 1855&context = expresso. (访问时间: 2017 年 7 月 16 日)

Israeli, Raphael, 1988, "The Impact of Islamic Fundamentalism on the Arab-Israeli Conflict," *Survey of Arab Affairs*, no. 13, pp. 1 – 8.

Israeli, Raphael, 1989, "The Arabs in Israel: A Surging New Identity," Jerusalem Center for Public Affairs website, http: //jcpa. org/article/the-arabs-in-israel-a-surging-new-identity/. （访问时期 2017 年 7 月 16 日）

Jiryis, Sabri, 1979, "The Arabs in Israel, 1973 – 1979", *Journal of Palestine Studies*, vol. 8, no. 4, pp. 31 – 56.

Kanaaneh, Rhoda, 2005, "Boys or Men? Duped or 'Made'? – Palestinian Soldiers in the Israeli Military", *American Ethnologist*, vol. 32, no. 2, pp. 260 – 275.

Kimmerling, Baruch, 2010, "Patterns of Militarism in Israel", in Baruch Kimmerling (ed.), *Clash of Identities: Explorations in Israel and Palestinian Societies*, New York: Columbia University Press, pp. 132 – 153.

Kislev, Ran, 1976, "Land Expropriation: History of Oppression", *New Outlook*, 19/169, pp. 23 – 32.

Koenig, Israel (Northern District Commissioner, Ministry of Interior), 1976/77, "The Koenig Report (Top Secret: Memorandum Proposal-Handling the Arabs of Israel)", *Journal of Palestine Studies*, vol. 6, pp. 190 – 200.

Lewin-Epstein, Noah & Semyonov, Moshe, 1992, "Modernization and Subordination: Arab Women in the Israeli Labour-Force", *European Sociological Review*, vol. 8, no. 1, pp. 39 – 51.

Masalha, Nur, "Israel's Moral Responsibility towards the Palestinian Refugees", PLO Negotiation Affairs Department (NAD), http: //www. nad-plo. org/ etemplate. php? id =41. （访问日期: 2017 年 7 月 16 日）

Neuberger, Binyamin, 1996, "Trends in the Political Organization of the Arabs in Israel", in Elie Rekhess & T. Yegnes, (eds.), *Arab Politics in Israel at a Crossroads*, Tel Aviv: Dayan Center, pp. 27 – 40.

Peres, Yochanan & Yuval Davis, Nira, 1969, "Some Observations on the Nationalistic Identity of Israeli Arabs", *Human Relations* 22 (3), pp. 219 – 233.

Radai, Itamar, Elran, Meir, Makladeh, Yousef & Kornberg, Maya, 2015, "The Arab Citizens in Israel: Current Trends According to Recent Opinion Polls",

Strategic Assessment, vol. 18, no. 2, pp. 101 – 116.

Rekhess, Elie, 2013 , "Islamization of Arab Identity in Israel: The Islamic Movement, 1972 – 1996," in Elie Rekhess & Arik Rudnitzky (eds.), *Muslim Minorities in Non-Muslim Majority Countries: The Islamic Movement in Israel as a Test Case*, Tel-Aviv University: Moshe Dayan Center for Middle Eastern and African Studies.

Rekhess, Elie, 1979, "Israeli Arab Intelligentsia", *Jerusalem Quarterly*, 11, pp. 51 – 69.

Rekhess, Elie, 1988, "Socio-Political Implications of the Employment of Arab University Graduates", in Majid al-Haj (ed.), *The Employment distress of Arab University Graduates in Israel*, Haifa: Jewish-Arab Center, University of Haifa, pp. 49 – 55.

Rekhess, Elie, 1988 (1989), "Israeli Arabs: Israelization or Palestinization?" *Survey of Jewish Affairs* , pp. 28 – 42.

Semyonov, Moshe, Lewin-Epstein, Noah & Brahm, Iris, 1999, "Changing Labour Force Participation and Occupational Status: Arab Women in the Israeli Labour Force", *Work, Employment & Society*, vol. 13, no. 1, pp. 117 – 131.

Smith, Pamela A & Kiwan, Mohammed, 1978, "Sons of the Village' Assert Palestinian Identity in Israel", *MERIP Reports*, No. 68, pp. 15 – 18

Smooha, Sammy, 2007, "Ethnicity as a Factor in the Israeli Jews' Attitudes toward Arabs", in Peter Molt, Helga Dickow (Eds), *Comparing Cultures and Conflicts*, Festschrift für Theodor Hanf, pp. 300 – 319.

Sammy Smooha, 2004, "Jewish Ethnicity in Israel: Symbolic or Real?" in Uzi Rebhun and Chaim I. Waxman (eds.) *Jews in Israel: Contemporary Social and Cultural Patterns*, Hanover, NH: Brandies University Press, pp. 47 – 80.

Smooha, Sammy, 1999, "The Advances and Limits of the Israelization of Israel's Palestinian Citizens," in Abdel-Malek, Kamal & Jacobson, David C. (eds.), *Israeli and Palestinian Identities in History and Literature*, New York: St. Martin's Press, pp. 9 – 33.

Telhami, Shibley, 2016, "2010 Public Opinion Polls of Jewish and Arab Citizens in Israel", https：//www. brookings. edu/wp-content/uploads/2016/ 06/israeli_ arab_ powerpoint. pdf. （访问日期 2017 年 7 月 16 日）

Waxman，Dov，2012，"A Dangerous Divide：the Deterioration of Jewish-Palestini-an Relations in Israel"，Middle East Journal，vol. 66，no. 1，pp. 11 – 29.

Yiftachel，Oren，1995，"The Dark Side of Modernism：Planning as Control of an Ethnic Minority"，in Sophie Watson & Katherine Gibson（eds.)，*Postmodern Cities and Spaces*，Blackwell Oxford UK and Cambridge USA，pp. 216 – 242.

9. 希伯来语文章

Bader-Araf，Camilia，1995，"The Arab Woman in Israel towards the 21st Centu-ry"，*Hamizrach Hehadash*［*The New East*]，37，pp. 213 – 218.

Dahan，Yossi & Yona，Yossi，2006，"The Dovrat Report，Equality of Opportuni-ty and Israeli Reality"，in *Theory and Critique*，23，pp. 11 – 38.

Yiftachel，Oren，1993，"Spacial Planning，the Control of Land and Jewish-Arab Relationships in Galilee"，*Ir Ve'ezor*（City and Region)，23，55 – 97.

10. 中文文章

崔之元，2017，《崔之元论共和主义者阿伦特》，澎湃新闻，2 月 8 日，ht-tp：//www. thepaper. cn/newsDetail_ forward_ 1612347。（访问日期 2017 年 7 月 20 日）

冯基华，2007，《以色列：一个没有宪法的议会民主制国家》，《当代世界》第 11 期，第 26 ~ 28 页。

冯基华，2008，《以色列右翼势力及对中东和平进程的影响》，《西亚非洲》第 10 期，第 36 ~ 40 页。

李振中，1992，《纳赛尔与泛阿拉伯主义》，《阿拉伯世界研究》第 3 期，第 11 ~ 14 页。

马小红，2000，《从阿富汗尼到萨达姆——泛阿拉伯主义的发展及其趋势》，《西亚非洲》第 2 期，第 30 ~ 34 页。

Smooha，Sammy，2010，《民族民主的模式：以色列作为一个犹太的民主国家》，《北京大学以色列研讨会文集 – 中西文化交流学报主题专刊》，第 77 ~ 104 页。

王宇，2010，《论以色列阿拉伯人的政治参与》，《阿拉伯世界研究》第 2 期，第 42 ~ 48 页。

王宇，2014，《以色列国防军中的阿拉伯士兵——身份尴尬的少数民族与兵役义务》，《世界民族》第 2 期，第 74 ~ 84 页。

王宇，2014，《德鲁兹社团与以色列国家的关系》，《阿拉伯世界研究》第 1 期，74 ~ 84 页。

王宇，2012，《犹太教在以色列的社会影响力上升》，《世界宗教文化》第 4 期，第 62 ~ 68 页。

索 引

致　谢

本书的写作首先要感谢教育部人文社会科学研究基金项目"以色列阿拉伯少数民族的基本状况及以色列的民族政策"（项目编号：13YJA850017）的支持，还要感谢教育部国际合作与交流司、北京大学区域与国别研究院的支持，正是这些项目的支持使得本书的写作和出版成为可能。

衷心感谢主编马戎先生，是他的鼓励与极为精确和专业的建议使得本书的写作能够顺利完成，非常高兴马戎先生愿意将这本书收入"21世纪中国民族问题丛书"。他山之石，可以攻玉，如果本书能深化我们对以色列民族问题的认识，并对我们自己起到一点借鉴作用，那就足以令人欣欣了。

衷心感谢对书稿提出宝贵意见的学者专家，感谢国内犹太和以色列研究的带头人郑州大学/河南大学的张倩红老师，感谢中国高校犹太文化研究联盟秘书长南京大学的宋立宏老师，感谢国内首屈一指的希伯来圣经研究专家南开大学的王立新老师，感谢我的良师益友西北大学雷钰老师，各位的指正和意见让我受益匪浅。

衷心感谢社会科学文献出版社的编辑，正是他们认真严谨而高效的工作让本书得以早日与读者见面。

还要感谢我的博士生导师，萨米·斯姆哈教授（Sammy Smooha）和凯斯·法若教授（Kais Firro），是他们的教诲和引导打下了我做这项研究的基础。同时也要感谢我在北京大学的同事和学生们，是他们让我有机会实现

"教学相长",让我能更好地把握研究的方向和重点。

最后要感谢我的先生,尤锐(Yuri Pines),是他的帮助,尤其是,包容与鼓励,让我能坚持完成这一拖了近十年的研究项目。

非常感谢!

王　宇

2018 年 9 月于北京

图书在版编目（CIP）数据

以色列阿拉伯人：身份地位与生存状况： 1948 ~
2018 / 王宇著. --北京：社会科学文献出版社，
2018.9
（21 世纪中国民族问题丛书）
ISBN 978 - 7 - 5201 - 2617 - 5

I. ①以… II. ①王… III. ①阿拉伯人 - 研究 - 以色
列 IV. ①K382.8 ②C955.371

中国版本图书馆 CIP 数据核字（2018）第 078240 号

·21 世纪中国民族问题丛书·

以色列阿拉伯人
—— 身份地位与生存状况:1948 ~ 2018

著　　者 / 王　宇

出 版 人 / 谢寿光
项目统筹 / 谢蕊芬
责任编辑 / 杨　阳

出　　版 / 社会科学文献出版社·社会学出版中心（010）59367159
　　　　　　地址：北京市北三环中路甲 29 号院华龙大厦　邮编：100029
　　　　　　网址：www. ssap. com. cn
发　　行 / 市场营销中心（010）59367081　59367018
印　　装 / 三河市尚艺印装有限公司

规　　格 / 开　本：787mm × 1092mm　1/16
　　　　　　印　张：18.5　字　数：292 千字
版　　次 / 2018 年 9 月第 1 版　2018 年 9 月第 1 次印刷
书　　号 / ISBN 978 - 7 - 5201 - 2617 - 5
定　　价 / 89.00 元

本书如有印装质量问题，请与读者服务中心（010 - 59367028）联系